KB131949

조 태 권 의
문 화 보 국

조태권의 문화보국

지은이 조태권
1판 1쇄 발행 2012. 3. 16
1판 4쇄 발행 2012. 7. 27

발행처_ 김영사 ● 발행인_ 박은주 ● 등록번호_ 제406-2003-036호 ● 등록일자_ 1979. 5. 17 ● 주소_ 경기도 파주시 문발동 출판단지 515-1 우편 번호 413-756 ● 전화_ 마케팅부 031)955-3100, 편집부 031)955-3250 ● 팩시밀리_ 031)955-3111 ● 저작권자 ⓒ조태권, 2012 이 책의 저작권은 저자에게 있습니다. 저자와 출판사의 허락 없이 내용의 일부를 인용하거나 발췌하는 것을 금합니다.

값은 뒤표지에 있습니다. ISBN 978-89-349-5634-1 03320 ● 독자의견 전화_ 031) 955-3200 ● 홈페이지_ http://www.gimmyoung.com ● 이메일_ bestbook@gimmyoung.com ● 좋은 독자가 좋은 책을 만듭니다 ● 김영사는 녹자 여러분의 의견에 항상 귀 기울이고 있습니다.

조태권의 문화보국

—

조태권 지음

—

김영사

그것은 나의 소명이었다

누구나 자기만의 운명이 있다. 내 삶을 돌아보면 그 사실이 더욱 확실하게 느껴진다.

나는 대기업 직원으로, 사업가로 수많은 나라를 돌아다녔다. 그러면서 자연스레 많은 나라의 의식주와 일상생활에 관심을 가지게 되었다. 의도한 것은 아니었지만, 전 세계 부호들이 누리는 최상급 문화부터 부둣가 노동자들의 하위문화까지 두루 경험할 수 있었다. 그리고 나는 그것들을 편견 없이 받아들였다. 지금 와서 돌아보면 그 모든 것이 오늘의 나를 위한 준비였다는 생각이 든다. 그 경험을 통한 깨달음이 결국 나를 이 길로 이끌었다.

한창 내 사업에 몰두해 있던 1988년, 선친께서 임종하셨다. 나는 하던 사업을 정리하고 아버님의 '광주요'를 맡게 되었다. 6남매 중 막

내로 형님이 두 분 계셨지만 내가 맡을 수밖에 없는 운명이었다.

처음에 도자기 사업은 내게 무척 낯설었다. 하루아침에 소비자에서 생산자가 되어버렸기 때문이다. 아버님의 유지遺志를 이어가기 위해서는 단순한 사업가가 아닌 문화 생산자로서 그에 걸맞은 안목을 갖추고 그 책임을 다해야 했다.

그렇게 품기 시작한 도자기에 대한 애정은 자연히 음식으로 이어졌고, 음식은 또 술로 연결되었다. 결국 나는 도자기와 음식과 술을 연구하고 만들어내는 문화 생산자가 되었다. 모든 일이 정해진 수순인 양 아주 자연스럽게 이어졌다. 그릇과 음식과 술을 함께 고민하다 보니 보이지 않던 많은 것이 새롭게 눈에 띄었다. 나날이 발견의 연속이었다 해도 과언이 아니다. 그중 가장 큰 수확이 바로 한식의 가능성이다. 우리 음식이 세계 최고가 될 수 있다는 확신이었다.

우리는 태어나 부모가 차려준 음식을 먹고 몸과 마음이 자란다. 그리고 먹는 행위를 통해 사회와 예절을 배우며 이 땅의 문화 정체성과 정서를 몸에 담는다. 개인의 삶을 이루는 습관과 인격은 대개 그 사람이 먹는 음식을 통해 만들어진다.

나는 개인적 삶의 여정에서 음식이 개인과 사회와 국가에 미치는 영향이 얼마나 막대한지 알게 되었다. 그리고 그 깨달음을 바탕으로 다시 누구보다 치열하게 새로운 길을 개척했다. 사람은 누구나 자기가 서 있는 눈높이에서 세상을 바라보기 마련이다. 한식에 눈을 뜨자 그간 한식이 얼마나 부당한 대우를 받아왔는지 깨닫게 되었고, 그럴 수밖에 없는 이유들이 하나 둘 보이기 시작했다. 울분이 끓기도 하고 의욕이 솟기도 했다. 그러면서 나는 한 걸음씩 내 길을 걸었다. 아무도 걷지 않은 길이기에 치열하게 공부하며 헤쳐나가야 했다. 그리고 대학과 기업, 정부 기관 강연에서 한식 세계화에 관심이 있는 수많은 청중을 만나며 깨달음을 얻어갔다.

나는 음식에도 서열이 있다고 생각한다. 음식이야말로 가장 가능성이 큰 미래 성장 동력이 되고, 사람들의 의식을 개혁하는 수단이 될 수 있다는 것을 알게 되었다. 진정한 인성 교육과 감성 교육은 밥상머리에서 이루어지며 그 밥상 위의 음식에 우리나라의 미래가 달려 있다는 놀라운 진리, 혼자 가슴에 품고 있기에는 너무도 벅차고 절실했다. 그 절실한 깨달음이 이 책을 쓰게 만들었다. 서툰 솜씨로 새벽마다 책상 앞에 앉아 글을 썼다. 그 일은 괴롭고 또 즐거웠다. 고요한 시간에 내 삶을 돌아보는 망외의 소득도 있었다.

우리에게 '한식 세계화'라는 말은 이제 식상해져버린 느낌이다. 그러나 말만 무성했지 구체적으로 진전된 것은 아직 없다. 나 역시 보고 배울 선례가 없기에 수많은 시행착오를 겪어야 했다. 그러나 분명한 것은 남의 눈에 보이지 않는 길이 내 눈에는 선명하게 보이기 시작했다는 사실이다. 그리고 이 길이 우리 민족이 경제적, 문화적, 사회적으로 자존심을 회복하고, 계층 간의 격차를 줄이는 실질적인 방법이라고 확신한다. 지금 나는 내게 주어진 소명을 깊이 자각하고 있다.

다른 사람이 가지 않은 길을 가는 건 외로운 일이다. 특권인 동시에 굴레이기도 하다. 중국 작가 루쉰魯迅이 말했던가. '길은 따로 있는 게 아니라 걷는 사람이 만드는 것'이라고. 목표와 의지를 가지고 꾸준히 걷는 사람 뒤에 그 뜻을 이해하고 따라오는 사람이 있을 때 비로소 길이 만들어진다. 지난 20년간 나는 '한식 세계화'라는 전인미답前人未踏의 길을 걸어왔다. 그리고 이제 한식 세계화를 우리 모두 함께 걷는 큰길로 만들고 싶다.

비행기는 이륙할 때 연료의 절반을 쓴다고 한다. 문화 사업도 비슷하다. 나는 이륙에 필요한 에너지를 축적하느라 지난 20여 년을 보냈다. 시간과 에너지는 물론 상당한 사재私財를 쏟아부었다. 혹자는 내게 미쳤다고 손가락질했고, 혹자는 정치에 뜻을 둔 포석일 거라며 의심도 했다. 그러나 시간이 지날수록 내 확신은 단단해졌고, 내 뜻을 공감하고 도와주는 사람들도 늘어났다.

나는 지금 날개를 펴고 이륙했고 이미 창공을 날아가고 있다. 앞으로 장거리 비행이 남았지만 걱정하지 않는다.

돌아보면 여기에 오기까지 참으로 많은 분들의 도움이 있었다. 혼자 걷는다고 생각했지만 결코 혼자 온 길이 아니었다. 20년간 숱한 사람들의 도움을 받았고 일일이 언급할 수도 없는 많은 분들이 내 스승이 되어주었다.

무엇보다 나를 믿고 묵묵히 따라와주는 광주요와 화요, 가온의 여러 직원들에게 고마움을 전한다. 내가 쓴 서툰 글을 읽고 충고를 아끼지 않은 유나방송의 김재진 사장께도 감사한다. 그리고 도쿄와 베이징, 홍콩의 식당들을 함께 돌아보면서 장장 3년간이나 한식의 가능성과 한계에 대해 치열하게 토론하고 이 책의 뼈대를 세워나갔던 서정형 박사와 김서령 작가, 언제나 열정적으로 촬영을 맡아준 준초이 작가에게도 뜨거운 감사의 마음을 보낸다. 남이 가지 않는 길을 찾아 나선 남편 덕에 혼자 지내는 날이 많았던 아내에게 특별한 미안함을 전한다. 또 내게 늘 기쁨과 신뢰를 안겨주는 세 딸, 윤경, 희경, 윤민이에게 아버지로서 고마움과 애정을 전하고 싶다.

광주요와 화요와 가온을 사랑하는 사람들에게, 그리고 무엇보다 국가의 미래를 이끌고 갈 청년들에게 이 책을 바친다.

성북동 수경재에서

조태권

대한민국의
숙명

슈퍼스타의
필요성

명품 한식의
길

한식의 세계화
전략

가 치 의
경 쟁

우리는 어디에서 왔는가

도자기를 가업으로 이어받은 다음에야 나는 '문화'에 관심을 가지게 되었다. 문화란 바로 우리의 일상생활이다. 결코 멀리 있는 게 아니었다. 그것은 시각적으로 표현되는 물질인 동시에, 그 속에 내재되어 있는 정신적인 개념이었다. 일상생활 안에는 예로부터 전해 내려온 의식주와 관련된 물질적인 면과 풍습, 신앙, 지식, 예술, 예법, 도덕 등 정신적인 면이 총체적으로 녹아들어 있다. 한 민족의 전통은 바로 이 일상에 오롯이 축적되고, 일상의 삶을 통해 후세 대대로 대물림되어 발전해나가는 것이다. 결국 이렇게 진화되어온 한 민족의 전통과 문화 수준이 국가의 품격을 결정하는 핵심적 지표가 된다는 것을 나는 깨닫게 되었다.

나는 젊은 시절부터 대기업 직원으로, 사업가로 수많은 나라를 돌아다니면서 각 나라의 일상생활을 체험했다. 그러면서 자연스럽게 각국의 전통과 문화를 연구하게 되고, 이해하고, 파악할 수 있었다. 그러는 중에 각국의 식생활이란 숲과 그 속에 내재된 문화적 요소들의 서열을 보기 시작했다.

한 국가의 경제는 내수를 기반으로 성장한다. 그런데 내수 경제의 핵심을 이루는 것이 의식주 관련 산업 중 특히 음식 산업이라는 놀라운 사실을 발견하게 된 것이다. 그것은 충격이었다.

보잘것없어 보이는 음식이 어찌 나라 경제의 기반이 되는가? 그런데 사실 어떤 산업이든 따지고 보면 음식과 연관되지 않은 분야는 없다. 별 연관이 없어 보이는 자동차도, 조선도, 철강도, 건축도, 방송도 음식과 깊은 관련을 맺고 있다. 무엇보다 인간은 먹지 않으면 살지 못하기 때문이다. 그것도 하루 두세 끼니를 꼬박꼬박 먹어야 일을 할 수 있다. 인간은 결국 잘 먹기 위해 일한다고 해도 과언이 아니다.

인간이 생명을 유지하기 위해서는 물과 공기와 햇볕과 식량이 필수적이다. 사람들은 물과 산소와 햇볕을 자연이 거저 주는 선물로 여기지만, 사실 자연은 우리에게 그 모든 것을 주면서 우리를 절대적으로 규정한다. 인간은 태어나는 땅을 스스로 선택할 수 없다. 선택의 여지 없이 어떤 시대, 어떤 지역에서 태어나 그 땅에서 자란 음식을 먹으며 그 땅의 기운으로 몸과 마음을 만들어간다. 같은 땅에서 비슷한 음식을 먹으면서 자란 사람들이 정서적, 법률적 공동체를 이룬 것이 마을이고 또 국가가 아닌가. 같은 음식을 먹었으니 비슷한 습관과 정서를 가질 수밖에 없다.

섬나라, 반도, 대륙 어느 지역, 어떤 기후에서 태어났는지에 따라 먹는 음식이 다르고, 그로 인해 기질도 달라지고 문화도 달라지기 마련이다. 결국 주어진 지리적, 환경적 어려움을 딛고 의식주와 관련된 산업을 얼마나 혁신적으로 진화, 발전시켜왔느냐가 한 집단, 나아가 한 민족의 부의 정도를 결정해왔다.

인간은 누구든지 탄생을 알리는 첫울음과 함께 엄마의 젖을 찾아 먹고 부모들이 구해다 주는 음식으로 양육된다. 이규태의 《김치 견문록》에 따르면 중국에서는 아이가 태어나면 어미젖을 먹이기 전에 '오미五味', 즉 신맛·짠맛·쓴맛·매운맛·단맛을 먼저 보이는 풍습이 있다고 한다. 맨 먼저 초 한 방울을 핥게 하여 신맛, 이어 소금을 핥게 하여 짠맛, 씀바귀 대를 자르면 나오는 젖빛의 즙을 혀끝에 떨어뜨려 쓴맛, 가시나무의 가시를 따 아이 혀끝을 살짝 찔러 아픈 맛(매운맛)을 차례로 알려준다고 한다. 그래서 실컷 울리고 난 다음에 마지막으로 단 사탕을 핥게 한다고 한다. 이는 신맛·짠맛·쓴맛·매운맛을 맛보고 이를 감내하지 못하면 인생의 단맛을 알 수 없다는 인생철학을 갓 태어난 아이에게 각인하려는 첫 번째 가정교육인 것이다.

이렇듯 탄생과 동시에 가정교육은 시작된다. '밥상머리 교육'이라는 말이 있을 만큼 예로부터 사람으로 살아가는 기본 생활교육은 대개 밥상머리에서 이루어졌다. 우리는 식탁에서 해야 할 것과 하지 말아야 할 것을 배우며 예법의 기본을 알게 된다.

이렇게 배운 예법이 몸에 익으면서 한 사람의 인격이 되고, 습관이 된다. 인생은 선택의 연속이며, 선택은 습관에 좌우된다. 그러니 습관이야말로 한 인간의 삶의 질을 결정하는 핵심이다. 습관을 형성하는 과정이 바로 가정교육이고, 이것은 대부분 매일 마주하는 밥상머리에서 이루어진다.

요즘 우리의 도덕규범이 급속하게 무너지고 있는 것을 우려하는 이들이 많다. 나는 그 원인이 밥상머리 교육의 부재에 있다고 진단한다.

부모가 아이들에게 경쟁만을 강요하고, 인간의 근본을 가르치는 인성 교육을 소홀히 했기 때문이다. 이런 도덕규범의 상실은 근본적 원인을 찾아 치유하기 전에는 되돌릴 수 없다. 유일하고 획기적인 해결책은 지금이라도 30년 후의 미래를 내다보며 아이들의 밥상머리 교육부터 새로 시작하는 것이다. 아이들의 예법과 문화적 소양은 다른 곳이 아닌 밥상에서 길러지기 때문이다.

청년기에 접어들어서도 마찬가지이다. 우리는 대개 학교 선후배나 직장 동료들과 밥을 먹고 차와 술을 마시면서 습관을 형성해간다.

좋은 식습관을 가졌다는 것은 정서적으로 안정되어 있다는 의미이다. 정서적으로 안정된 사람은 사회에 해악을 끼치는 행위를 하지는 않는다. 결국 한 사람 한 사람에 대한 밥상머리 교육이 안정된 사회를 만드는 바탕이 되는 것이다.

음식 문화는 종합 문화요, 모든 문화의 바탕에 자리 잡은 기층문화이다. 음식 문화가 발달한 나라는 모두 선진 대국이다. 그들 모두 풍요롭고 세련된 음식 문화를 통해 몸을 다스리고, 예의를 배우고, 인간 관계를 형성하며 성숙한 시민의식을 고취해왔다. 일반 가정이나 식당은 물론 국가적 행사에서도 식탁의 예절, 청결, 섬세함, 고급스러움을 통해 문화적 우위를 보여주며 그것을 국가 이미지로 각인시키고, 그것이 자연스럽게 차별화된 국가 브랜드로 이어진다.

부끄러운 우리의 국가 브랜드

2008년 기준으로 우리나라의 경제 규모는 세계 13위를 차지했는데, 국가브랜드지수NBI 순위는 33위에 머물렀다(신뢰도가 높은 국가브랜드지수로 Anholt-GfK Roper의 NBI(Nation Brands Index)와 FutureBrand의 CBI(Country Brand Index)를 꼽는다). 이는 국제무대에서 우리가 근본이 없는 벼락부자로 평가받는다는 말이다. 소비자 입장에서는 품질과 디자인이 같은 제품이라도 한국 제품은 싸게 살 수 있다는 말과도 같다. 즉 '컨트리 디스카운트'가 적용된다는 것이다. 가격이 저렴하면 세계시장이 우리 제품을 선호할 것 같지만 현실은 절대 그렇지 않다. 소비자들은 대부분 돈을 더 지불하더라도 국가 브랜드 가치가 높은 나라의 제품을 찾는다. 실제로 세계시장에서 우리나라 제품은 독일, 일본, 영국, 미국 등의 제품에 비해 70% 수준 정도로 저평가되고 있다. 2008년 1월 대한무역투자진흥공사KOTRA 조사에 따르면 우리 제품은 30% 정도의 '코리아 디스카운트'가 적용되는 것으로 나타났다. 이유는 소비자가 국가 브랜드 가치가 높은 나라의 상품을 더 신뢰하기 때문이다.

2008년 3월 국내 여론조사 전문 업체인 월드리서치가 조사한 자료에 따르면 우리나라는 정보 통신, 과학기술, 경제, 문화 예술 분야는 국가 브랜드 가치에서 긍정적 평가를 받았다. 반면 정치에 대해서는 응답자의 45.1%가 부정적 이미지를 가지고 있었다. 이어서 환경(20.4%), 언론(19.0%), 외교 안보(18.5%, 이상 2개 복수 응답) 순으로 부정적으로 보고 있었다. 정부가 2013년까지 국가브랜드지수를 OECD 국가 평균 수준인 15위로 끌어올리겠다는 목표를 정하고 여러 방법을 강구하고 있다지만 그 실효성에는 의문이 가는 것이 사실이다.

지금 우리 사회의 분열과 불신은 거의 극한에 이른 것 같다. 경직되고 폐쇄적인 관료주의와 사회 구성원 간의 반목과 질시, 이념 대립, 철학 부재로 인한 자기모순, 국익보다 개인의 이익을 우선하는 이기주의를 치유하지 못한다면 국가 브랜드 향상은 공허한 구호에 그치고 말 것이다.

음식만 해도 그렇다. 우리나라 사람들은 유난히 밥값, 술값에 민감해 한국 음식과 술은 싸야 한다고 주장한다. 모두가 서민의 생활을 끔찍이도 걱정해서 한국 음식은 비싸면 안 된다고 목소리를 높이는 것일까? 그 사람들은 자신이 코리아 디스카운트의 주범이라는 사실을 알고 있기나 할까? 그렇게 강변하는 사람들 중에는 서양에서 들어온 음식과 술이며 온갖 사치품을 터무니없이 비싼 돈을 치르고 소비하는 사람들이 태반이다. 그들이 과연 한국의 경제를 걱정한다고 말할 수 있을까? 한국 음식이 서민적이어야 한다는 말은 경제의 기본을 모르고 하는 소리이다.

어떤 나라든 공항에 도착해 주변을 한번 쓱 둘러보면 우리보다 잘 사는 나라인지, 우월한 문화를 가진 나라인지 본능적으로 알 수 있다. 숙소에 여장을 풀고 나면 금강산도 식후경이라고, 그 나라의 유명한 음식이 무엇인지에 우선 관심을 갖게 된다. 식당을 찾아 나설 때도 식당 건물만 보고 내 주머니 사정에 맞는 곳인지 아닌지 판단할 수 있다. 건물 안에 들어가자마자 그 나라 문화의 총체적 모습을 느낄 수 있다. 식당이야말로 한 나라 국가 브랜드 가치를 가장 첨예하게 느끼는 기준이 되지 않던가. 그러므로 맨 먼저 체험하는 그 나라 고유의 음식이야말로 그 나라 국가 브랜드의 지표가 된다.

국가 브랜드 가치를 높이기 위해서는 맨 처음 의식주를 중심으로 한 정체성의 가치가 세계적 수준으로 평가받아야 한다. 그리고 나라를 대표하는 상징적 문화의 요소들이 세련되게 집약된 한 세트로 표현되어야 한다.

음식은 그 안에서 다른 문화 요소들이 함께 소비되는 상품이므로 국가 브랜드 마케팅에 이처럼 중요한 요소도 없다.

국가 마케팅이란 무엇인가. '한국'이라는 단어만 들어도 외국인들 머리에 무엇인가 번쩍 떠오르도록 만드는 것이다. 우리나라에는 세계 어디에 내놓아도 부끄럽지 않은 음식과 술, 아름다운 산과 강, 유서 깊은 전통문화와 한방 치료 등이 있다. 그리고 그 바탕은 당연히 음식이다. 한국은 다른 무엇보다 고유한 음식으로 국가 브랜드 가치를 높여야 한다. 거기에 승부를 걸어야 하는 나라이다.

세계를 제패한 나라들을 보면 분명한 국가의 비전과 자신들만의 고유한 문화를 가졌다는 공통점이 있다. 문화란 다름 아닌 그 사회 구성원들이 향유하는 '의식주'이다. 그들의 의식주 안에는 민족과 국가의 정체성이 각인되어 있다. 그 정체성이 한 민족, 한 나라 국민을 하나로 묶는 구심점이 되고 그것이 한 나라의 저력과 국력으로 나타난다.

그들의 또 다른 공통점은 식량 자급률이 높다는 것과 농산물 수출 대국이라는 점이다.

이제 우리 음식 문화를 한번 들여다보자. 과연 몇 점이나 될까? 한국의 식량 자급률은 불과 25% 정도이다. 선진국에 비해서 극단적으로 낮은 수치이다. 내게는 이것이 우리 음식 문화 수준으로 보였다. 그렇다면 우리 음식 문화의 점수는 25점 정도가 아닐까? 참고로 소개하면 선진국의 식량 자급률은 일본이 수출입 대비 70%, 미국이 65%, 영국이 75%, 독일과 프랑스는 공히 90% 정도이다. 식량 자급률이 음식 문화의 모든 것을 말해주는 건 아니지만 우리 사회에서 음식 문화의 중요성이 지나치게 과소평가되어온 건 사실이다.

계층 간, 세대 간, 지역 간의 갈등과 불화를 풀어내는 비결도 한민족 공동체로서의 정체성 확인이다. 우리의 정체성은 바로 민족의 정신이 담긴 고유의 문화, 의식주에 있다. 그리고 앞서 말한 바와 같이 의식주의 중심에는 음식 문화가 있다.

우리나라는 삼면이 바다인 데다 산과 강이 많다. 게다가 사계절이 뚜렷하다. 다양한 산물을 만날 천혜의 자연을 가진 것이다. 실제로 철에 따라, 지역에 따라 독특한 지역 특산 음식이 수를 헤아릴 수 없을 만큼 다양하다. 아름다운 산과 강은 좋은 물을 뿜어내고 좋은 물은 땅을 비옥하게 만든다. 좋은 물과 비옥한 토양은 온갖 산나물이며 과일, 약초를 자라게 하고 민물고기를 길러낸다. 집집마다 메주를 쑤고 지

다양하고 영양학적 가치가 높은 우리 식자재

방마다 다른 김치를 담근다. 이토록 다양한 발효 음식을 만들어내는 나라가 세계에 또 어디 있던가. 된장이며 고추장, 간장 맛이 집집마다 다르며, 그 맛을 수백 년씩 간직하는 나라가 또 어디 있던가.

그런데도 한식에는 세계적 명성을 획득한 슈퍼스타가 아직 없다. 이는 한식 자체가 낙후해서가 아니다. 그것을 현대에 맞게 창조해내지 못하는 우리의 무관심과 무신경이 가장 큰 문제이다.

우리 음식은 깊은 풍미와 멋과 이야기를 지니고 있다. 영양학적 가치 역시 세계 어느 음식과 견주어도 손색이 없다. 다만 그것은 지금까지 가공되지 않은 원석으로 존재한다. 그걸 갈고닦아 빛을 내는 일이 지금 우리에게 던져진 숙제이다. 선조가 물려준 이 엄청난 자산을 철저히 파악하고 현대에 맞게 재해석하고 사랑하고 알리는 것, 그것이 우리 대한민국이 걸어가야 할 길이며 시대적 소명이다.

누가 한식의 가치를 알아주나

|

　광주요廣州窯를 맡으면서 나는 우리 전통문화가 창조적으로 발전하지 못하고 있다는 사실에 통탄했다. 그 발전을 막는 주범은 도대체 무엇일까. 오랜 고민 끝에 나는 알게 됐다. 삶의 토대이자 문화의 뿌리인 음식! 우리의 음식에 문제가 있다는 사실이 보이기 시작한 것이다. 음식이란 그릇에 담겼을 때 완성된다. 그릇 또한 음식을 담아야 제 임무를 다하게 된다. 그런데 우리는 과연 어떤 그릇을 써왔던가. 다양한 그릇에 담길 만한 많은 음식을 만들어왔던가. 당시 광주요가 만드는 도자기 그릇은 중산층 이상에서 혼수로 주고받으면서 1년에 한두 번 쓰고 마는 제품이었다. 대신 평상시엔 깨지지 않는 그릇을 찾고 식당에서도 싸구려 플라스틱이나 사기그릇만을 사용했다.

　그릇에 대한 안목은 자연스레 음식 문화에 대한 안목으로 이어졌고, 그릇을 비판적으로 바라보니 음식 문화 전반을 냉정한 시선으로 다시 보게 되었다. 문화적 관점에서 바라본 한식은 평소에 무심코 먹고 마실 때와는 전혀 다른 것이었다. 우리는 흔히 반만년 역사와 문화 민족의 전통이 자랑스럽다고 말한다. 그렇다. 세계 최고의 그릇인 고려청자가 있었고 아름다운 백자들이 순백이니 분청이니 덤벙이니, 시대와 지역에 따라 변화해가며 우리 곁을 지켰다. 세계가 주목하는 정밀한 합금인 유기가 있고 계절에 따라 옷을 바꾸어 입듯 그릇을 바꿔 쓸 줄 알았다.

그러나 그런 그릇들은 자취를 감추고 지금 우리 곁에 남아 있지 않다. 일상에서 거의 쓰이지 않는다. 내가 탐방한 나라들의 고급 음식 문화에 견줄 만한 식문화는커녕 대한민국을 상징할 만큼 알려진 한식 요리도 없다. 솔직히 말해서 우리에게는 프랑스 요리, 중국 요리, 이탈리아 요리, 일본 요리에 비견할 만한 일류 요리가 없다. 음식이 엄청난 부가가치를 가져오는 미래의 문화 산업이라는 사실을 자각하지 못하는 데 문제의 심각성이 있다. 우리의 한식을 외식 문화로서 세계적 수준으로 시급히 끌어올려야 하는 이유가 바로 여기에 있다.

찬란한 문화유산을 살아 있는 전통으로 활용하지 못하는 것은 비단 음식만의 이야기가 아니다. 우리는 한복의 아름다움을 말하지만 대부분의 사람들은 한복을 입지 않는다. 일상복이 아닌 의례용 의상으로 어쩌다 입을 뿐 아예 양복을 입고 산다. 차이는 있지만 한옥도 홀대받기는 마찬가지이고 고가구와 한지 역시 그렇다. 가구와 도자기와 공예품을 위시하여 모든 전통문화가 우리의 일상을 떠나 박물관에 있거나 골동품으로만 남아 있을 뿐이다.

그것을 생산하는 최고의 장인인 인간문화재조차 먹고살기가 어려운 판이다. 그러니 계승 발전은 고사하고 명맥조차 위태롭다. 전통은 일상생활에서 활용되고 재창조되면서 발전한다. 일상에 살아 있어야 확산되고 새로워질 수 있는 것이다. 그러나 우리의 전통은 단절되어 과거의 흔적으로만 남아 있다. 그렇기에 현재 진행형인 우리 삶은 무관심 속에서 남의 것을 차용하는 문화적 식민화가 빠르게 진행되고 있다. 그러면서도 우리는 그 위험성조차 제대로 인식하지 못하고 있다. 그것이 더욱 나를 두렵게 했다.

우리의 정체성을 대표하는 의식주를 우리 것이 아닌 타 문화로 바꾸면 경제적으로나 문화적으로 타국에 예속된다. 그것은 역사의 상식이다. 아무리 강한 나라라고 할지라도 그 나라의 정체성이 담긴 기층 문화를 다른 나라에 의존하거나 빌려 쓰면 자국 문화에 대한 분별력과 안목, 자부심이 사라지면서 내수 경제의 핵심 동력인 산업 기반이 붕괴하고 결국 타 문화에 종속된다.

이미 우리의 주거와 옷은 1960년 이후 급속도로 서구화되었다. 그 둘보다 외형으로는 비교할 수 없을 만큼 거대한 식품 관련 시장과 외식 시장도 1988년 서울 올림픽 이후 빠르게 서구 문화에 잠식되고 있다. 우리의 도자기는 오래전 일본으로 건너가 그들에 의해 가꾸어지고 다듬어져 이젠 일본의 생활 도자기로 세계적 명성을 얻었다. 음식도 도자기와 마찬가지이다. 세계 수준으로 향상시키지 못하면 우리 음식도 일본 음식으로 둔갑하는 웃지 못할 일이 일어날 수 있다. 그리고 우리나라에는 머지않아 외국 음식을 파는 식당만 범람할 것이다. 이는 불을 보듯 뻔하다. 이미 그런 조짐이 나타나고 있다.

우리가 세계 선진국 수준의 문화를 스스로 생산하지 못할 때 국내 시장은 외국 명품의 소비 시장으로 변한다. 당장 백화점 명품 코너를 둘러봐도 알 수 있다. 거기 어디에 우리 브랜드가 있는가? 왜 우리가 만든 물건은 외국 명품처럼 가치를 제대로 인정받으며 명품 코너에 진열되지 못하는가? 명품 시장에 우리 물건이 자리 잡지 못한 이유는 간단치 않다.

나는 이 문제가 민족문화의 근간인 일상생활, 곧 의식주와 관련한 우리의 문화 수준과 연관이 있다고 생각한다. 문화의 근본인 의식주는 일상생활의 변화를 통해 부단히 변화하고 발전해간다. 그러므로 선진국 수준의 문화를 만들기 위해서는 의식주 생활에 일대 변혁이 일어나야 한다. 그것은 단지 물질적 변화만을 의미하는 것이 아니다. 물질이 개벽하기 위해서는 정신이 먼저 개벽해야 한다.

21세기는 문화 경쟁의 시대이다. 즉 의식주를 중심으로 발전하고 창조된 문화 상품이 세계시장에서 소비되면서 국가의 부富가 창출되는 시대가 왔다는 의미이다. 결국 국경을 초월한 문화 상품이 국가의 성장 동력이 된다.

그나마 다행스러운 것이 옷이나 주거는 서구화됐지만 음식만은 무척 보수적이어서 쉽사리 바뀌지 않았다는 점이다. 한식이 겨우 명맥이나마 유지하는 것은 그 덕분이다. 그러나 음식도 한계치를 넘어 한번 물꼬가 트이기만 하면 걷잡을 수 없다. 오히려 주거나 의복보다 변화의 속도와 폭이 엄청나게 빠르고 넓을 것이다. 이미 젊은이들의 거리를 점령한 숱한 이자카야와 파스타 집들을 볼 때마다 나는 등줄기가 서늘해질 만큼 두려움을 느낀다.

한식의 가치 경쟁에 불을 댕기다

ㅣ

나는 한식의 가치를 검증하고 싶었다. 자원이 없는 우리가 문화 강국으로 발돋움할 수 있는 길은 한식을 새롭게 해석하고, 상상하고, 디자인하는 길뿐이라는 나의 믿음을 현실화하고 싶었다. 말만이 아니라 실천으로 보여주어야 했다. 눈앞에 보여주면 믿을 것이란 확신이 있었다. 확신이 있거나 선례가 있는 일에는 따라 하는 이가 생기기 마련이다. 박세리가 성공하자 박세리 키드들이 생겨났다. 김연아가 명성을 얻자 피겨스케이팅을 배우는 어린이들이 많아졌다. 우리나라에 세계적인 운동선수와 예술가들이 많은 것은 세계 무대에서 성공한 선배들이 많기 때문이다. 한식이라고 그렇게 되지 말라는 법이 없다고 생각했다. 그렇게만 된다면 한식의 가치가 절로 올라갈 것이라 믿었다. 나는 과감하게 소매를 걷어붙이기로 했다.

2003년 11월 드디어 고급 한식당 '가온'을 청담동에 오픈했다. 가온이란 '가운데'라는 의미의 옛 우리말이다. 가온은 한식 세계화의 중심이 되어 세계로 뻗어나가겠다는 나의 포부와 신념을 구체화할 실험실이기도 했다. 실제로 나는 실험실에 들어가는 기술자나 학자의 심정으로 가온을 준비했다. '가온'은 그런 의미에서 한식 세계화를 위한 나의 승부수였다.

우리나라 외식 산업의 역사는 6·25 전쟁이 끝난 뒤 비교적 뒤늦게 시작되었다. 전후 부서진 건물을 새로 짓고, 도로를 건설하고, 다리를 놓으면서 건설 노동자들에게 밥을 먹일 식당이 필요했다. 사무실에서 일하는 사람들은 대부분 도시락을 싸 들고 다녔다. 학생들도 물론 무거운 책가방에 도시락 가방까지 함께 들고 다녔다. 외식은 배부른 사람들이나 하는 일이라고 생각하던 시절, 고된 일을 하는 건설 노동자들을 위해 식당이 생겨났다. 그런 곳에 사대부가나 양반가의 고급 음식이 등장했을 리 없다. 손쉽게 만들 수 있고 간편하게 먹을 수 있는 찌개나 국밥 같은 단품 메뉴들이 식당의 주 메뉴로 자리 잡았다. 식당의 이미지도 그렇게 만들어졌다. 식당은 싼값에 푸짐하게 차려 내는 곳이 최고였다. 결국 밖에서 먹는 한식의 이미지는 그렇게 굳어지고 만 것이다. 어느 집이 더 상 차림새가 단정하고 음식 맛이 정갈한지로 식당을 판단하는 것이 아니라, 어느 집이 더 값싸고 푸짐하게 나오는지가 선택의 기준이 되어버렸다. 가치를 경쟁하지 못하고 가격 경쟁에 머물렀으니 질적인 진화가 이루어지기 어려운 건 당연한 결과였다.

가온의 출현이 가격 경쟁이 아닌 가치 경쟁을 시도한다는 것을 사람들은 이해하지 못했다. 여전히 많은 사람들이 사회적, 역사적 한계에 갇혀 있던 때였다.

세계인들이 해외여행을 다니면서 소비하는 음식은 배를 채우는 끼니인 동시에 문화 체험이다. 많은 여행자들이 그 나라 문화로서의 음식을 체험하고 싶어 한다. 문화로서의 음식이라면 당연히 최고급 음식에서부터 일반 대중 음식, 서민 음식까지 수직적 다양성을 의미한다. 그런데도 당시 우리나라 중산층은 소박하고 대중적인 음식에 익숙해서인지 상류층 고객의 기호와 취향에 맞춘 한식을 창조하고 연출하는 것을 달가워하지 않았다. 심지어 나더러 바가지를 씌운다고 비난하는 사람도 있었다.

1%의 상류층조차도 내가 만든 음식을 한식으로 인정하기를 꺼렸다. 그들은 이미 집안에서 일반인이 만나기 어려운 고급 재료로 만든 자기들만의 차별화된 한식을 즐기고 있었다. 비록 폐쇄적이긴 해도 속으로는 자기 집안 음식이 한식을 대표한다는 자긍심을 가지고 있는 사람들이었다. 그들은 자신들에게 생소한 음식은 아예 무시하거나 한식이 아니라고 부정했다.

가온에서 내놓은 음식은 그들에게 익숙지 않은 새로운 재료로 만든 요리였다. 그리고 상다리가 부러지게 한 상 가득 차려 내는 기존의 한정식이 아니라, 금방 만든 요리를 한 접시씩 들고 나오는 코스 형태의 한식이었다. 이것은 한식의 일대 모험이고 혁신이었다. 나는 사람들의 고정관념을 바꾸고 싶었다. 라캉Lacan, Jacques 식으로 말하자면 '낯설게 하기'였다. 한식은 왜 굳이 뜨거운 음식과 찬 음식을 한 상에 동시에 차려야 하는가. 왜 찌개 그릇에 서로의 침이 뒤범벅되게 만드는가. 얼마든지 다르게 차릴 수 있지 않은가. 오랫동안 고민했던 한식에 대한 나의 답이 하나씩 정리되어갔다.

낯선 한식, 세계인을 사로잡다

|

오래전부터 음식의 중요성에 주목해온 나는 한식 세계화의 가능성을 시험해보고 싶었다. 그 성공 가능성을 미리 타진하기 위해 벌인 전야제이자, 새로운 한식의 데뷔 무대가 바로 미국 나파 밸리Napa Valley에서의 만찬이었다.

나파 밸리는 샌프란시스코에서 북쪽으로 차로 한 시간여 달리면 나오는 1년 내내 와인에 취해 있는 곳이다. 와인을 즐기는 사람은 물론이고 와인에 문외한이라 하더라도 나파 밸리는 한번쯤 가보고 싶어 하는 선망의 장소이다. 그곳을 그저 포도 농장이 많은 시골 마을 정도로 생각하면 오산이다. 그곳은 와인과 치즈와 고급 식당, 리조트, 스파 등 레저와 오락 시설이 모여 있는 고품격 소비문화의 본거지이다. 미국 국내만이 아닌 전 세계에서 중산층 이상의 부유한 사람들이 몰려드는 꿈의 도시이고 와인을 비롯한 전 세계의 술과 음식이 집중되는 미식의 메카이다. 세계의 맛을 이끄는 오피니언 리더들이 모여들면서 이곳에서는 자연스럽게 국제적인 수준의 고급 식문화가 펼쳐지고 있었다.

나는 진작부터 한국 상류층에게 아주 충격적인 방법으로 한식을 경험하게 할 기회를 만들고 싶었다. 그들에게 세계 무대에서 '가온 한식'의 가능성을 확인시킬 방법이 절실했다. 그리고 어느 날 기회가 찾아왔다. 운산그룹 이희상 회장의 초청으로 참석한 자리에서 2005년 9월 나파 밸리의 유명한 컬트 와인의 총수인 빌 할란Bill Harlan과 만날 기회가 생긴 것이다.

그날 점심 초대를 받은 자리에서 나는 특별한 제안을 했다. 딱 2년 뒤인 2007년 10월, 할란이 운영하는 '나파 밸리 리저브스Napa Valley Reserves'라는 프라이빗 클럽에서 나파 밸리 와인에 어울리는 한식을 소개하고 싶다는 제안이었다. 이곳 유명 와이너리 총수들을 초청해서 그들의 와인과 한식을 함께 차려 내 동양과 서양의 음식 문화가 만나는 멋진 축제를 기획해보자고 했다. 내 얘기를 들은 할란은 그 자리에서 흔쾌히 승낙했다.

서울로 돌아와 나는 빈틈없는 준비에 들어갔다. 세계에서 가장 세련되고 안목이 높은 사람들에게 한식의 정수를 선보일 기회였다. 이 절호의 기회를 헛되이 놓칠 수는 없었다.

그리고 정확하게 2년 뒤인 2007년 10월 19일, 나는 약속대로 나파 밸리로 날아갔다. 세계적 부호이자 섬세한 미식가인 할란은 그때 나의 제안이 즉흥적인 인사치레인 줄로 알았는지 정확한 날짜에 그곳에 도착한 우리를 보고 진심으로 감탄하고 흥분했다. 그러면서 나를 뜨겁게 껴안았다. 나는 한국의 문화 리더 여러 명과 동행했다. 다들 할란에 버금가는 미감을 가진 인사들이었다. 참석자는 정확히 60명으로 제한했다. 현지에서는 나파 밸리의 와이너리 총수들과 미식 분야의 기자들, 음식 칼럼니스트들이 참석하기로 했다. 나는 당시 시카고에서 MBA 과정을 밟고 있던 둘째 딸 희경이에게 나파 밸리 리저브스의 담당자와 상의해서 행사를 총괄하도록 맡겨놓았다.

세계적인 미식을 경험할 대로 해본 와이너리 총수들에게 낯선 한식을 선보인다는 것은 사실 내게도 큰 부담이었다. 그들은 한식을 전혀 모르는 사람들이니까. 나중에 들은 얘기지만 한국에서 함께 간 참석자들이 오히려 나보다 더 걱정을 했다고 했다. 혹시 창피를 당하지나 않을까 염려스러웠던 것이다.

나는 이날 만찬에 철저에 철저를 기했다. 비행기에 광주요가 수십 년간 정성 들여 구운 청자 접시, 백자 사발, 백자 사각 테이블 매트, 불고기용 내열 자기, 4단 찬합, 밥그릇, 국그릇 등 식기로 사용할 도자기 1,000여 점을 실었다. 홍삼 달인 물 10L, 닭 육수 15L, 생선회에 곁들일 초고추장 3L, 간장 3L, 후식으로 낼 밤초, 대추초에 한국의 산천에서 한국의 햇볕과 바람을 쐬고 자란 각종 산야초를 60시간 이상 달여 꿀로 가미를 한 약차까지 실었다. 가온의 요리사와 홀 직원 7명도 데려갔다.

나는 한국 문화의 정수를 보여주고 싶었다. 한식의 맛과 멋을 최고로 연출해 그들로 하여금 탄성을 자아내게 만들고 싶었다. 특히 이날 행사를 위해 한국에서 함께 간 참석자들을 깜짝 놀라게 만드는 것이 나의 궁극적 목표였다. 나파 밸리 행사를 통해 내 생각과 꿈을 그들과 공유하고 싶었던 것이다.

행사는 순조롭게 진행되었다. 그날은 현재 광주요에서 함께 일하고 있는 둘째 희경이가 음식이 나올 때마다 그 음식의 재료와 조리법과 거기에 담긴 이야기를 차분하고 당당하게 소개했다. 음성은 부드러웠

으나 간결하고 힘 있게 핵심을 전달했다. 아버지로서 딸이 대견스럽고, 한국인으로서 우리 음식이 자랑스러운 밤이었다.

모든 와이너리 총수들은 자기 와이너리의 최고 브랜드를 매그넘Magnum(2L 용량의 병)으로 가지고 왔다. 경매에서나 만날 수 있는 20년 이상 숙성된 와인들이었다. 특정 음식을 시식하기 위해 이렇게 많은 와이너리 총수들이 모인

한식 문화의 숲을 선보인 나파 밸리 만찬

것은 그들로서도 처음이라고 했다. 게다가 이렇게 여러 종의 최고급 화이트 와인과 레드 와인이 함께 나온 일은 더더욱 처음이라고 했다.

한식과 우리 술 '화요', 그리고 나파 밸리 와인들은 너무나 조화롭게, 즐겁게, 자연스럽게 어우러졌다. 정말 뜻있고 아름다운 밤이었다. 장장 3시간 반에 이르는 정찬이었다. 식사가 끝난 뒤 김희진, 김병진 셰프와 최승우 지배인이 등장하자 참석한 사람들이 모두 일어서서 박수를 쳤다. 오케스트라 연주가 끝난 것도 아닌데 기립 박수라니!

셰프들이 절을 하자 와이너리 총수들은 일일이 한 사람씩 악수를 건네고 어깨를 껴안으면서 기뻐서 어쩔 줄 몰라 했다. 생각해보면 그

날의 음식이야말로 완벽한 오케스트라였다. 다양한 악기가 지휘자의 지휘에 따라 아름다운 하모니를 이루듯 여러 가지 재료와 양념이 모여 요리사의 손끝에서 한 접시의 조화로운 음식이 탄생한다.

참석자들은 마지막까지 한국의 음식이 이렇게 맛있는지, 이렇게 다양한지, 그리고 와인과 이렇게 잘 어울릴지 상상도 하지 못했다며 칭찬하느라 다들 입에 침이 말랐다. 나더러 꼭 나파 밸리에 다시 와서 레스토랑을 열어달라는 요청이 쏟아졌다. 이를 목격한 국내 참석자들은 모두 자신의 일인 양 뿌듯해했다. 결과는 기대 이상이었다. 다들 몹시 놀라워했고 만족했다. 그때 우리는 모두 진정 한마음으로 뭉였다. 한식은 이미 음식이 아니라 우리의 자존심이었다. 그동안의 모든 고민과 고생이 한순간 사라진 느낌이었다.

이날의 만찬은 한국인에게는 그저 낯선 곳에서 한식을 선보이는 것 정도의 작은 행사로 여겨질 수도 있다. 그러나 이 행사에서 선보인 한식은 이곳 현지인들이 처음으로 접한 모험적 음식이었다. 그날 행사는 그들에게 한국 음식 문화의 수준을 확인시킨 계기가 되었다. 그곳 오피니언 리더들은 새로운 한식의 등장에 세계적인 음식이 탄생했다며 감탄했다. 이날 행사는 미국 언론뿐 아니라 국내 일간지 몇 곳에서도 대서특필했다.

한식 세계화 정책의 이면

|

나파 밸리에서의 만찬 이후 차츰 '한식 세계화'가 국내 언론에 주요 이슈로 거론되기 시작했다. 마침내 2008년에는 '한식 세계화'가 정부 정책으로 채택되기에 이른다.

드디어 나의 염원이 이루어진 것이다. 미래기획위원회와 농림수산식품부가 한식 세계화를 '신성장 동력'의 일환으로 다루면서 꽤 많은 예산을 배정하게 된다.

그러자 놀라운 일이 일어났다. 다시 생각해보아도 정말 기가 막힐 일이다. 한식 세계화가 국가정책으로 채택되자마자 이 사업에 배당될 정부 기금 3,000억 원을 타내기 위해 너도나도 경쟁에 뛰어들기 시작했다. 나는 그 난장판을 멀거니 바라볼 수밖에 없었다. 떡볶이 세계화 연구소 설립에 150억 원, 한식 세계화 재단 설립에 100억 원, 뉴욕의 한식 세계화 모델 한식당에 50억 원 등등 정부 지원 방침이 발표되자 수십 년 전부터 한식 세계화를 연구해왔다는 사람들이 난데없이 쏟아져 나왔다. 그뿐이 아니다. 여기저기 많은 단체에서 공적 자금으로 한식 세계화의 일환이랍시고 세계적인 저명인사와 셰프들을 초청했다. 그들에게 앞다퉈 한식을 맛보게 하고, 세계화될 수 있을지를 묻기 위해 그들의 입을 쳐다봤다.

그 모습을 보며 나는 절망감을 느꼈다. 나는 내 주머니를 털어서라도 세계 부호들을 모아놓고 우리의 음식이 최고라는 것을 보여주고 싶었다. 한식의 가능성을 확인하고 가온에 접목해 사회 전반의 공감대를 형성하고 싶었다. 그래서 나파 밸리의 만찬에 그렇게 공을 들인 것이다. 그러나 한식 세계화에 나서겠다는 사람들은 임자 없는 돈으로 행사를 위한 행사를 벌이기 위해 분주할 뿐이었다. 그러느라 한식 세계화에 배당된 몇백억 원의 예산을 일회성 이벤트로 소모해버렸다. 그리고 그것으로 끝이었다. 이미 1,000억 원가량이 소진되었다고 들었다. 기가 막힐 노릇이다.

남에게 고추장, 된장을 주고 우리 음식을 세계적인 수준으로 만들어달라는 것은 우리 정체성을 만들어달라는 것이나 마찬가지이다. 그들은 한식을 배운 적이 없는 사람들이다. 결국 그들이 만든 한식은 우리의 고추장이나 된장을 그들 나라의 음식에 접목한 정도일 것이다. 이는 우리가 돈을 주고 그들 나라의 음식을 다양화해주겠다는 것과 무엇이 다르단 말인가? 이렇게 만들어진 음식이 어떻게 한식으로 자리를 잡을 수 있겠는가. 우리에게 남아 있는 사대事大의 찌꺼기를 확인하는 것 같아 나는 불쾌함을 감출 수가 없었다.

물론 그들의 의견을 듣는 것도 절대적으로 필요하다. 그러나 방법이 잘못되었다고 생각한다. 우리가 주체가 되어 그들에게 수준 높은 한식 문화를 충분히 설명하고 체험시키는 과정이 선행되어야 한다. 그리고 그들이 즐겨 먹는 식자재를 우리 음식에 접목해 차려내게 해야 한다. 그것이 우리의 상상력을 자극하여 창의적인 발상을 가능케 할 것이다. 우리 자신보다 우리 음식을 잘 아는 사람은 없다. 다만 그동안 관심을 기울이지 않았을 뿐이다. 이제부터라도 모두 우리 음식에 애정을 갖고 함께 가다듬고 키워나갈 방법을 찾아야 한다.

사실 한식 세계화가 국내에서 쟁점이 된 초기에는 여러 단체나 위원회에서 나를 필요로 했다. 그러다 얼마 지나지 않아 슬그머니 나는 제외되고 말았다. 아니면 이름만 올려놓고 겉으로만 나를 우대하는 척했다. 결국 그들에겐 일회성 행사나 눈 가리고 아웅 하는 실적주의 행정을 반대하는 내가 거추장스러운 존재였을 것이다.

사업적으로 접근하는 사람들이라고 해서 다르지도 않았다. 한번은 나의 강의를 들은 한 기업 임원이 한식의 세계화 추진을 적극 검토하라는 총수의 비밀 지시가 떨어졌다면서 나와 함께 일할 것처럼 접근해왔다. 2명의 기획실 직원과 한식 세계화 사업 추진에 관한 세부 사항을 토론하자기에 나는 늘 그랬듯이 열을 올리며 전체적인 비전과 구체적인 방안을 제시했다. 나중에 안 일이지만 그들은 내가 세운 계획을 토대로 정부에 1,000억 원의 자금을 요청했다고 한다. 결국 이 계획은 백지화되었지만, 한식 세계화 사업은 이런 식으로 무분별하게 돈만 쏟아붓는다고 될 일이 아니다. 누군가 구체적인 청사진을 가지고 진두지휘하지 않으면 안 되는 사업이다.

누가 정부 예산을 지원받아 쓴다고 하면 그 예산이 계획대로 쓰이고 있는지 점검해야 할 게 아닌가. 분명히 우리는 오만방자해졌다. 불과 55년 전 UN한국재건위원회UNKRA에서 인도 대표 메논K. P. Menon이 했던 보고를 잊은 것 같다.

그는 "한국 땅에서 경제 재건을 기대한다는 것은 마치 쓰레기통에서 장미꽃이 피기를 바라는 것과 같다"고 말했다. 그러나 우리는 보란

듯이 그런 기적을 일으켰다. 1960년 우리 1인당 GNP는 단돈 87달러였다. 그러나 1차 경제개발 5개년 계획을 시작으로 1964년 우리나라의 총수출액은 1억 달러를 돌파하기에 이른다. 이후 제2차, 제3차 계획으로 우리 경제는 일어섰다. 이 사실을 우리는 모두 잊었는가. 그렇지 않고서야 어찌 2030년 1962년 수출액의 2,400배에 달하는 2,400억 달러를 목표로 하는 범국가적 사업을 이렇다 할 마스터플랜도 없이 중구난방으로 추진한다는 말인가.

부처 간의 중복된 사업으로 예산 낭비는 심각하고 일의 효율성도 기대 이하이다. 억장이 무너질 일이다. 정부 예산이 제대로 사용되었다면 한식 세계화 사업은 벌써 가시적인 성과를 보이기 시작했을 것이다.

한식 세계화는 진보든 중도든 보수든 이념과 정파를 떠나 함께 토론하는 범국가적 이슈가 되어야 한다. 서로 의견을 조율하면서 협력해도 될까 말까 한 일인데 우리의 정치판은 반대를 위한 반대로 대립하고 있으니 참담하기 짝이 없다. 어느 쪽도 자기 진영의 정치적 이득만 챙기지 국익을 놓고 고민하지 않는다. 그러나 이념과 가치를 떠나 모두 함께 머리를 모을 수 있는 화두가 바로 음식이라고 나는 확신한다. 한식 세계화야말로 어느 쪽이 권력을 잡게 되어도 반드시 해야 할 일이다.

2030년에 총시장 규모가 1만조 원에 이를 것으로 예상되는 세계 식품 산업. 그 절반인 5,000조 원을 차지하는 외식 시장이야말로 미래 우리 후손을 먹여 살릴 신성장 동력이 될 것이 확실하다. 이제 공장에서 생산한 자동차와 배와 컴퓨터를 팔던 시대는 지나가고 있다. 그 대신 우수한 우리 문화를 키워 세계시장에 내놓아야 한다. 내수와 수출 그리고 국가 브랜드와 문화 자부심을 함께 살리는 길이 음식에 있다. 보수면 어떻고, 진보면 어떤가. 음식 사업은 일반 사업과 다른 맥락에서 접근해야 한다.

정부는 장기적 문화 개발 정책과 투자 계획을 범국가적 사업으로 선정해야 한다. 이는 민간 기업들에게는 이윤을 창출할 수 있는 동기를 부여할 것이다. 동시에 문화 사업이야말로 나라 경제의 기반이 되는 내수 경제의 핵심 요소임을 깨닫는 사고 변혁의 전환점이 될 수 있다. 내수 경제가 활성화되면 국민들은 한식의 가치를 깨달으며 자연히 우리 음식에 대한 사랑과 자부심으로 이어질 것이다. 이는 결국 우리의 정체성을 확립하는 문화 대혁명이라고까지 말할 수 있다.

오랜 기간 쌓여온 사회적 불만과 반기업 정서도 점차 해소될 것이고 국민의 단합도 가능할 것이다. 기업의 사회적 책임인 고용 창출이 가능하기 때문이다.

이윤만을 좇아 달려들는 근시안적 접근으로는 한식 세계화는 요원할 수밖에 없다.

가장 한국적인 것에 답이 있다

|

나파 밸리 이야기를 좀 더 해야겠다. 2005년 9월 나파 밸리에서 2년 뒤 만찬 행사를 열겠노라 약속하고 귀국해 행사를 치르기까지 2년

의 준비 기간은 나에게 큰 짐이었다. 그렇지만 한식 세계화를 구체화하기 위해 반드시 풀어야만 하는 숙제이기도 했다.

당시만 해도 엄청난 경비를 들여 해외에서 한식을 차리는 행사를 정부에서 후원할 리 없었다. 나는 정부나 기업의 도움 없이 혼자 힘으로 모든 것을 준비했다. 문화로서의 한식은 단지 음식에 국한되는 것이 아니다. 외국인의 입맛에 맞는 한식 메뉴를 개발하는 것도 필요하지만, 담는 그릇과 상차림, 집기와 장식 등 한국식 생활 문화를 통째로 제공해야 한다. 한국 문화의 총체이면서 정수를 보여주어야 감동을 전할 수 있다.

나는 한식 문화라는 오케스트라의 지휘자가 되기로 작정했다. 그래서 2년 동안 혼신의 노력을 기울였다. 그토록 오랜 준비 기간을 둔 것은 선례가 없는 첫 시도였기 때문이다. 물론 우리에게는 전통 궁중 요리와 사대부가의 음식이 있었지만 단지 복원하는 것으로는 충분하지 않았다. 세계적 미식가들에게 내놓는 한식이기에 전통에 기반을 두되 새롭게 해석하고 창조해야 했다. 빼어난 감각과 안목이 필요했다.

가장 중요한 과제는 한식을 어떻게 연출할 것인지 행사의 전반적인 청사진을 그리는 일이었다. 상상은 저절로 떠오르지 않는다. 내가 보고 배울 벤치마킹의 대상이 필요했다. 나는 스시를 포함해 세계 최고 수준의 음식을 선보이는 일본 식당을 공급자의 입장에서 다시 체험해보기로 했다. 제2차 세계대전 이후 일본이 스시를 세계화할 때 프랑스를 경쟁 상대로 삼아 준비했듯이 나는 한식 세계화를 위해 일본을 경쟁 상대로 삼기로 했다.

일본에서 태어나고 자란 재일 교포인 아내가 나를 도왔다. 내가 가본 곳은 일본식 가정 요리 전문점인 '가미야內儀屋'와 두부 음식 전문점인 '우카이うかい'였다.

가정식 식당 '가미야內儀屋'

'가미야'는 도쿄 롯폰기에 있는 일본 가정식을 파는 식당으로 철저한 예약제로 운영하는 곳이다. 마치 단아한 가정에 초대받아, 어머니와 딸이 차려 내는 상을 받는 느낌이다. 도쿄에 가면 흔히 있는 튀김이나 구이, 스시 같은 메뉴는 없고, 그냥 제철의 '가정식 요리'를 낸다. 따로 주문할 필요가 없다.

손님이 앉는 바 바로 앞에 부엌이 있고, 그 안에 화덕이 보인다. 손님은 앉은 자리에서 조리하는 과정을 지켜볼 수 있다. 자연에서 가져온 재료가 하나의 요리가 되어 손님상에 나오기까지 전 과정이 그대로 노출되는데, 이는 청결을 확인하게 하려는 배려가 아니다. 정성스럽게 재료를 다듬고, 공들여 만든 양념을 끼얹고, 불에 익혀 내 앞에 놓인 식탁까지 옮겨 오는 전 과정을 지켜보는 것은 음식을 대하는 태도를 결정한다. 거기에는 조리 과정에 대한 이해와 기다림 없이 완성된 음식이 눈앞에 차려지는 것과는 전혀 다른 감동이 있다. 그렇게 공들여 나온 음식은 좀 더 알뜰하게 혀끝에서 맛을 보고, 코로 향기를 맡고, 재료의 빛깔과 접시의 빛깔의 조화까지 들여다보게 되는 것이다. 음식을 오감으로 접하게 되는 과정이 바로 그것이다.

'가미야'에서는 초로의 여인과 딸인 듯 보이는 젊은 아가씨 둘이 검은 바지에 흰 셔츠를 차려입고 찬찬하고 정교한 손길로 음식을 조리하는데, 그들이 눈앞에 차려 내는 음식은 단순한 음식이 아니라 한 점의 작품처럼 느껴진다. 그 때문에 금방 만든 음식 하나를 앞에 놓아주면 저절로 그들에게 고개를 숙이게 된다.

앙증맞은 모양과 다채로운 빛깔의 그릇들, 요리 위에 빠짐없이 장식으로 얹혀 있는 자그마한 꽃들, 기존 상식을 파괴하는 음식과 그릇의 신선한 조화, 시종 입가에 미소를 띤 채 재빨리 재료를 다듬고 조리하면서 결코 허둥대지도 동선이 꼬이지도 않는 능란함, 내 앞에 가져다 놓는 손길의 정중함까지. 그러니 반사적으로 고개를 숙이지 않을 수가 없는 것이다. 거기에는 값으로 따질 수 없는 무엇이 있다.

우리는 보통 식당에 들어가 자리에 앉으면 내 앞에 나오는 음식만이 중요하다. 맛이 과연 괜찮을지, 인공 조미료를 썼을지 안 썼을지, 재료는 자연산인지, 친환경 농산물인지 아닌지……, 오직 음식에만 관심이 간다. 그러나 이곳에서는 음식도 음식이지만 다른 것에 더 큰 관심을 갖게 된다. 실내의 꽃꽂이, 앞에 놓인 그릇의 색과 모양, 젓가락 받침, 벽지, 종업원의 유니폼, 그들의 태도와 표정 등. 음식을 단지 빈 위장을 채우는 용도가 아니라, 자연의 선물을 오감으로 느끼는 문화적인 행위로 자각하게 만드는 것이다.

만약 서울에 이런 식당이 있었다면 과연 성공했을까? 일본처럼 고급 음식 문화 시장으로 형성될 수 있을까? 음식을 입에 넣으며 나는 걱정이 되기 시작했다.

작은 일본 '우카이ぅゕぃ'

'우카이'는 평범한 두부 음식을 세계적인 음식으로 만든 비결을 보여준다. 두부 가이세키 요리会席料理, 그러니까 다도茶道의 예에 따라 차려 내는 일본식 코스 요리 전문점 '우카이'는 해외 귀빈이나 중요한 바이어들에게 일본 문화의 정수를 보여주기 위해 특별히 꾸며진 공간이다. 이곳을 찾으려면 늦어도 석 달 전에는 예약해야 한다. 외국인 손님의 예약이 줄을 잇기 때문이다.

식당에 도착해 차가 멈추면 차문 앞까지 다가선 남자 종업원이 미소를 지으며 차문을 열어준다. 맞이하는 태도가 호들갑스럽지 않고 품위가 있다. 말끔하게 비질이 된 돌길을 밟으며 대문을 지나 돌담길을 따라 올라가는 계단은 경사가 완만해서 흡사 절집에 들어서듯 호젓하고 고즈넉하다.

기모노를 개조한 유니폼을 입은 여종업원이 약간 비스듬히 앞서가면서 길을 안내한다. 대나무로 성글게 짠 문을 들어서면 경사진 지붕과 낮은 처마가 있는 일본식 집이 여러 채 눈앞에 나타난다. 동양적 미감을 가진 사람이라면 수수하고 소박한 것이 실은 가장 고급스럽다는 것을 본능적으로 느낄 수 있는 집이다. 미로 같은 길을 따라 가면 고개를 숙여야 들어설 수 있는 작은 출입문에 다다른다. 신비의 세계에라도 들어가는 듯 조심스럽게 발을 내딛게 된다.

자그마한 방, 방 안에는 한가운데 옻칠한 탁자 말고는 아무것도 놓인 게 없다. 한쪽은 대나무를 심은 담장이고, 다른 한쪽은 연못이 있

일본의 문화를 담은 식당 '우카이'

는 정원이다. 연못 건너편엔 제법 연륜이 느껴지는 나무가 붉은 꽃을 가득 달고 서 있는데 자세히 보니 석류나무이다. 간혹 석류꽃이 툭 떨어져 못 속에 잠겨드는 것도 보인다.

작고 단정한 것, 텅 비워놓는 것, 단순하고 절제된 것, 청결한 것이 바로 최고의 장식임을 보여준다. 흰빛과 나무 빛 외에 다른 빛깔은 없다. 벽면에 걸어놓은 몇 송이 꽃도 무채색에 가깝다. 절제와 비움이 이토록 귀한 것이구나 다시금 깨닫게 되는 방이었다.

그 정갈한 방 안에 앉아 있으니 종업원이 문 앞에 꿇어앉아 양손을 가지런히 앞에 모으고 허리를 찬찬히 숙여 절을 한다. 분위기 때문인지 왕이라도 된 기분이 든다.

옻칠한 검은 상에는 붉은 쟁반이 올려져 있는데 그 위로 예약해둔 음식들이 하나씩 차례로 차려지기 시작한다. 전채는 새우인데 음식보다 그릇에 눈이 먼저 간다. 자개 박힌 나무 쟁반에 도자기 접시를 얹고, 다시 그 위에 정교하게 커팅한 유리그릇을 얹고, 거기에다 레몬즙을 뿌린 새우 한 마리를 담았다. 이어 튀긴 두부가 나왔다. 속은

검게, 겉은 붉게 옻칠한 나무 찬합에 세 조각을 담아 냈다. 흔한 두부 튀김일 뿐인데 담긴 그릇이 특별해서 대단한 요리처럼 느껴진다. 다음은 팔각형 대나무 그릇에 담긴 초밥 한 점이다. 검게 조린 두부 한 점과 식초에 절인 오이 한 토막이 같이 나왔는데 초밥을 싼 길쭉한 댓잎이 일품이다. 풀로 묶은 매듭을 풀고 댓잎에 싸인 밥을 먹도록 만들어놓았는데 그 풀어내는 과정이 재미있다. 차조기 잎으로 연붉게 만든 우엉 대 하나를 푸른 댓잎 위로 걸쳐둔 것을 보니 색감에도 섬세하게 신경 썼다는 것에 감탄하게 한다. 다음은 완전히 새로운 음식이다. 고소한 콩국에 부드러운 두부 한 토막을 담가놓은 수프다. 죽도 아니고 탕도 아닌 처음 보는 음식인데 입에 넣으니 부드럽고 편안하다.

드디어 식사가 나왔다. 나무 솥에 담은 솥 밥과 된장국. 밥 위에 우엉 뿌리와 우엉 잎을 올려 향긋하다. 이어지는 후식. 해조류를 섞어 만든 연녹색 두부 위로 콩을 단팥처럼 달콤하게 삶아 으깬 소스를 끼얹었다. 이번에는 사각 옻칠 접시에 원형 주칠 접시를 포개어 얹고 그 위에 담아 냈다. 검은 것과 붉은 것, 사각과 원형의 조화를 즐기면서 맛을 음미하라는 것이다. 그릇을 들여다보다 말고 무심코 바깥을 내다보았다. 한 손에 우산을, 다른 한 손에 음식 냄비를 든 채 게다를 신고 종종걸음 치듯 걸어가는 기모노 입은 여종업원이 보인다. 기모노 입은 여인이 뒤뚱거리며 걸어가는 뒷모습을 보게 하는 것도 의도한 디자인의 일부인 것 같다. 다른 편리한 방법이 있을 텐데 굳이 음식을 손에 들고 배달하게 하는 것은 방 안에서 창밖을 내다보는 손님들의 시선을 의식한 행위 예술처럼 보인다. 그리고 그냥 보아 넘길 수 없는 바구니 하나가 방 안에 있다. 손님들의 겉옷을 벽에 걸면 방 안의 정갈함이 깨어진다고 생각해서인지 방바닥에 옻칠 바구니를 놓아두었다. 기모노 차림의 종업원이 내 양복저고리를 접어서 거기 담고 그 위에 보자기를 덮는다. 옷 색깔이 보이지 않게 하려는 의도인 것 같다. 보자기는 엷은 보랏빛이다. 아마도 벽에 걸린 더덕꽃 색깔을 고려했으리라. 이러한 섬세한 배려가 소위 디테일의 힘을 느끼게 한다. 적당한 선에서 마무리한 장식적인 인테리어로는 고급스러운 취향의 손님들을 만족시킬 수가 없다고 여겼을 것이다.

한마디로 이들은 일본 문화와 이미지를 식당에 집약해놓았다. 음식만이 아니라 음식을 포장하고 있는 다양한 소품과 정원, 건축물, 실내장식 등 여러 분야의 예술가들이 참여해 두부라는 평범한 음식을 1인당 13만 원의 예술품으로 창조해놓았다. 그걸 구경하는 것만으로 돈이 아깝지 않게 만든다. 그뿐이 아니다. '우카이'를 다녀간 외국인들은 절로 일본 문화의 우월성에 탄복하고 일본인의 미감을 존중하게 될 것이다. 게다가 그 식당은 자국의 공예가를 먹여 살린다. 농업도 살릴 수 있다. 참으로 꿩 먹고 알 먹는 일거양득의 미학이 아닌가. 이미 미국 내 급식에 사용되는 두부의 80% 이상을 일본이 장악하고 있다. 일본에서 콩 농사를 짓는 농부들은 얼마나 신이 날까? 뛰어난 백자와 청자, 건축물과 목기를 가진 우리는 도대체 무얼 하고 있나?

남이 해놓은 걸 보면 누구나 할 수 있을 것 같다. 그러나 이런 것은 저절로 이루어지지 않는다. 일본인은 '우카이' 같은 분위기와 맛을 만들어내기 위해 얼마나 고심했을까. 자세히 보면 음식 하나하나에 정밀하게 스며든 노고가 느껴진다. 그 노력이 손님에게 신뢰감을 주고 감동하게 만든다.

이런 고급스러운 음식 문화를 체험하면 감각은 점점 더 세련되고 안목은 높아질 수밖에 없다. 요즘 우리 교육 현장에서 시청각 교육을 강조하는데, 바로 이렇게 생활하면서 보고, 듣고, 만지고, 먹는 게 삶 속에서 향유할 수 있는 살아 있는 시청각 교육이 아닌가.

나는 우리에게도 이런 한식당이 절대적으로 필요하고 생각했다. 가정집 같은 분위기에 열두엇 남짓한 손님을 극진히 대접하는, 한 사람당 10만 원에서 15만 원 정도에 품격 있고 정갈한 한식을 맛보고 싶을 때 찾을 곳이 있어야 한다. 이미 서울에는 고급 일식이나 양식을 즐길 수 있는 이런 식당이 곳곳에 포진해 있다. 우리나라 사람들이 이런 곳을 즐겨 찾기에 서울에서 성업 중인 것이다. 다만 서울에 한식을 제대로 차려 내는 한국다운 한식당만 없을 뿐이다.

또 하나, 일본의 두 식당에서 발견한 공통점은 어딜 보아도 이곳이 일본 식당이라는 것이 확연하게 드러난다는 점이다. 조리사의 옷과 자세, 먹으로 쓴 메뉴, 천장에 걸린 화지 조명등, 음식을 주문하고 내오는 방식, 그릇과 조리 도구들. 세계 어디에 내다놓더라도 일본 음식점이라는 걸 한눈에 알아볼 수 있도록 연출되어 있다. 그들의 실내장식은 그만큼 철저하게 계산된 것이고 일본의 정체성을 확실히 보여주겠다는 문화 전략에 따라 기획된 것이다.

나는 그곳에서 '일본다움'과 '일본 음식 문화의 큰 숲'을 보았다. 그리고 나파 밸리에서 내가 무엇을 보여줘야 하는지가 더욱 확실해졌다.

2년의 준비, 한국 문화의 숲을 만들다

ㅣ

일본에서 체험한 것을 바탕으로 나파 밸리 만찬의 핵심은 '가장 한국적인 것'이 되어야 한다는 것으로 정했다. 한국적인 나무 한두 그루를 보여주는 것이 아니라 한국 문화의 숲을 보여주어야 한다

행사의 주제를 '약식동원藥食同原의 철학을 이어가는 한국 식문화기업 광주요가 제안하는 건강식'으로 정했다. 한국을 대표하는 명품 도자기 광주요의 그릇에 우리 삶의 철학이 녹아든 다섯 가지 색인 오방색의 음식을 차리기로 했다. 그렇게 기본 줄기가 정해졌다.

가장 먼저 할 일은 메뉴를 정하는 일이었다. 메뉴는 일단 한국인에게 가장 친숙하고 자신 있는 음식을 선정해 거기에 최대한 멋과 풍미를 더하기로 했다. 시각적으로 아름답게 느낄 수 있어야 하고, 미각적으로 예민한 혀를 사로잡는 맛이어야 하고, 후각적으로 매력적인 향을 지녀야 했다. 음식을 먹는다는 것은 자연의 선물을 오감으로 받아

들이는 문화 행위이기 때문이다.

우리에게는 오래전부터 음식에 음양오행陰陽五行의 사상을 적용하는 전통이 있었다. 그게 일상에 녹아 흐르듯 자연스러웠다. 충남대학교 정세채 교수에 따르면 중국 전국시대에 완성된《황제내경黃帝內經》에는 다음과 같은 기록이 있다고 한다.

> 하늘은 풍風·열熱·습濕·건燥·한寒의 '오기五氣'를 바탕으로 하여 사람을 기르고, 땅은 산酸·고苦·감甘·신辛·함鹹의 '오미五味'를 바탕으로 사람을 기른다. 오기는 심폐로 들어가서 간직되며, 위로 올라가서 청靑·황黃·적赤·백白·흑黑의 '오색五色'을 분명히 눈에 보이게 하고 음성을 밝게 들리게 한다. 오미는 위장에 들어가서 위장에 수장收藏되며 간肝·심心·비脾·폐肺·신腎의 '오장五臟'의 정기를 기른다. 그 작용으로 기가 조화되며 진액이 생성되어 생명 활동이 저절로 생긴다.

음식이 약이 된다는 사상이다. 그것이 곧 약식동원의 철학이다. 이 얼마나 오묘한 지혜인가. 나는 메뉴를 짜면서 오행에 맞는 색과 맛을 찾는 데 특별히 공을 들였다.

두 번째로 신경 쓸 것은 음식에 어울리는 식기를 만드는 일이었다.

식기는 음식이 결정되면 광주요 디자이너가 이에 맞는 식기를 디자인하고, 이를 토대로 도예가와 여러 차례 회의를 거쳐 크기와 질감,

태토胎土, 색을 정하고, 나와 아내의 의견을 최종 반영해 샘플 제작에
들어갔다.

　세 번째로는 메뉴와 그릇에 맞는 공간 연출과 음악 선정, 테이블 세
팅이 필요했다. 행사가 열리는 공간은 세련되고 고급스러운 캘리포니
아 와이너리였다. 나는 맹목적으로 우리다움만을 고집하지는 않기로
했다. 우리 음식과 그들의 음식, 우리 술과 그들의 공간, 주변의 자연
이 얼마나 자연스럽게 어울리는지에 중점을 두었다. 술은 화요 41도
로 만든 화요토닉, 화요 41도 온더록스 그리고 나파 밸리에서 생산되
는 스파클링 와인, 화이트 와인, 레드 와인을 준비하기로 했다. 식후
주로 냉동시킨 화요 41도를 선택했다. 이를 25밀리미터 정도의 방울
잔에 부어 단숨에 들이켠 뒤 방울잔을 흔들어 소리를 내도록 하는 연
출도 추가했다. 방울잔은 가야인들이 고안한 재미있는 잔으로 잔 아
래 자그만 도자기 방울을 넣어 빈 잔을 흔들면 소리가 난다. 잔을 비
우지 않아 소리를 내지 못하는 사람에게는 벌주를 준다. 양이 워낙 적
어 잔을 비우도록 하는 게 실례가 되지 않으면서도 좌중의 흥취를 돋
우기에 유쾌한 아이디어가 될 것이라 생각했다.

　마지막으로 남은 고민은 음식을 제공하는 방법이었다.
　가온에서 3명의 요리사, 매니저, 그리고 캡틴 한 사람을 차출해 현
장에 투입하고 현지에서 웨이트 보조 10명과 키친 보조 5명을 구하기
로 했다. 가온에서 쓰던 종업원 교육용 접대 매뉴얼을 정리해 가져갔

다. 손님상에 음식을 올리고는 비스듬히 뒷걸음쳐 나와 엉덩이를 보이지 않는다든지, 손님의 오른편에서 음식을 조심스럽게 상에 올린 뒤 살짝 손님 앞으로 밀어놓는다든지 하는 성교한 동작을 일러주는 매뉴얼이었다. 서양식의 접대에서는 생소한 우리만의 공손하고 깍듯한 예법을 조목조목 교육하기로 했다. 결코 소홀히 할 수 없는 요소였다. 음식과 그릇과

모든 과정을 치밀하게 준비한 나파 밸리 만찬

장식 못지않게 은근하고 품격 있는 이미지를 심어놓을 수 있는 부분이었다.

여기에 2년간의 준비 끝에 나파 밸리에서 선보인 요리들을 소개한다. 가장 고급스럽고 아름다운 한국을 담으려 노력한 요리 한 품, 그릇 한 점, 그리고 재료와 우리의 문화적 잠재력을 음미해주었으면 한다.

나파 밸리에서의 만찬 메뉴

어회 샐러드와 화이트 와인
재료 계절 생선, 고명(대파, 부추, 깻잎, 무순)
소스 초고추장

생선회가 일식이라는 선입견을 지우기 위해 간장과 고추냉이가 아닌 우리의 전통 초고추장을 소스로 이용하기로 했다. 고추장은 발효한 양념이라 소화가 잘 된다. 고추장 소스의 새콤 달콤 매콤한 맛이 담백하고 신선한 생선 요리와 얼마나 잘 어울리는지 보여주고 싶었다. 그리고 채 썬 깻잎과 부추를 곁들여 채소 향을 충분히 즐기도록 했다. 서양 허브의 산뜻한 향과는 다른 묵직하고 깊은 깻잎의 향은 음식의 풍미를 더했다.

그릇은 큰 백자 사발을 쓰기로 했다. 백자에 투명한 얼음을 담고 깻잎을 깔아 도자기와 채소와 얼음의 색의 조화를 각별히 신경 썼다. 고추장 소스의 신맛과 단맛은 화이트 와인과 잘 어울린다. 게다가 매운맛은 화이트 와인을 평상시보다 조금 더 마실 수 있게 만드니 와이너리 사장들에겐 일석이조의 음식이었다.
결과는 대성공! 소박하면서도 격조 있고 정갈한 담음새도 그만이려니와 초고추장이 화이트 와인과 찰떡궁합이라는 것을 발견한 사람들은 놀라움을 감추지 못하고 '원더풀'을 연발했다.

어회 샐러드

두 번째 코스
삼색전과 화이트 와인
재료 게살전 – 게살, 쪽파, 청고추, 홍고추, 달걀흰자
　　　김치적 – 김치, 등심, 표고버섯, 쪽파, 밀가루, 달걀
　　　생선전 – 제철 생선, 밀가루, 달걀
소스 초간장

게살과 생선, 김치 꼬치에 생선 육수와 달걀흰자를 입혀 부드러움
을 최대한 살려낸 전이다. 김치는 매운맛을 없애고 아삭하게 씹히
는 식감과 새콤하고 운치 있는 발효의 맛을 살리기로 했다.

게살전 게살의 깊은 풍미와 부드러운 식감이 돋보이는 요리로 쪽파,
청고추, 홍고추를 고명으로 얹어 눈으로 보는 빛깔의 조화를 고려
했다. 미국식의 딱딱한 크랩 케이크Crab Cake와 비교가 되는지 현
지인들이 유난히 좋아했다.

김치적 매운맛을 없앤 김치, 채소, 고기를 바꿔가며 꿰어 만든 꼬치
형태의 전으로 한국인의 제사상에 빠져서는 안 되는 귀한 음식이
라는 의미까지 전하니 모두들 경건함마저 느끼는 모양이었다.

생선전 제철 흰 살 생선인 도미를 이용해 담백하고 고소한 맛을 추
구했다. 따끈한 전이 화이트 와인과 잘 어울릴 것으로 예상했다. 와
이너리에 대한 우리의 관심과 애정을 담아 사각 접시 형태의 분장
도기粉粧陶器에 큼직한 포도 문양을 그려 넣은 그릇을 썼다. 그들 역
시 그릇에 환호하며 잔을 부딪치고 또 부딪쳤다.

삼색전

바닷가재 떡볶이
재료 가래떡, 바닷가재, 청피망, 홍피망, 표고버섯, 애느타리버섯, 양파, 브로콜리
양념 간장 양념

떡볶이는 우리의 가장 대중적인 음식이다. 흔한 떡볶이가 4만~5
만 원대 고급 요리로 재탄생할 수 있다는 것을 보여주고 싶었다. 간
장 양념을 하여 궁중에서 임금님이 먹던 떡볶이의 맛을 재현하려
했다. 옛날 임금님이 먹던 음식이라 설명했더니 다들 환호했다.
미국인이 즐겨 먹는 바닷가재에 임금이 먹던 떡과 양념으로 맛을
냈다 하니 즐거워하지 않을 리가 없다. 서구인들은 쫄깃쫄깃한 떡
을 좋아하지 않는다는 주장이 있어 떡을 이탈리아 음식인 뇨키
gnocchi처럼 2~3cm 길이로 짧게 잘라서 요리했다.

간장이란 양념은 그것 하나만으로 책 한 권을 쓰고도 남을 만큼 이
야깃거리가 많다. 집집마다 맛이 다르고 오래 발효할수록 풍미가
깊어진다. 옛날 한국인의 가정에는 집집마다 이 간장을 담아 익히
는 장독이 열 개 넘게 있었다고 하니 다들 한식의 깊이에 놀라는 표
정이었다.
그릇으로는 붉은색 바닷가재에 어울리는 청자를 택했다. 한 면을
살짝 구부려 엄지손가락으로 잡을 수 있게 디자인했는데, 이는 상
에 낼 때 바닷가재의 모양과 색깔이 바로 눈앞에서 더 아름답게 살
아나도록 의도한 것이다.

바닷가재 떡볶이

네 번째 코스
등심구이
재료 등심, 마늘종, 아스파라거스, 마늘
양념 불고기 간장 양념

쇠고기 채끝 등심을 두툼하게 썰어 조선간장을 연하게 희석시켜 양념하여 한 시간 정도 재어둔다. 고기를 참숯에 살짝 구워 육즙이 풍부해지게 만든다. 뜨겁게 달군 내열 자기에 마늘종과 아스파라거스를 깔고 구운 고기를 올린다. 뜨거운 내열 자기가 먹기 알맞게 고기의 온도를 유지할 뿐 아니라 원한다면 고기를 좀 더 익힐 수도 있다.

이것은 내 아이디어였다. 식탁에 숯불을 올려 고기를 구우면 눈도 맵고 고기 냄새가 옷에 배어 품격 있는 자리에서는 고기를 굽기가 마땅찮다. 그렇다고 숯불에 구운 고기의 풍미를 포기할 수는 없던 차에 나온 묘안이었다.

고기를 내열 자기에 담아 백자 뚜껑을 닫아두면 고기에 숯불 향이 배어든다. 고기를 바짝 익혀 먹는 사람은 취향에 맞게 더 구워 먹을 수 있으니 내열 자기는 움직이는 오븐인 셈이다. 마늘종과 아스파라거스도 내열 자기 안에서 적당히 익어서 입맛을 돋우는 향을 풍긴다.

내열 자기의 받침 접시와 뚜껑은 백자로 만들어서 고급스러운 느낌을 더했다. 나중에 광주요에서 매화문이 들어간 백자 뚜껑의 내열 자기를 만들어서 아주 좋은 반응을 얻기도 했다.

등심구이

홍계탕죽
재료 오골계, 대추, 홍삼, 전복, 송이, 마늘, 찹쌀, 쪽파, 닭 육수

홍삼과 전복, 오골계와 송이, 한약재 등 몸을 보하는 재료를 아낌없이 넣어 끓인 홍계탕죽이다. 한국 음식은 대개 밥으로 마무리하지만 죽도 훌륭한 주식이자 보양식이 될 수 있다는 것을 보여주고자 했다. 몸에 좋은 재료를 최고급으로 엄선해 넣어 이 죽 한 그릇만으로 한 달 피로는 거뜬히 풀 수 있다고 했더니 참석자들은 동양에서 온 신비한 보양 음식에 반한 눈치였다. 평소보다 와인을 많이 마셨는데 좋은 음식을 먹어 그런지 취하지 않는다며 즐거워했다.

나는 한식의 이 부분을 특별히 자랑해야 한다고 생각한다. 약성藥性을 잘 이해하고 재료를 선택하면 죽 한 그릇, 탕 한 공기로도 얼마든지 몸의 기운을 북돋울 수 있다. 이런 점을 충분히 세계인들에게 알릴 수만 있다면 우리 음식의 힘은 가늠할 수 없을 정도로 강해질 것이다.
세계인을 감동시킬 스토리텔링만 가능하다면 이는 어려울 게 없는 일이다. 우리 조상의 식생활에서는 너무나 자연스럽던 일이 아닌가.

홍계탕죽

밤초와 약차

재료 밤초 – 삶은 밤, 꿀, 잣가루
　　　약차 – 감초, 대추, 영지, 도라지, 인삼, 구기자 등

밤초 삶은 밤을 으깨어 좋은 꿀에 버무리고 잣가루를 묻힌 양반가의 정성이 가득한 후식이다. 겨울철 귀한 손이 오면 햇밤을 삶아 한두 접시씩 만들어 냈다. 빛깔이 가을을 느끼게 하고, 고소하고 달콤해서 약차와 썩 잘 어울린다.

약차 감초, 대추, 영지, 말린 도라지, 다래 꽃가루, 인삼, 구기자, 생강 같은 한약재를 사흘 밤낮을 달여 꿀을 넣은 대표적인 슬로푸드이다.

약차는 미리 만들어 비행기에 잔뜩 싣고 갔다. 향긋하고 쌉싸래한 맛과 달콤한 맛이 절묘하게 조화를 이룬 약차를 맛본 사람들은 호기심에 눈이 빛났다.

우리 집안에서 대대로 즐기는 건강 차로 어릴 적 감기 기운이 있거나 상심했을 때 어머니가 정성껏 끓여주시던 차라고 소개했다. 그 말에 나파 밸리의 미식가들이 신비한 세계에서 온 사람을 보듯 나를 동경 어린 눈빛으로 쳐다보았다.

밤초와 약차

식후주로 고품격 증류식 소주인 화요 41도를 방울잔에 담아 내고 건배를 청했다. 우리는 전통적으로 넘치는 것보다는 모자란 것을 미덕으로 여겼고, 그것은 식문화에서도 마찬가지라며 과유불급過猶不及의 철학을 이야기했다.

살짝 얼린 화요 41도를 특별히 준비한 방울잔에 담아 단숨에 들이켜자고 제안했다. 서양에서는 이탈리아 술인 포도를 발효시켜 증류한 '그라파Grappa'라는 41도의 술을 식후주로 마신다. 쌀을 발효시킨 화요도 그라파와 같은 종류의 술이라고 설명하면서 과일이 아닌 곡식을 쓴 점을 강조했다. 과일에서 나온 당이 아닌 쌀을 발효한 깊은 술맛을 그들에게 자랑하고 싶었다.

"마시고 나서 방울잔을 흔들어 소리를 내야 합니다. 소리가 나지 않으면 다 마시지 않은 것이니 벌주로 한 잔을 더 마셔야 합니다."

내 말에 폭소와 환성이 함께 터졌다.

나파 밸리 행사에 초대받은 인사들은 처음으로 접하는 음식을 거부감 없이 받아들였다. 그리고 다들 탄복했다.

단지 새로운 음식을 소개하는 자리가 아니라 술과 도자기와 이야기가 있는 자리였다. 음식은 낯설지만 음식을 완성하는 다른 요소들, 그릇, 술, 분위기가 낯설지 않고 익숙했기에 그들은 진심 어린 감탄사를 연발하며 그릇을 깨끗하게 비워냈을 것이다.

여기에 한식 세계화의 중요한 힌트가 들어 있다. 일단 한국 음식 세계화의 1차 관문은 통과한 셈이다. 제품 개발에 성공한 셈이랄까. 이제 남은 건 오직 마케팅 전략뿐이었다.

사실 나파 밸리 행사를 준비한 데는 나름대로 뚜렷한 목표가 있었다. 나의 숨겨진 의도는 이러했다. '이번 행사가 성공하면 국내에서 한식 세계화가 이슈가 될 것이다. 그리고 많은 사람들 사이에 세계 수준급의 한식 메뉴 개발이 절대적으로 필요하다는 공감대가 형성될 것이다. 이는 곧 가온의 활성화로 이어질 것이고, 가온이 국내에서 한식의 수준을 향상시키는 벤치마킹의 대상이 될 것이다. 그리고 차츰 우리 한식 메뉴에 다양한 창조와 변화의 바람이 불 것이다.'

그러나 나의 복안은 보기 좋게 어긋나고 말았다. 첫째 목적인 한식 세계화의 이슈화는 목표한 대로 대성공이었다. 한식 세계화가 국내에서 이슈가 되게 한다는 첫째 목적은 충분히 이루었다. 나파 밸리 행사가 한식의 진화, 한국 음식 세계화 논쟁에 불을 지핀 것은 사실이다. 작가들이 만든 다양한 생활 도자기가 등장하고, 한식당이 시각적인 고급화를 시작한 것도 부인할 수는 없다. 한식당이 시각적인 고급화를 추구하기 시작한 것이 이때부터라는 것을 부인할 사람은 없을 것이다. 그러나 그뿐이었다. 그런 분위기가 사회 전반으로 확산되거나 시장의 확대로 이어지지 못했다. 가온이 크게 주목받지도 않았고, 세계 수준급의 한식당이 더 생겨나지도 않았다.

이것은 분명 내 영향력의 한계일 것이다. 내가 만약 수만 명의 직원을 거느린 대기업의 총수였다면 상황은 달랐을 것이다. 그 기업의 중요한 손님을 맞을 때나 회사의 굵직한 행사 때마다 나파 밸리에서 차려 냈던 한식으로 상을 차려 내는 게 정례화될 수 있었다면? 아마 지금쯤은 우리나라에도 세계 최고 권위를 자랑하는 레스토랑 평가 잡지 〈미슐랭 가이드Michelin Guide〉에서 인정한 별 세 개짜리 한식당 두어 군데는 생기지 않았을까? 뒤늦게 한탄해보는 것이다.

끼니가 아니라 요리를 만들자

|

우리 외식산업의 역사는 보잘 것이 없다. 예나 지금이나 사람이 이동하고 모이는 곳에 식당이 없을 리 없지만, 조선시대의 식당이란 대부분 나그네를 위한 주막이나 야시장의 밥집이 고작이었고 관제 여인숙인 역원驛院이 있었을 뿐이다. 일상생활 공간에 식당이 없었던 우리의 식사는 대부분 가정이라는 울타리 안에서 이루어졌다. 동서양의 사례를 보면 식당은 상업이나 시장과 함께 발달한다. 송나라의 수도에 황제가 다니던 단골 식당이 있을 정도로 음식 문화가 발달했던 것은 그곳이 중세 교역과 문화의 중심지였기 때문이다.

사람들의 미각은 외식 문화에 길드는 것이 보편적이다. 그리고 식당 음식은 가정의 음식을 변형시킨다. 집에서 먹는 음식이 식당 음식의 영향을 받게 된다는 말이다. 그러나 우리에게 식당은 배고파 끼니를 때우는 곳이지 문화를 향유하는 곳이 아니었다. 따라서 식당이 우리 음식 문화의 발달에 기여하기보다는 오히려 음식 문화의 수준을 낮추는 데 일조했다. '가정식 백반'이라는 간판이 먹혀든다는 것은 식당 음식의 질적인 저하를 단적으로 보여주는 것이다. 식당들이 경쟁을 통해 음식 문화를 선도하지 못하는 구조에서는 음식의 진화가 더딜 수밖에 없다.

한식당의 발달이 정체되는 이유 중 또 하나는 우리 외식업의 단일 품목 객 단가 평균 6,500원에 족쇄가 채워져 있기 때문이다. 우리에게 식당은 배고파 끼니를 때우는 곳이지 문화를 누리는 곳이 아니었다.

많은 사람이 한식의 고급화, 명품화를 주장하는 내게 묻는다. 지금 하는 음식 사업은 대중이 쉽게 다가갈 수 없는 게 아니냐고. 그러면 나는 그들에게 되묻는다. "혹시 1인당 10만 원 이상 지불하는 값비싼 일식이며 중식, 양식을 드신 적 없습니까? 일본 사케 구보타, 중국 술 우량예五糧液, 수이징팡水井坊, 마오타이茅台, 양주 발렌타인 21년산, 30년산, 그리고 한 병에 수십만 원 하는 수입 와인을 마신 적이 없습니까?"라고. 십중팔구는 당연히 그런 경험이 있다고 대답한다. 결론은 물으나 마나다. 왜 남의 나라 음식과 술에는 그렇게 비싼 값을 치르면서 우리 음식과 술은 반드시 값이 싸야 한단 말인가.

나는 끈질기게 물고 늘어진다. "댁들이 가끔 먹고 마시는 그 음식과 술은 대중이 쉽게 다가갈 수 있는 겁니까?" 그들은 대답할 말을 찾다가 깨달을 것이다. 자신이 남의 문화에는 한없이 후하고 자기 문화에는 더없이 인색했다는 것을!

다른 나라에서 빌려온 문화는 대중이 쉽게 다가갈 수 없어도 괜찮고, 우리 문화는 쉽고 편해야만 한다는 것인가. 우리 문화는 무조건 대중이 다 함께 평등하게 누려야 한다고 여긴다면 우리 문화는 절대 고급이 되어서는 안 된다는 말과 같지 않은가. 대중문화와 고급문화를 편 가름 하자는 말이 아니다. 어느 나라든 고급문화 없이 대중문화만 있는 나라는 없다. 고급 소비가 따로 있고 대중 소비가 따로 있다. 아니, 고급문화가 앞에서 견인해야 대중문화가 발전할 수 있는 것이다. 어떤 나라에 대중문화만 있다면 비어 있는 고급문화 자리에 남의 고급문화가 비집고 들어올 수밖에 없다. 지금 우리나라가 그런 상황이다. 일각에서 반성이 일고는 있지만 이런 각성은 아직 널리 퍼지지 못하고 있다.

우리가 값싼 한식에 만족하고 있을 때 씀씀이 큰 고급 소비자들은 일식당이며 이탈리아 식당을 찾아다니며 한 끼 수십만 원씩 거리낌 없이 쓴다. 그러면서 한식은 비싸면 안 된다는 주장을 되풀이한다. 소박하고 허름한 게 한식의 참맛이라고 강변하는 사람들 앞에서 나는 가슴을 칠 수밖에 없다.

우리에게도 궁중 음식이 있고, 종갓집을 비롯해 한다 하는 집집마다 전승된 반가 음식이 있다. 지역마다 집집마다 개성 있는 다양한 향토 음식이 있다. 산과 들, 바다에서 나는 산물이 풍부하고, 사계절이 뚜렷해 제철 음식과 저장 음식이 고루 발달했기 때문에 맛과 다양성에서 세계 어느 나라 음식에도 견줄 수 없는 독특한 음식 문화가 형성됐다. 나는 젊어서부터 세계 여러 나라의 음식 문화를 두루 체험했지만, 우리 음식은 종류의 다양성이나 맛과 풍미, 영양, 조리 과정, 웰빙 식품으로서 가치 등 어느 것 하나 다른 나라 음식에 뒤질 게 없었다. 아니, 오히려 월등히 우수하다. 문제는 그것을 품위 있는 음식 문화로 만들어내지 못했다는 데 있다. 그동안은 고급스럽게 상품화하는 데 서툴렀고 그럴 필요를 느끼지도 못했다. 그것만 개선한다면 한식은 틀림없이 세계 최고 음식이 될 수 있다. 그게 내 눈에는 훤히 보였다. 그리고 그 사실이 내 운명을 바꿔놓았다. 나는 동시대 사람들에게 할 말이 무척 많아졌다. 그것이 이 책을 쓰게 된 동기이다.

가난으로 스러져간 고품격의 문화

|

음식 문화의 발전과 대중화를 위해서는 시장과 경쟁이 필수이다. 그런데 우리는 유교의 종주국인 중국보다 더 고루한 사고방식을 버리지 못하고 있었다. 사농공상士農工商으로 계급을 나누어 유달리 상업을 천시했던 우리나라의 유교적 가치관이 한식의 진화를 방해한 것이라고 나는 진단한다. 우리는 일본은 말할 것도 없고 중국보다도 시장의 발달이 늦었다. 그걸 보면 '아류가 더 무섭다'는 말이 틀리지 않은 것을 실감한다.

우리나라의 음식 장사는 6·25 전쟁이 막 끝나고 한창 배고플 때 시작되었다. 너도나도 먹고살기 바쁠 때이던 만큼 아무렇게나 배를 채우는 게 급선무였다. 품격이고 무엇이고 따질 겨를이 없었다. 경부고속도로 건설 같은 대규모 토목공사가 시작되면서 당시 식당이라는 곳은 그야말로 건설 노동자들이 단순히 한 끼 배를 채우는 곳이었다. 그러니 자연히 밥집이라 하면 하다 하다 마지막으로 매달리는 직종으로 인식되어버렸다. 프랑스나 이탈리아에서 시민계급이 성장하면서 호사스러운 귀족 문화가 레스토랑으로 흘러들어 음식을 예술과 창조적 행위로 승화시킨 것과는 상황이 아주 달랐다. 소규모, 단일 품목 전문점이 주종을 이루다 보니 식당 간에 생존을 위한 경쟁이 치열해졌다. 식당의 분위기와 맛으로 경쟁하지 못하고, 음식의 양과 가격으로 경쟁하게 되었다. 가치 경쟁이 아닌 가격 경쟁으로 치달을 수밖에 없는 구조였다.

한편 고급스럽고 품격 있는 반가 음식은 집 안으로 숨어들었다. 양반들은 밥으로 장사를 한다는 것을 상스럽게 여겼기 때문이다. 대신 밖으로 나온 건 값싸고 흔한 재료로 손쉽게 만들 수 있는 생계유지를 위한 음식들이었다. 그러다 보니 나는 칼국수, 나는 국밥, 나는 빈대떡, 나는 족발 하고 닥치는 대로 손대는 식이 되어버렸다. 한 집이 잘된다 하면 그 근처에 줄줄이 모여들었다. 품질 자체를 경쟁할 게 없으니 누가 먼저 시작했는지를 놓고 다투게 되었다. 맛과 그릇과 분위기는 똑같은데 식당 간판마다 서로 원조라고 우기는 웃지 못할 광경이 벌어지게 된 배경이 이렇다.

식당들이 서로 음식의 가치를 높이려고 애쓰는 게 아니라 누가 더 싼지를 경쟁하다 보니 품질은 점점 떨어질 수밖에 없고, 메뉴 개발은 뒷전으로 밀리고 만다. 싼 가격을 유지하려니 질 낮은 재료를 쓰게 되고, 재료가 나쁘니 맛이 떨어지고, 그것을 감추기 위해 양념과 화학조미료에 의존하게 된다. 경쟁이 음식의 가치를 올리는 게 아니라 떨어뜨리는 결과를 낳고 말았다. 그런데 더 큰 문제는 뒤에 숨어 있었다. 그런 가공된 맛의 악순환이 이제는 국민 전체를 미맹味盲으로 만들고 있는 것이다. 어떤 게 신선한지, 어떤 게 순수하고 담백한 맛인지 느낄 줄 모르는 사람들이 늘어나고 있다. 밖에서 사 먹는 음식은 순간적인 만족감을 주기 위해 더 달고, 더 맵고, 더 자극적으로 조리된다. 그래서 결국 사람들은 식자재 본연의 맛을 잃어버리고 조미료가 첨가된 강한 맛이 아니면 맛이 없다고 평가하는 지경에 이르고 있다. 가온에 와서 음식을 맛보고 싱겁다는 사람이 많은 것을 보면서 나도 처음에는 이유를 알지 못했다.

전쟁 직후 끼니를 서둘러 때우기 위해 밥을 사 먹어야 했던 노동자들을 위해서는 그들의 경제 사정과 기호에 맞춘 값싼 식당이 필요했다. 그때는 당연히 그럴 수밖에 없었다. 그러나 국민소득이 몇십 배 이상 높아진 21세기에도 여전히 메뉴에 변화가 없다는 게 될 말인가. 물론 식당의 겉모습은 많이 달라졌다. 그렇지만 그 알맹이인 음식이 '그때 그 시절'의 연장선에 있는 것은 우리 모두 음식의 중요성을 간과했기 때문이다. 육류나 생선 소비만 늘어났을 뿐 메뉴나 가격대 그리고 한식에 대한 편견에는 지금껏 별 변화가 없는 것 같다.

왜 그럴까? 이런 현상을 이해하기 위해서는 우리 외식의 역사를 살펴볼 필요가 있다. 해방 전부터 우리나라에도 명월관이나 태화관 같은 고급 요릿집이 생기기는 했다. 이런 식당들은 애초에 일본식 요정을 모방한 집들로, 기생을 곁에 앉혀두고 차려진 음식과 술을 즐기는 곳이었다. 음식보다 술이 목적이었고, 곁에 앉는 기생들의 미모가 중요했다. 음식이나 상차림에 신경을 쓰는 사람보다 기생들의 얼굴과 서비스를 중시하는 사람들이 주요 고객이 됐다. 그러니 식당업은 술장사, 여자 장사와 맞물려 점점 천한 장사로 인식되었다. 자존심을 가진 반가나 상류층에서 뛰어들 수 있는 사업이 못되었다. 대중은 그들대로 상류층의 요정을 본떠서 생겨난 속칭 '니나노 술집'으로 몰려갔다. 그러면서 전래의 품격 있는 조리법과 상차림은 솟을대문 안에 숨어들었고 그 집안 며느리나 딸이 배워놓지 못하면 허망하게 사라지고 말았다.

좋은 그릇도 있었다. 품위 있는 고려자기와 조선백자와 분청사기와 방짜로 두드려 만든 유기그릇과 섬세한 은세공 그릇들은 얼마나 아름다웠던가. 그러나 식당의 발전이 한계를 보이면서 그런 고급품이 거래될 시장이 사라져버렸다. 그런 와중에 세계 어디에 내놔도 뒤지지 않을 전통 공예품 역시 자취를 감추고 말았다.

물론 전통 공예품 가운데 고급품은 양반이나 사대부가에서만 사용했지 일반 서민은 만져볼 수도 없는 상품들이었다. 그러나 일반 대중이 쓰던 그릇과 목기들 또한 질박한 아름다움을 가지고 있었다. 자연에서 재료를 취해 손으로 만든 물건들은 품질의 고하를 막론하고 제나름의 미를 지니기 마련이다. 그나마 그런 것들도 산업화 과정에서 거의 사라지고 말았다. 대신 서양에서 건너온 물건들, 공장에서 조잡하게 찍어낸 물건들이 그 자리를 차지했다. 그러면서 대중은 우리 것을 헌신짝처럼 버리고 서양의 하급 문화를 감지덕지하면서 받아들이기 시작했다. 오동나무로 짠 농을 버리고 싸구려 포마이카formica 장으로 바꾸고, 은행나무로 공들여 만든 밥상을 버리고 비싼 돈을 들여 플라스틱 상을 사들였다.

우리에게도 그 흐름에 동조하지 않는 고급문화가 있었다. 대중문화의 천박한 범람을 끝까지 외면한 양반가에서는 1980년대가 저물도록 반찬 그릇마다 일일이 도토리깍정이 같은 뚜껑을 덮어 차려 내는 칠첩반상을 고수한 집이 수두룩했다. 그러나 그건 대중이 외면한 문화였다. 나는 그런 분위기에 큰 의문을 품었다. 과연 대중이 외면한, 아니 대중과의 소통을 단절한 반가班家 문화가 우리 문화를 대표한다고 말할 수 있을까? 폐쇄적으로 대물림되어온 상위 1~2%만이 향유한 반가 문화를 우리 문화의 정체성이라고 하기는 어려울 것이다. 그렇다고 조선시대 98%를 차지한 헐벗고 굶주린 대중의 삶에서 우리 문화의 정체성을 찾을 수도 없었다.

나는 그 딜레마에 빠져서 한참을 고심했다. 우리 문화적 정체성은 무엇인가? 반만년 문화민족의 자부심은 어디로 사라졌는가? 나는 그 답을 우리의 역사 속에서 찾게 되었다.

문화의 흐름이 끊어지다

|

　근래에 읽은 책 가운데 인상에 남은 것 중의 하나는《한국문화의 뿌리를 찾아》라는 작품집이다. 미국의 미술사가인 존 카터 코벨John Carter Covell 박사가 〈코리아타임즈〉에 쓴 1,400여 편의 칼럼을 편집한 책이다. 코벨 박사는 미국의 언어학자 에드윈 올드파더 라이샤워 Edwin Oldfather Reischauer 박사가 한국 문화를 중국의 아류로 폄하하자 이를 논박하는 장문의 글을 발표했을 정도로 우리 문화에 대한 이해와 애정이 남달랐다. 이 책을 읽으면서 나는 우리 문화의 위대성에 가슴이 벅차면서도 한편으로는 그것을 제대로 계승하지 못한 부끄러움이 앞섰다.

　1983년 2월 가야시대 고분에서 새 금관이 발굴됐다는 뉴스가 나왔다. (…) 이 발굴품들은 한국인들에게 역사 초창기 낙동강 유역은 가장 뛰어난 부족들이 모여 살았던 곳임을 알려주는 자료가 될 것이다. 그 같은 사실은 경주 보문단지 개발에 수백억을 쏟아붓고 백조 보트 같은 것을 설치해놓은 당국자들로서는 받아들이기 힘든 사실이다. 나는 보문단지의 놀잇배들이 '도날드 덕'아니면 그런 유의 간지러운 이름을 달고 있는 것을 보았다. 한국의 관광 주무부서 사람들은 정말로 미국인들이 이곳 인공호수 위에서 '도날드 덕'을 타러 수천 달러를 써가며 한국을 방문하리라고 생각하는 것인가?

우리는 이미 천 년 전에 전 세계 상선들이 드나들던 국제 무역항을 가졌을 정도로 개방적이고 자신감에 차 있었던 민족이다. 지난 반세기 만에 전쟁의 폐허를 딛고 놀랄 만한 경제적 기적을 이룬 것도 그런 저력의 소산일 것이다. 그런데 지금은 경제적 성취에 취해서 문화적 가치를 과소평가하고 있지 않은지 심히 걱정스럽다. 코벨 박사가 주장하듯이 현대 국가의 가치척도는 1인당 국민소득이 아니라 오래된 문화를 얼마나 잘 보전하느냐에 달려 있기 때문이다.

　우리 민족이 가진 역량에 비해서 음식을 포함한 우리 문화가 제대로 계승, 발전되지 못한 원인은 근대 100여 년간의 불행한 역사에서 찾을 수 있다. 조선 후기에 농업과 상공업의 발달로 부를 축적한 계층이 나타나지만 이들은 일본의 식민 지배로 인해 서양처럼 시민계급으로 성장할 기회를 갖지 못했다. 경제적 여유와 문화적 안목을 가진 계층이 두텁게 형성되지 못한 것이 근대 이후 우리 문화가 외래문화 앞에 허약하게 무너진 요인 중 하나이다. 문화는 잉여와 여유 속에서 성장한다. 그런데 대부분의 서민들은 문맹인 데다 주린 배를 채우는 데 급급하여 문화를 운위할 사정이 못되었다.

　결국은 허약한 국력과 나라도 어찌할 수 없다는 가난이 문제였다. 그러나 모든 일이 그렇듯이 역사에도 인과율이 있을 것이다. 나라를 잃고, 백성이 가난하고, 문화가 단절된 데에도 반드시 원인이 있을 것이다.

삼국시대 이래 우리 조상들의 문화적 창조력은 면면이 이어져왔다. 예컨대 고려시대에 만들어진 금속활자는 독일의 구텐베르크보다 수백 년이 앞섰고, 15세기 초반에 창제된 훈민정음은 세계적으로 유례가 드문 우수한 문자이다. 이러한 성취는 한두 사람의 천재에 의한 것이 아니라 우리 민족의 문화적 역량이 받쳐줬기에 가능했다. 적어도 유럽의 산업혁명 이전까지는 인문학뿐만 아니라 과학기술 분야에서도 서양에 뒤지지 않았다. 그러나 이러한 문화 능력이 국부國富로 이어지지 못한 것은 무엇보다도 계급사회가 지나치게 폐쇄적이고 경직되어 있었던 탓이다. 한글이 만들어진 후 수백 년간 '언문諺文'이라 하여 지식인들이 외면했던 것도 정보와 문화를 대중과 공유하고 싶지 않았기 때문이다.

문화란 본질적으로 물과 같다. 생명이 있다는 것, 환경에 맞추어 형태를 바꾼다는 것, 무엇보다도 높은 데서 낮은 데로 흘러가는 점이 같다. 위에서 아래로 흘러내린 문화는 대중화되면서 다시 아래에서 위로 고급문화를 추동하는 순환적 발전을 한다. 그러나 조선시대 500년 동안 우리의 의식주 문화는 상층부에서 하층부로 자연스럽게 흘러가지 못하고 단절되었다. 위에서 아래로, 다시 아래에서 위로 소통하지 못하는 문화는 더 이상 진화할 수 없다. 흐르지 않는 물은 생명을 잃는 법이다.

조선왕조가 철저한 신분제 사회로 사농공상의 역할과 신분을 엄격하게 구분하고 있었다는 점이 그 흐름을 막는 가장 큰 굴레였다. 그것은 동서를 막론하고 전통 사회의 시대적 한계이지만 우리에게는 더욱 가혹했다.

　양반 문화와 서민 문화의 이질성이 심화된 것은 권력 구조와도 관계가 있다. 봉건제 국가의 지배층은 자기들의 세력을 보존하고 확장하기 위해서라도 피지배계급의 협력과 충성이 필요했다. 그리고 피지배계급 또한 주군의 안녕이 자신들의 생업의 안정으로 이어진다는 것을 잘 알고 있었다. 그렇기 때문에 평소에도 하나의 병영과 같은 지배 질서가 유지될 수 있었다. 유럽 중세의 봉건제와 일본의 봉건제가 그런 의미에서 비슷한 기능을 했다. 그렇다고 해서 유럽의 지배계급이 피지배계급을 '평등'하게 대우했다는 의미는 아니다. 유럽의 왕족과 귀족들은 농민들을 '돼지 새끼보다 약간 더 진화한' 존재로 생각했고, 일본 역시 크게 다르지 않았다. 다만 구조적으로 상생相生의 관계에 있었던 것이다.

　그러나 다행인지 불행인지 우리나라는 서양과 같은 형태의 봉건제를 경험하지 못했다. 국토가 워낙 좁은 데다 조선조 이전부터 주요 교통로가 잘 뚫려 있어서 지리적으로 분할될 여지도 없었다. 고려 초부터 왕권은 지방 호족의 세력을 약화시키고 중앙집권에 대한 강력한 의지를 관철해왔다. 그러다 보니 지배계층과 피지배계층 간에 '서로의 필요에 의한' 유대 관계가 형성되지 못하고 양반 문화와 서민 문화는 자연스럽게 섞이지 못했다. 신분제야 어느 시대, 어느 나라든 있는 것이고 절대 가난이 문화의 소통과 발전을 가로막은 근본 요인임은 부정할 수 없다. 하지만 그럼에도 우리 문화의 발전을 지체시킨 원인은 양반 문화가 서민 문화에 자연스럽게 흘러들지 못한 데 있다고 생각한다. 그것이 우리 문화사에 대한 나의 관견이다.

더욱 고약한 것은 중국의 보호 아래 안주한 조선 지식인들의 사대의식이다. 그것은 문화적 주체의식을 빼앗고, 지배계급의 무사안일을 조장했다. 대국이 건재하는 한 그들의 안녕도 보장되었다. 유교는 백성이 하늘이라고 가르치지만 그들에게 하늘은 중국이었다. 한명기가 쓴 《정묘, 병자호란과 동아시아》를 보면 이미 망한 지 오래인 명나라에 대한 조선 선비들의 끈질긴 충성이 그려진다. 절로 한숨이 나오는 장면이다. 일제강점기에는 일부 지식층이 일본에 사대事大했고, 그 후에는 또 미국에 사대했다. 서양 문화의 밀물 속에서 자기중심을 잃을 수밖에 없었던 것은 우리 스스로 정체성을 갖지 못했기 때문이다. 가장 경계할 것은 문화적 사대주의이다. 자부심이 없는 문화는 약한 문화가 되고, 언제나 강한 문화의 먹이가 된다는 것이 인류사의 교훈이다.

중국도 우리와 크게 다르지 않은 전제군주 국가였지만 사농공상의 계급적 차별이 우리만큼 현격하지 않았다. 중국에는 대농大農과 대상大商과 대공大工이 존재했고, 이들의 위상은 사대부 계급과 큰 차이를 보이지 않았다. 반면에 우리나라나 일본에서는 신분에 따라 정치, 경제, 문화적으로 큰 차별이 존재했다. 게다가 우리의 정치 구조는 일본보다도 폐쇄적이었다. 그런 사회적 환경은 피지배계급의 지배층에 대한 불신과 증오가 싹트고 자라나는 토양이 된다. 그것이 오늘날까지도 이어져 대중의 잠재의식에 권력자와 부자에 대한 맹목적인 불신과 반목으로 자리 잡고 있다고 해도 과언이 아니다. 이 시대의 상류층에게도 어느 정도 책임이 있다. 그들 역시 일반 대중과의 문화 교류를 단절하고 자신들을 차별화하며 '상류사회'의 문화를 만끽하고 있는지도 모른다.

그러나 이제는 공생共生과 공영共榮을 얘기할 때가 되었다. 지난 역사는 그렇게 흘러갔지만 이제는 상황이 달라졌다. 어쨌든 우리는 세계 열 손가락 안에 꼽히는 경제 대국이 되었다. 얼마든지 우리 문화를 현대화하고 고급화할 수 있는 능력을 얻었다. 원래 없었던 것도 아니다. 대중이 누리지 못했다고 상위 1%의 문화를 우리 것이 아니라고 말할 것인가?

음식만 해도 그렇다. 문명의 초창기에 음식은 누구에게나 단순히 배를 채우는 수단에 지나지 않았다. 차츰 자본이 축적되고 녹색혁명으로 생산량이 증가하면서 음식에 사치를 부리고 싶은 계층이 생겨났다. 모두 같은 음식을 먹는 것이 아니라 먹거리에도 수직적 차등이 생겨난 것이다. 이 차등이야말로 문화의 본질적 요소 중 하나이다. 과거에는 특별한 사람만 음식을 문화로 즐길 수 있었다. 그러나 경제가 성장하고 중산층이 급증하면서 음식은 대중이 향유하는 문화로 변모했다. 음식이 상품이 되고, 가치 분화가 이루어졌다는 것이 20세기의 특기할 문화 변동이다.

그래서 나는 우리 문화의 정체성을 찾는 일을 음식에서 출발하려고 한다. 우리가 전통 음식으로 생각하는 것은 도대체 무엇인가. 불고기, 삼계탕, 제육볶음, 김치찌개, 된장찌개. 이것들은 대개 1970년대 중반 이후 바깥에서 밥을 먹는 사람들이 늘어나면서 식당에서 간편하게 만들어 팔기 위해 만들어진 메뉴이다. 젊은 파워 블로거 김찬별이 쓴 《한국음식, 그 맛있는 탄생》이란 책에서 나는 김치찌개조차 최근 30~40년 사이에 식당 음식으로 생겨났다는 사실을 알게 됐다. 삼겹살이나 삼계탕도 마찬가지이다. 음식 역시 생명체와 마찬가지로 '자연선택'을 통해 끊임없이 생겨나고 또 사라진다. 그런 관점에서 지금 6,000원, 7,000원대에 파는 식당 음식도 어엿한 우리 시대의 문화임에 틀림없다. 하지만 이제는 그것을 전통에 접목해서 어떻게 더 가치있는 이 시대의 명품으로 만들어낼 것인지를 고민할 때가 되었다.

대 한 민 국 의

숙 명

나의 운명은 정해져 있었다

|

세상 물정 모르던 내가 철이 들기 시작한 건 미국으로 건너간 뒤였
다. 1969년 6월, 미국 미주리주립대학교에서 입학허가서를 받았다.
그리고 이듬해 1월 드디어 학부 생활이 시작되었다. 미국 대학에 입학
하기는 했지만 영어는 전혀 귀에 들어오지 않았다. 지는 것은 싫어 처
음에는 책을 무조건 외웠다. 강의 내용도 못 알아듣던 얼치기가 1년
반 만에 장학금을 받게 된 걸 보면 그 시절에도 어지간히 치열하게
살았던 모양이다. 부모님은 당시 일본에서 전통 도자기 복원 사업에
전 재산을 쏟아붓고 계셨다. 그런 부모님께 금전적인 부담을 드릴 수
가 없는 형편이어서 학비와 생활비는 스스로 벌겠다고 마음먹었다.
운명이란 묘한 것이다. 지금 생각하면 내가 음식에 관련된 '한식 세계
화'를 이슈화하고 이 일에 몰입하게 된 것은 이미 그때 예정된 것인지
도 모른다.

어떻게 한 학기를 마쳤는지 정신없이 지내고 여름방학이 눈앞에 다
가왔다. 생활비를 벌려면 방학에는 아르바이트를 해야 했다. 같은 학
교 선배가 방학이면 웨이터로 돈을 벌어 학교를 다닌다는 이야기가
들렸다. 그 선배를 찾아갔더니 식당에서 일할 생각이라면 버스보이를
하라고 구체적으로 조언해줬다. 버스보이는 주로 빈 그릇을 치우는
일을 하는 웨이터의 보조이다. 수입은 웨이터가 받는 팁 중에서 15%
가량을 준다고 했다. 버스보이 노릇을 6~7년 한다 해도 웨이터가 되

는 건 쉽지 않다고 했다. 웨이터가 바쁜 경우에는 버스보이가 손님을 대할 때도 있어서 술과 음식에 대한 지식도 갖추고 있어야 한다.

나는 그 선배에게 버스보이가 하는 일을 구체적으로 배우고, 대학에서 맞은 첫 여름방학에 시카고 미시간 호수 근처 레이크 쇼어 드라이브Lake Shore Drive의 홀리데이 인 호텔 꼭대기에 있는 프랑스 식당으로 갔다. 선배는 절대 학생이라고 밝히지 말라고 했다. 그런 고급 식당에서는 3개월 일하다 떠나는 학생을 기피하기 때문이었다. 다행히 별 탈 없이 버스보이 자리를 얻었다. 처음엔 워낙 서툴러 경험이 없다는 것이 금방 탄로가 났지만, 열심히 하다 보니 그 식당 최고의 버스보이가 되었다.

두 달 반쯤 지난 어느 바쁜 토요일, 나는 수십 개의 접시를 얹은 트레이를 한 손으로 높이 들고 주방으로 걸어가다 발이 미끄러지면서 뒤통수를 찧고 구석으로 나가떨어졌다. 머리에 무거운 충격을 받은 나는 순간적으로 정신을 잃고 말았다.

깨어난 내게 맨 처음 달려온 건 식당의 노조원이었다. 머리가 아프다고 계속 우겨서 식당 주인을 고발하자는 것이었다. 보상금을 받아 나누려는 속셈이었다. 그러나 정작 내 몸에는 별 이상이 없었다. 다음 날 나는 정상적으로 출근했고 주인을 고발할 생각도 없었다.

그런 일이 생기면 노조를 통해 고발하고, 그 대가로 보상금을 받는 것이 미국 식당에서 일하는 사람들의 관행이었던 모양이다. 나는 순식간에 남들이 다 하는 이 관행을 거부한 정직한 사람이 됐다. 그런 나를 잘 보았는지 지배인은 다음 방학에 일하러 오면 웨이터를 시켜

주겠다고 약속했다. 학생이 아니라고 했건만 이미 다 꿰뚫어 보고 있었던 모양이다.

웨이터로 일하면서 나는 식당 시스템을 모조리 익힐 수 있었다. 웨이터로 석 달 일해 5,000달러를 모으면 학교로 돌아가고, 방학이 되면 다시 웨이터가 되기를 반복했다. 그 와중에도 성적이 쑥쑥 올라 일상 영어에도 서툴던 내가 3년 반 만에 졸업을 했다.

졸업하고 한국에 들어오기 전 부모님이 계시는 일본에 들렀다. 그 무렵 아버지는 어머니와 함께 도자기를 전시하고 판매하시느라 일본의 도시들을 누비며 동분서주하고 계셨다. 나는 좀 더 효율적으로 일하실 수 있도록 몇 가지 제안을 하면서 잠시 도와드렸다. 그랬더니 아버지는 내가 도자 사업을 이어받아야 한다고, 다른 무엇보다 가치 있는 일이라고 강권하셨다. 나는 아버지의 만류를 뿌리치고 1973년 12월 편지 한 장만 달랑 남겨두고 몰래 서울행 비행기를 탔다. 아버지는 나의 쿠데타(!) 소식을 듣고 노발대발하셨다고 한다. 나는 아버지가 무서워 집에도 들어가지 못하고 가회동 친구 집에 방을 한 칸 빌렸다.

당시는 서울에 한창 살롱 문화가 번지기 시작할 때였다. 지금 같으면 청담동이나 압구정동 거리가 살롱 천지였겠지만, 당시 유행의 일 번지는 단연 명동 일대였다. 나는 친구들을 따라 하루가 멀다 하고 술을 마시러 다녔다. 긴장되고 고된 유학 생활을 마치고 돌아와 보니 친구들은 나와는 무척 다른 생활을 하고 있었다. 친구 따라 강남 간다고, 나도 서서히 친구들을 닮아가고 있었다. 한 달 정도 그야말로 원도 한도 없이 술독에 빠져 살았다.

그런데 나는 원래 얻어먹기 좋아하는 성격이 못 된다. 그런 내가 벌이는 없으면서 술값을 내려고 하다 보니 술집 외상이 쌓이기 시작했다. 어느 날 그 외상값이 100만 원 가까이 된 것을 보자 정신이 번쩍 들었다. 이제는 직장을 구해야 했다. 아버지가 아는 회사에는 절대 들어가지 않기로 작정하고 당시 급속도로 성장하던 대우실업을 선택했다. 공채 때까지 기다릴 수도 없어 일단 이력서를 들고 대우실업의 김우중 회장을 찾아갔다.

대우실업을 찾아가 사무실 입구에 앉아 있는 안내 직원에게 아버지 회사의 명함을 건네고는 김우중 회장님과 약속하고 멀리서 뵈러 왔다고 거짓말을 했다. 잠시 후, 똑똑해 보이는 여비서가 다가와 "회장님께서 만날 약속을 한 적이 없다고 하시는데요" 했다. 조금 있으니 당시 비서실장이던 최철규 전무가 나와서 내게 말을 걸었다. "회장님께서는 도쿄에서 아무 연락도 받지 못하셨다는데요? 그런데 부친의 함자가 어떻게 되십니까?" 하면서 아버지 함자를 물어왔다. 도쿄 외환은행에 주재할 때 아버지와 몇 차례 만나 친분이 있다는 것이다. 순간 조금 당황스러웠다. 아버지의 굴레에서 벗어날 수 없다는 절망감과 부모님께 누를 끼쳐서는 안 되겠다는 생각이 교차했다. 양심의 가책을 느낀 나는 사실대로 고백했다. "사실은 부친 심부름을 온 게 아니라 미국에서 대학을 졸업하고 귀국해 직장을 구하러 왔습니다." 그러고 나서 잠시 얘기를 나눈 뒤 대우실업을 나왔다. 대우실업에서는 2, 3일이 지나도록 연락이 오지 않았다.

그즈음 아는 선배에게 전화가 걸려왔다. 자초지종을 말했더니, 선배가 돌연 자기가 김우중 회장과 만날 수 있도록 주선해보겠다고 했다. 돌아보면 이런 것을 두고 운명이라고 하는지도 모르겠다. 전혀 생각지도 않은 선배가 뜻밖에 전화를 걸어와 취직을 도와준 것이다.

"고생할 수 있겠어?"

김우중 회장은 내게 이렇게 딱 한마디 묻고는 부산 대우봉제공장으로 1년간 파견 근무를 지시했다. 처음엔 왜 나를 떨어뜨렸는지 무척 궁금했던 나는 결국 용기를 내어 김우중 회장에게 그 이유를 물었다.

"외국에서 공부하고 온 친구들을 10명 넘게 채용해봤는데 두세 달 못 버티고 다 그만두더군그래."

나는 정말 잘할 자신이 있었다. 고된 유학 생활 덕분에 어떤 환경에서도 견딜 수 있다는 자신감에 차 있었다.

부산 대우봉제공장에서 내가 맡은 일은 유럽 시장의 와이셔츠 생산 담당이었다. 아침 7시부터 밤 9시까지 일요일도 없이 일을 했다. 하지만 한 번도 고단하다고 느낀 적이 없을 만큼 마냥 신나기만 했다. 나의 목표는 대우에서 전문 경영인으로 성공하는 것이었다.

넉 달가량 지났을 무렵 부산 공장의 사장님께서 나를 불렀다. 2주 뒤에 사우디아라비아 건설부 차관이 부산을 방문할 예정인데, 김우중 회장께서 나를 지목해 브리핑을 준비하도록 지시했다는 것이었다.

좋은 기회였다. 하지만 브리핑이라고는 해본 적이 없는 나는 당시 외무부 경제협력과장으로 있던 매형에게 도움을 청했다. 매형의 상세한 설명 덕분에 나는 3일 만에 훌륭한 브리핑 차트를 만들 수 있었다. 그런데 문제는 그다음이었다. 어렵게 차트를 만들기는 했지만, 어떻게 영어로 완벽하게 브리핑을 할 것인지가 당면한 과제였다. 역시 경험이 풍부한 매형에게 매달리는 수밖에 없었다. 매형의 조언대로 브리핑 스크립트를 정리해 공장으로 내려온 나는 그 내용을 완전히 외워버렸다.

마침내 디-데이. 본사에서 온 간부들을 포함한 모든 참석자가 나의 브리핑에 만족했다. 브리핑 전문가인 외무부 경제협력과장의 작품이니 당연한 일이었다. 얼마 뒤 본사로 발령이 났다.

무엇이든 목표를 가지고 최선을 다하면 할 수 있다고 나는 믿고 있었다. 그건 진리였다. 그게 진리가 아니라면 누가 열심히 일할 것인가. 그렇게 본격적으로 대우 본사 생활이 시작되었다. 나는 대對유럽 섬유 수출을 담당하게 되었다.

1974년 10월경으로 기억되는 어느 날, 남아프리카공화국 요하네스버그에서 한 바이어가 찾아와 니트 블라우스를 30여 종 꺼내놓았다. 그러더니 제품을 종류별로 소량 생산해달라고 했다. 그때만 해도 대우는 적은 물량은 주문을 받지 않는다는 원칙이 있었다. 하지만 소량 맞춤 생산은 단가를 비싸게 받을 수 있는 기회였다. 과장에게 보고했더니 책임질 자신이 있거든 해보라고 승인 아닌 승인이 떨어졌다.

나는 공장으로 달려가 생산 책임자와 머리를 맞대고 방법을 생각했다. 당시 우리가 수출한 와이셔츠의 평균 가격은 한 장에 1.50달러 정도였는데, 그 3배에서 7배 가격으로 거래가 성사되었다. 그리고 이 거래가 성공적으로 마무리되자 생각지도 않은 행운이 찾아왔다. 바이어가 나를 요하네스버그로 특별히 초청한 것이다. 바이어가 책임자도 아닌 담당 직원을 초대한 것은 일찍이 없던 일대 사건이었다.

당시 남아프리카공화국에 처음 간 나는 느낀 것이 많았다. 인종차별이 무엇인지, 국가의 브랜드 파워가 어떤 것인지 생생하게 실감했다.

호텔 입구에는 '화이트 온리White Only'란 팻말이 붙어 있었다. 나는 갑자기 멈칫했다. 다른 쪽 문은 당연히 '컬러 온리Color Only'였다. 나는 화이트인가? 컬러인가? 도대체 나는 어느 문으로 출입해야 하는가? 멈칫거리고 있는 나를 바이어가 화이트 온리 쪽 문으로 밀었다.

그때의 기분은 지금도 잊을 수가 없다. 불쾌감이었다. '사람을 피부색으로 나누어 차별하다니' 하는 불쾌감에 이어 약소국가의 설움이 북받쳤다. 그런데 바이어의 말이 더 충격적이었다. 일본인은 떳떳하게 '화이트'로 대접받는다는 것이다. 왜 동양인은 안 되는데 일본인만 괜찮다는 말인가? 이것이 바로 국가 브랜드였다. 브랜드 파워였다. 불평등과 국가의 파워, 그리고 브랜드에 대한 이런저런 상념이 머릿속에서 혼란스럽게 뒤얽혔다.

국가 브랜드가 무엇이란 말인가? 국가 브랜드는 국가 간 상호 교류를 통해 만들어진다. 한 국가의 문화, 사회, 경제 요소들이 상호 작용하여 형성된 가치관이 상징화되고, 표현되고, 차별화된 것. 이것이 상대 국가로부터 인정받는, 그 신뢰와 존중의 정도가 바로 국가 브랜드이다. 결국 사람들은 국가 브랜드로 인해 그 나라를 동경하여 가보고 싶어 하고, 그 나라에서 만든 제품을 구매하고, 그 나라의 국민들을 존중하게 된다는 것을 깨달았다. 그 당시 우리나라는 그들로부터 인정받지 못한 나라였던 것이다.

그날 밤 호텔 식당에서 나는 여러 명의 일본 사람을 목격했다. 일본인의 행동은 무척 당당했다. 나도 융숭한 대접을 받긴 했지만 어쩐지 편치 않았다. 왜 그랬을까? 바로 국가 브랜드를 인정받지 못하는 나라의 국민이기 때문에 받는 스트레스였다. 그때의 스트레스를 나는 지금도 잊을 수 없다. 아니, 그 기억이 국가 브랜드를 높이기 위해 일하라고 나를 더욱 독려하고 있다.

한 점, 한 점 인생의 좌표를 밟다

|

1979년 4월, 대우실업 아테네 지사의 초대 지사장으로 발령이 났다. 이런저런 일로 바쁜 나날을 보내면서, 복잡하고 어수선한 일이 정리되고 안정되어갈 무렵인 1981년 3월경, 김우중 회장이 처음으로 이라크에 들렀다가 아테네를 방문했다. 김우중 회장은 그날 저녁 식사 후 나를 부르더니 자신이 이라크에 가서 에이전시와 체결한 가계약서를 파기하고 오라고 했다.

가계약서를 파기하는 것은 어떤 일을 함께 추진하던 파트너가 일 처리를 제대로 하지 못할 경우에 취하는 조치였다. 당시 우리나라와이라크는 수교가 맺어지지 않아 입국 비자조차 얻기 어려웠다. 그렇다고 회장님께 비자 문제를 해결해달라고 할 수는 없었다. 나는 일단 입국 비자에 관해 알아본 다음 현지인 변호사를 찾아가 주 그리스 이라크 대사에게 나를 소개해줄 사람을 수소문했다.

그리고 이라크 대사를 만난 자리에서 나는 한국과 이라크 양국의 상호 이익과 발전을 위해 대우를 대표하는 지사장의 자격으로 이라크에 들어가 사전 시장조사를 하고 사업을 추진하겠다는 강력한 의지를 표명했다. 결국 이라크 대사에게 한 달간 체류할 수 있는 커티시 비자 Courtesy Visa(대사의 권한으로 자국의 이익에 보탬이 된다고 판단할 때 발급하는 특별 우대 비자)를 받아냈다.

그길로 이라크로 향한 나는 현지 에이전트와 한 달간의 신경전 끝에 마침내 가계약을 파기할 수 있었다. 그러고는 가벼운 마음으로 아테네로 돌아왔다

새벽 3시 반경 아테네 공항에 도착해 집에 돌아오니 새벽 4시 반이었다. 아내가 반가이 맞아주었다. 당시 아내는 만삭의 몸이었다. 마침 다섯째 처제가 언니의 출산을 돕기 위해 오사카에서 날아와 식사를 한 후 밤 10시경에 잠들었다고 했다. 처제를 깨우겠다는 걸 나도 고단하니 자고 일어나 아침에 인사하자고 아내를 말렸다.

아침이 되자 곤하게 자고 있던 나를 아내가 급하게 흔들어 깨웠다. 처제가 일어나지 않는다는 것이었다. 깜짝 놀라 처제가 자는 방으로 뛰어가니 처제는 이미 숨이 멎어 있었다. 만삭의 아내는 갑작스러운 충격에 어찌할 바를 몰랐다. 나는 애써 침착을 유지하며 직원을 불러

경찰에 신고하고 일단 아내를 입원시켰다. 경찰은 처제의 사인이 뇌출혈이라고 했다. 아내가 입원한 병원에 간 나는 처제가 뇌출혈로 지금 수술을 받고 있다고 둘러댈 수밖에 없었다. 그리고 당시 일본에 계시던 장인어른과 장모께도 전화를 걸어 처제가 갑작스러운 뇌출혈로 수술을 받고 있으니 경과를 알려드리겠다고 전했다. 상상도 못한 충격적인 소식에 조금이라도 두 분이 마음의 준비를 할 시간을 벌기 위한 것이었다. 그러나 언제까지나 감출 수 있는 일이 아니었다. 두세 번의 전화 끝에 차마 입이 떨어지지 않았지만 장인어른과 장모님께 비통한 소식을 전할 수밖에 없었다. 머나먼 타국에서 졸지에 불귀의 객이 되어버린 처제, 그때 처제의 나이 겨우 스물두 살이었다. 정말 이 무슨 날벼락이란 말인가? 허무함과 무력감이 몰려와 견딜 수가 없었다. 사람이 산다는 게 도대체 무엇인가. 그 와중에 처제의 상을 치르고, 아내는 둘째를 순산했다. 그 일 이후, 나는 더 외국에 머물고 싶지 않았다. 한 달 뒤 갓 태어난 아기와 가족을 먼저 서울로 보냈다. 그때 이미 나는 돌아가면 대우를 떠나기로 결심했다. 무슨 계획이 있었던 건 아니다. 하루살이같이 부박浮薄한 인생 아닌가. 언제 떠날지도 모르는 인생, 갑자기 남의 밑에서 월급쟁이 노릇 하기가 싫어졌다.

나는 대우실업에서의 생활을 정리하고 독립하기로 결심했다. 처제의 죽음이 내 인생에 새로운 전기가 된 것이다.

처제를 잃었을 당시 아테네 지사 민병관 과장과 그의 부인에게 도움을 받은 일은 지금도 잊을 수 없다. 두 사람은 자기 일처럼 우리를 도왔다. 넋이 빠져나가 정신없는 우리 대신 꼭 해야 할 일을 꼼꼼하게 처리해주었다. 내가 서울로 돌아온 건 1981년 8월이었다. 아테네 지사 발령 전과 같은 부서장으로 다시 일하던 중이었는데, 9월경 구내 교환이 외국 사람이 나를 찾는다고 했다.

전화를 받아보니 내가 이라크에 가서 가계약을 파기한 바로 그 에이전트였다. 업무차 서울을 찾았는데 김우중 회장을 만날 수 있느냐는 것이었다. 회장님께서는 처음에는 꺼렸지만 언제 어떻게 또 만날지 모르니 이번에 만나는 게 좋을 것 같다는 내 의견을 받아들였다. 막상 만나보니 그 에이전트는 타 종합상사와 계약을 위해 방한한 길이었고, 온 김에 김 회장을 한번 만나고 가겠다는 순수한 마음에 찾아온 것이었다.

"당신은 지금 대우와 사업적으로 아무 관련이 없다. 나와 함께 일해볼 생각은 없나?" 김우중 회장과 헤어진 뒤 호텔로 가는 길에 나는 그에게 즉흥적으로 제안했다. 한 번도 생각해보지 않았던 말이 불쑥 나온 것이다. 이것 역시 운명이란 이름의 알 수 없는 힘이 만들어둔 각본이었을까? 그는 자기 에이전시 가계약을 파기시킨 나의 실력을 믿어서 그랬는지 놀란 기색이 역력한 중에도 길게 생각해보지 않고 대번에 제의를 수락했다.

1982년 1월, 파리에서 그를 다시 만났다. 그 후 내게 새로운 인생이 펼쳐지기 시작했다. 그렇게 대우를 그만둔 뒤 나는 중동 지역을 대상으로 사업을 시작했다. 그 사업 덕분에 1986년부터 돈을 벌기 시작했다. 상상도 해보지 못한 큰돈이었다. 그러면서 세계를 누볐고 엄청난 사치를 누렸다. 그러나 그런 일련의 사건들이 가업인 도자기 회사를 이어받는 운명으로 나를 이끌 것이라고는 당시 나는 꿈에도 생각지 못했다.

일본이 앗아간 한국 도자의 혼

|

부모님은 일제강점기에 도쿄에서 생활하셨다. 그때부터 일본 다도茶道 문화를 접했고, 차를 담는 자기磁器를 탐구하면서 자연스럽게 그 발원인 조선 도자의 세계에 눈을 뜨셨다. 선친의 함자는 조소수趙小守이고, 호는 광호廣湖를 쓰신다. 모친의 함자는 윤규옥尹珪玉이다.

선친께서는 무역업에 열중하는 한편, 일본 도예계의 명사인 시라이 다이고白井大悟 선생의 문하에서 도자기에 대한 연구를 병행하고 있었다. 고려청자의 신비로운 빛깔에 감동한 선친은 한때는 세계 최고 수준을 자랑했던 우리 도자 기술의 맥이 끊긴 것을 무척 안타까워하셨다. 조상들의 애용품이던 다완茶碗이 우리나라에서는 실종되고, 오히려 일본인이 이를 높이 평가하고 애지중지하는 현실에 심한 갈등과 충격을 느끼신 모양이었다. 선조들의 손때가 묻은 한국의 도자기들. 선친은 거기서 한국인의 얼을 보았고, 고향을 떠난 그것들이 남의 나라에서 대접을 받는 아이러니한 상황에 나라를 빼앗긴 민족의 한을 느끼신 것 같다.

이렇게 우리 도자기 전승에 관심이 많았던 선친이 경기도 이천에

초창기 광주요의 모습

광주요를 세운 것은 51세 때인 1963년이었다. 선친은 우리 도자 문화를 부흥시키겠다는 일념으로 1883년 경기도 광주 분원의 민영화로 꺼져버린 전통 도자의 불을 다시 지펴 전통 도자 복원에 투신하셨다. 조선 왕실 최고급 도자기를 굽던 광주 관요廣州官窯의 전통을 이어받자는 뜻에서 '광주요廣州窯'라고 이름 짓고, 유명한 도예 관련자들을 모아 공동 작업을 시작했다.

당시 나는 도자기 사업을 시작하신 선친을 지켜보며 지금까지 해오신 규모와 비교하면 사업이라 할 수도 없을 정도인데 왜 저렇게 사서 고생하시나 의아하게 생각했다. 그러나 돌이켜보면 선친은 돈을 벌기 위해 도자기에 투신한 것이 아니라, 일본에서 천대받으며 살아온 한국인의 마지막 자존심을 걸고 그 일을 시작하셨던 것이었다. 그것을 정작 자식인 우리조차 몰라주고 있었으니……. 그러나 다행히 다도에 심취하셨던 모친이 선친을 위해 적극적으로 내조하셨다. 선친은 모친과 함께 도자기와 관련이 있는 일본 전역을 몇 차례씩 답사하면서 우리 선조가 전수해준 도자기 기술이 일본에서 꽃핀 내력을 조사하는 한편, 일본의 도자기 전문

도공 한 사람 한 사람을 챙기던 선친의 모습

가들을 광주요에 초청, 도공들의 기술과 자질 향상을 위해 혼신의 노력을 기울였다.

원래 우리 전통 도자는 기술상의 보안을 유지하기 위해 철저한 분업 체제를 통해 만들어졌다. 따라서 도자기 하나를 완성하기 위해서는 흙 만지는 사람, 그릇을 성형하고 정형하는 사람, 유약 바르는 사람, 조각하는 사람, 가마에 불을 때고 굽는 사람 등 여러 분야의 사람들이 모두 필요했다. 이들의 자질을 고루 향상시킨다는 것은 보통 일이 아니었다. 일 좀 하겠다 싶으면 높은 급여를 주는 곳으로 옮기거나 분가해서 독자적인 요를 만들기 일쑤였다.

그렇지만 이천은 선친의 그런 노력 덕분에 지금은 도자 문화의 본거지가 되었다. 사실 현재 한국 도예업계에서 내로라하는 이들은 하나같이 초창기에는 선친의 휘하에서 물심양면의 지원을 받았던 사람들이다. 그 사람들에 의해 수많은 요窯가 개설된 것만 보아도 도예 진흥에 기여한 선친의 공은 우뚝하다고 아니할 수 없다.

선친의 발자취는 근대 한국 도자의 역사라 해도 과언이 아니다. 1964년 도쿄 올림픽을 계기로 경제가 급성장한 일본은 국제화가 진행되면서 1970년 이후 부유층을 중심으로 한국 골동품에 대한 수요가 늘어났다. 그러면서 전승 자기를 재현한 광주요의 제품과 선친이 가져간 다른 도요陶窯의 제품이 일본 호사가들의 주목을 받으며 고가에 팔리기 시작했다. 그런 와중에 일본인은 한때 도자 선진국이던 한국의 도공들의 잠재력에 주목했다. 일본으로 끌려간 도공 중 대다수가 임진왜란 이후 지금까지 대를 이어 내려오면서 일본의 도자 역사를 구축했고 그들의 기술이 축적되어 오늘날 일본을 도자기 강국으로 만들었다.

일본의 도자 문화로 진화된 우리 조상의 기술을 일본 상인들이 다시 한국으로 가져와서 한국 도자기 기술자들에게 전수하기 시작했다. 일본 다도 시장 고객의 구미에 맞게 훈련했으니 완전히 주객이 전도된 꼴이었다. 그뿐 아니라 그들은 광주요에서 일하던 사람들마저 빼내어가 새로운 공장을 세우게 하기도 했다.

이후 그들은 도자기 시장을 확장하기 위한 지능적인 전략으로 '인

한국 도자기를 찾던 일본인들

간문화재'라고 하는 타이틀을 남발했다. 그런 전략은 한국이 아니라 일본 시장을 공략하기 위한 것이었다. 당시 만들어진 인간문화재라는 타이틀 역시 우리 정부가 공인한 것이 아니라, 도자기 상인들이 아무런 도자 지식도 없는 몇몇 국내 유명 정치인을 부추겨 급조한 것이었다. 그러나 바다 건너 일본 시장에선 그것이 먹혀들었다. 공장에서 분업으로 생산된 제품에 소위 인간문화재가 서명을 하면 일본에서는 수백만 원에 팔려나가는 예술 작품이 되는 이변이 벌어졌다. 이런 관행은 점차 한국 시장으로까지 확대되어 도자기는 수익 투자 대상이 되었을 뿐 아니라, 고상한 신분과 예술적 안목의 척도가 되기 시작했다.

도자기에 그럴듯한 스토리가 입혀지면서 엉터리 지식 또한 남발되는 어이없는 일들이 벌어졌다.

한국 도자에 다시 생명을 불어넣다

광주요는 1971년 일본 도쿄에 상설 전시관을 개설했다. 고려청자와 조선백자의 기법을 재현한 광주요의 도자에 일본인들은 큰 관심을 보였다. 수요가 없던 국내와 달리 다도 문화가 발달한 일본은 광주요의 다기茶器를 높이 평가했다. 1964년 도쿄 올림픽을 계기로 경제가 급성장하고 국제화가 진행되면서 일본에서 우리 전승 자기인 광주요의 제품이 고가에 팔리기 시작했다. 선친은 1971년부터 일본 각 지역 순회 전시회를 시작하셨다. 1988년 2월 4일 시고쿠四国 고치高知 시에서 생애 마지막 전시를 마치실 때까지 18년 동안 무려 279회라는 기록적인 전시를 하셨다. 선친이 타계한 2월 4일은 그 생애 마지막 개인전이 끝나는 날이자 광주요 창업 25주년에서 하루가 지난 날이었다.

하지만 광주요의 전승 다기가 국내보다 외국인 일본에서 먼저 판로를 형성한 것은 과거 일본보다 앞선 문화를 보유했던 한국인으로서는 창피한 일이었다. 광주요는 수출 초창기 다기 품종과 디자인에 일본 바이어의 일방적 요구를 반영할 수밖에 없었다. 마치 우리 도자 문화가 일본 도자 문화에 예속되는 양상이었다. 그런 상황에서 선친은 우리 고유의 디자인과 질감으로 일본인의 코를 납작하게 하고 싶으셨다 한다. 그러나 수출 초창기부터 참담함을 느껴야 했다. 일본에서 도자 기술을 처음 접하고 이를 기반으로 고군분투 끝에 터득한 우리 도자 기술을 과시하려던 선친의 좌절을 나는 지금 짐작하고도 남는다. 그러나 현실은 현실이었다. 식민 통치와 전쟁, 그리고 급격한 서구화를 거치며 전통문화의 단절을 겪은 우리와 달리, 일본은 임진왜란 이후 도자 문화와 제조 기술을 세계 최고로 끌어올려 다도 문화를 꽃피운 도자 선진국이었던 것이다.

그리고 1980년에 들어서 드디어 우리나라에서도 도자기가 돈이 되는 시대가 시작되었다. 그러자 흙을 구하는 일에서부터 모든 과정을 혼자 감당하는 소위 '작가'들이 출현하기 시작했다. 한편 많은 엉터리 작가들도 우후죽순처럼 나타났다. 도자기가 투자 대상이 되었기 때문이다. 심지어 엉터리 작가들은 도자기 지식도 없는 유명 인사들을 부추겨 전시회를 열고, 거기에 매스컴이 합세해서 후원하는 웃지 못할 일들이 여기저기서 벌어졌다. 막 구워낸 도자기를 골동품처럼 보이게 할 심산으로 화학 처리를 해 새로운 유약을 발견했다고 선전하는 일까지 심심찮게 일어났다. 업계 사람들은 물론 언론도 모두 알고 있는 공공연한 사실이었지만, 아무도 그 사실을 드러내 말하지는 않았다. 당시 일본 시장에서 우리 도자를 찾는 열기가 워낙 뜨거웠기 때문에 돈 앞에 모두 벙어리가 되어버린 것이다.

선친께서는 항상 이를 걱정하셨다. 그리고 다도를 접해보지 않은 사람들이 다완을 만든다는 사실 자체를 이해하지 못했을 뿐만 아니라, 분업에 의해 만들어진 제품을 자신이 직접 만든 것처럼 서명해 파는 행태도 못마땅하게 생각하셨다. 선친께서는 흙을 고르는 일부터 성형이나 정형을 통해 틀을 잡고, 조각하고 그림 그리고, 유약을 칠하고 굽기까지 모든 과정을 직접 해내며 그야말로 작품을 만드는 사람만이 도예 작가라고 늘 강조하셨고, 우리 제품은 모든 과정의 전문가들이 모여 힘을 합쳐 만든 작품이기에 '광주요'라는 이름으로 판매한다고 말씀하셨다. 일본처럼 국내 도자 시장이 활성화되어 대를 이어갈 수 있다면 모를까, 지금 같은 상황이 이어진다면 일본 시장이 사라지면 아마 지금 유명세로 돈 번 사람들을 끝으로 우리나라의 도자 시장은 막을 내릴 거라고 늘 걱정하셨다. 그렇게 국내시장 형성의 중요성을 역설하시던 기억은 지금 내가 하는 고민과도 맥이 닿아 있다.

우리나라 도예 부흥에 선구자적 역할을 하셨던 선친의 꿈은 고려청자와 조선백자의 재현에 있었다. 특히 일본 다도 문화에 쓰이는 다기, 도구와 작품 등의 재흥再興을 목표로 일본 시장을 개척하셨고, 일본 전국에서 전시를 열어 우리나라 도예품의 우수성을 널리 알리고 인정받도록 만드셨다. 그뿐 아니라 한국 전통 자기의 일본 수출의 길을 개척한 공은 도자 관계자 모두 인정하는 사실이다.

선친이 돌아가시고 광주요가 가업으로 전승되면서 나는 우리 전통 도자기와 음식, 술 이 세 가지를 결합한 세계적인 문화 상품을 만들겠다는 새로운 포부를 가지게 되었다. 바로 선친의 꿈이자, 그것을 발전시킨 나의 꿈이기도 하다.

광주요를 거쳐 이천에서 도자기 사업을 한 분들로 고려도요를 이끈 고 지순택 씨, 이조도요의 고 홍재표 씨, 청파요의 이은구 씨, 현암요의 현무암 씨 등이 있다. 고 해강 유근형 옹은 삼척에서 도자기를 만들다가 1968년경에 이천으로 옮겨와 광주요와 인연을 맺었다. 해강 선생은 1970년대 초 선친께서 제품을 주문 제작해 일본으로 가져가며 인연을 맺었다. 선친이 해강 선생 작품을 최초로 일본 시장에 선보였던 것이다.

선친이 타계하시고 얼마 뒤 나는 유품을 정리하다가 선친이 육필로 써놓은 '도심陶心'이란 제목의 자작시를 발견했다.

도심 陶心

그늘진 곳 마다 않고 천부만뇌千腐萬惱 흙을 빚어

선인들이 남긴 유산 도예 향기 그리워라

왜침으로 잠든 도예 광복으로 재현되니

이 몸 바쳐 불을 켜서 그 빛을 더하리라

이 시를 읽고 나는 선친의 마음을 비로소 알게 되었다. 그리고 선친의 일에 가장 무심했고 평생 선친을 외롭게 만든 나야말로 그 뜻을 이어받아야 한다는 숙명을 느꼈다. 지금쯤은 선친도 아마 하늘에서 웃고 계실 것이다. 내가 가업을 이을 줄은 꿈에도 생각지 못하셨을 테니까. 게다가 선친은 전통 자기에 온 힘을 쏟으셨지만 나는 생활 자기를 포함한 식생활 문화 전반을 혁신하겠다고 덤비고 있다. 그런 나를 보시면서 아마도 "저놈이 또 큰일을 저질렀구나" 하며 웃고 계실지도 모르겠다.

혁신, 세련되고 일상적인 도자기가 오다

광주요를 맡은 뒤 나는 도자 문화가 후대로 이어지게 하기 위해서는 국내시장 형성이 가장 중요한 요소라고 생각했다. 아무리 도자기를 잘 만들어도 누구 하나 관심 갖지 않고, 사지도 않는다면 어떻게 될까? 결국은 가망이 없는 사업으로 낙인찍혀 후대로 이어져나갈 수가 없을 것이다. 우리가 선진 대국의 반열에 오르기 위해서는 도자기에 담겨 차려질 음식의 재해석과 디자인 혁신은 반드시 필요하다.

도자 문화로 세계인의 마음을 사로잡는 나라인 일본, 중국, 독일, 프랑스, 영국, 이탈리아, 덴마크 등에서 만들어진 제품들이 이미 국내 시장을 잠식하고 있다. 특히 일본은 세계에서 가장 짧은 시간에 도자기와 함께 음식 문화 세계화에 성공한 나라이다.

스시는 1964년 도쿄 올림픽 때 일본이 자국 문화 상품의 대표 기수로 내세운 음식이다. 당시 〈뉴욕타임스〉의 한 기자가 "날생선을 먹는 야만스러운 나라에서 과연 올림픽을 치를 수 있을까?"라고 일본의 음식 문화를 비하하는 기사를 썼을 만큼 서구인들에게는 낯선 음식이었다. 그러나 지금은 뉴욕에서 가장 비싼 음식이 바로 일본의 스시이다. 일본은 메이지유신明治維新 이후 외국의 문물을 받아들이고 과감히 식문화 퓨전에 도전했다. 그리고 100여 년 전만 해도 너무나 생소하던 소위 퓨전 음식을 자국화했다. 이제 일본 음식은 세계적으로 일식 인구가 12억 명에 이를 정도로 세계화에 성공했다. 일본인들은 어떻게 이걸 가능하게 만들었을까? 그리고 우리는 왜 못했을까? 나는 이 질문들을 마음 깊이 곱씹고 있었다.

그런 의문은 다도를 이해하면서 풀리기 시작했다. 일본의 다도는 아름다움과 단순함을 숭배하는 의식이다. 16세기 이후 시작하여 지금까지 진화하고 있는 오랜 전통문화이다. 다도의 정신을 대표하는 말의 하나로 '일기일회一期一會'를 들 수 있다. 한 잔의 차를 대접할 때도 주인과 손님은 일생에 한 번밖에 만날 수 없다는 생각으로 정성을 다한다는 뜻이다. 그런 마음이 바탕이 되는 다도는 모든 동작에 한 치의 흐트러짐도 허용하지 않는 정성 그 자체로 이루어진다.

그런데 이렇게 일본 정신의 근간을 만든 다도의 중심에 우리 도자기가 있다. 이것은 놀라운 사실이며 부인할 수 없는 현실이다.

임진왜란 때 우리의 투박한 막사발을 가져다가 그 속에 우주의 신비한 아름다움이 깃들어 있다고 찬탄하던 사람들이 있었다.

이들이 우리의 사발을 그들의 차와 접목했다. 가장 자연스러운 우리의 막사발과 가장 사치스러운 다실의 조화를 이루어낸 것이다. 그들은 우리가 엿과 맞바꿔 먹거나 개 밥그릇으로 쓰던 막사발을 가져다 문화의 중심에 당당히 우뚝 서도록 만들었다.

도자기 선진국들에는 공통점이 있다. 수천 년의 역사를 통해 진화해온 고유의 의식주衣食住가 있고, 그 정체성을 중심으로 찬란하고 남다른 생활 문화를 꽃피웠다. 그들의 도자기는 음식을 담는 식기의 기능뿐 아니라, 음식의 가치를 다양하게 표현하는 문화적 역할을 충실히 하고 있다. 음식이 몸이라면 그릇은 옷이다. 옷이 날개인 것처럼 그릇 역시 날개가 될 수 있다. 그 날개를 펼쳐 세계로 날 수 있게 만드는 또 다른 동력은 고유한 가치를 가진 술이다. 그리고 이들은 모두 식당이라는 고유의 건축물 안에서 자기들만의 차별화된 식사 예법에 따라 차려져 나온다. 다시 말해 식당은 생활 문화의 총체적 요소가 집약된 곳으로 문화 상품을 소비하고 감상하는 장소가 된다. 식당을 통해 그들의 생활 문화는 진화하고, 사회 전반으로 확대, 교류되면서 다양해지고, 풍요로워지면서 국민 의식을 향상시키고, 정체성으로 자리매김해 나간다. 나아가 식당은 자국민뿐만 아니라 세계 여행객에게 문화 체험관 역할을 충분히 해낸다. 동시에 바로 자국의 경제 기반이 되는 내수 경제를 이끌어가는 성장 동력의 핵심이 된다. 이것이 그동안 내가 뼈아프게 깨달은 식당의 기능이고 음식의 역할이다. 모든 것이 이렇게 훤히 보이는데 어찌 손 놓고 가만히 보고만 있을 수 있겠는가.

식생활 문화의 큰 숲을 남보다 먼저 보아버린 것이 내게는 기쁨인 동시에 굴레였다. 남들은 관심이 없는데 나 혼자 보고 있다는 것은 어깨에 큰 짐을 진 것과 같았다.

"우리는 누구인가? 외국인들 눈에 비치는 우리의 이미지는 어떠한가? 우리 문화의 본질은 무엇인가?" 결국 나는 우리의 정체성에 대한 물음에 빠져들게 되었다. 그리고 어느덧 어디를 가든 한식의 가치와 중요성을 역설하는 사람이 되고 말았다. 남들은 이제 나를 '한식 전도사'라고 부른다. 달가운 호칭은 아니지만 사양할 수도 없다. 내 관심은 이미 수십 년간 한식과 그 문화에 쏠려 있었고, 앞으로도 줄곧 그럴 것이다.

음식에도 서열이 있다. 즉 수직적 다양성이 존재한다. 그래야 거기에 걸맞은 질과 맛 그리고 서비스가 이루어질 수 있다. 5성급 식당에 가보면 자동차에서 내려 입구에 서는 순간 반사적으로 격조를 느끼게 된다. 건물의 외양, 문을 열고 들어설 때 손님을 맞이하는 지배인의 태도, 눈앞에 펼쳐진 세련된 내부 인테리어와 그들 고유의 다양한 공예품들, 테이블로 안내되어 자리에 앉으면서 느끼는 편안함과 만족감, 손님을 반기는 테이블 위에 놓인 꽃, 메뉴판을 건네면서 그날의 특별 음식을 자세히 설명하는 종업원의 프로 정신, 식전에 마실 술부터 음식과 함께 마실 술에 이르기까지 자세한 설명과 주변을 둘러보면서 느끼는 청결함, 이 모든 것이 그 식당을 찾는 고객의 기호와 취향에 맞게 꾸며져 있다는 사실을 알 수 있다.
선진국의 식당은 고객의 주머니 사정을 예상해 4성급 식당은 4성급에 맞게, 3성급은 3성급에 어울리게, 대중식당은 대중식당답게 체계적인 질서를 이루고 있다. 그래서 식당이야말로 그 나라 국민의 의식 수준 그리고 문화 수준을 감지할 수 있는 척도이다. '21세기는 문화가 소비되는 시대로서 문화 전쟁의 시대이다'라는 말은 이제 진부하게 느껴지지만 이 말에 담긴 진실은 너무나 중요하다. 문화 전쟁이란 무력 전쟁과 달리 국가의 운명을 좌우하는 정체성 전쟁이기 때문이다.

나는 오랜 외국 생활을 통해 그들의 식기와 음식, 테이블 매너에 자연스레 익숙해졌다. 그걸 즐기면서도 우리의 정체성에 대한 별다른 자각이 없던 때가 있었다. 그들의 음식 문화는 '당연히' 그렇게 세련된 품격을 갖춘 것이었고, 우리의 음식 문화는 편하긴 하지만 '당연히' 촌스럽고 값싼 것이라는 생각을 은연중에 가지고 있었다. 그렇기에 그들의 요리와 와인에 많은 돈을 지불했고, 그들의 고급문화를 고가로 구매하는 것을 당연시했다.

그야말로 우리 안의 오리엔탈리즘(원래 유럽에 나타난 동양적인 취미나 경향을 나타내던 말이지만, 오늘날에는 서양의 제국주의적 지배를 정당화하거나 동양에 대한 왜곡된 인식과 태도를 보이는 것을 의미한다)이었다. 그들보다 뒤떨어진 나라의 국민이라는 자격지심이었다. 그렇게 행동하면 남들이 나를 무시하지 못하고 존중할 거라는 착각에서 만용을 부린 걸지도 모른다. 무엇을 먹고 마시느냐가 품격의 척도가 되었다. 사회적으로 겉치레와 허세가 신분의 척도가 되었다. 우리 국민들은 서양 문화를 자신들의 문화인 양 소비한다. 한국 문화가 세계 수준으로 발전하지 못한 이유는 우리 스스로 우리 문화를 비하하는 탓이다. 우리의 나약함이 문제이다.

그러나 이제 나는 도자기를 보며 우리 정체성을 자각한다. 이러한 자각이 자연스럽게 음식으로 옮아감에 따라 새롭고 본질적인 문제의식에 직면한 것이다. 왜 그들에게 가능한 것이 우리에게는 불가능한가?

이런 질문은 결국 나를 바꿔놓았다. 나는 그동안 부모님이 일구어 놓은 일본의 다도 시장 대신 국내 생활 식기 시장을 키워야겠다고 마음먹었다. 당시 전통 자기로 돈을 벌던 도자 관련 사업 종사자들은 모두 나를 두고 도자기의 '도' 자도 모르는 친구가 돈 조금 가졌다고 정신 나가서 설친다고 수군거렸다. 지금 생각하면 그들의 말에도 일리가 있었다. 참으로 무모한 도전이었다.

내가 광주요를 처음 맡았을 때는 국내에 생활 도자기 시장이 없었다. 그리고 전통 도자기는 오로지 일본 다도 시장에서 팔려나갈 뿐이었다. 국내에서는 도자기가 일본 다도 시장에서 거래되는 가격에 영향을 받아 음식과 관계없이 별개의 감상 용품으로 대접받던 때였다.

나는 우리 도자 문화를 다시 일으키기 위해서는 두 가지 조건이 필요하다고 생각했다. 첫째는 전통을 어떻게 현대적으로 계승할 것인가 하는 문제였다. 부모님은 110년 전 진화가 중단된 상태의 도자기를 현재의 모습으로 일구어놓으셨다. 그 전통을 어떻게 발전적으로 이어 갈 것인가. 전통은 현대적인 감각과 철학으로 재창조되어야 비로소 생명을 얻을 수 있다. 무작정 옛것을 따르기만 하는 것은 결코 진정한 의미의 전통이 아니다. 어쩌면 전통의 본질은 현대성인지도 모른다.

광주요에서 생산한 생활 도자기

나는 전통에 바탕을 두었으되 현대인이 원하는 대한민국 도자기를 만들어내고 싶었다.

둘째, 도자기는 관상觀賞의 대상이기 이전에 생활용품이라는 인식을 심는 것이 시급했다. 도자기에 어떻게 '생활'의 개념을 도입하느냐 하는 문제를 간과할 수가 없었다. 모든 문화 현상은 일상성, 즉 대중의 삶에 바탕을 두지 않으면 빠르게 생명력을 잃는다.

나의 고민은 간단하게 말하면 '현대성'과 '일상성'이었다. 문화란 맥이 끊어지지 않고 살아 있을 때 비로소 현실적인 가치가 있는 것이며, 지금 살아 있는 사람이 일상생활에서 즐겨 사용할 수 있어야 문화란 이름을 붙일 수 있다. 박물관에 갇혀 있거나 찬장 깊숙이 묻혀 있는 것은 박제품일 뿐이다. 나는 도자기를 밥상 위에 올리는 전시를 거듭했다. 이렇게도 해보고 저렇게도 해보았다. 차츰 눈썰미 매운 장안의 여성들, 문화적 여유를 누리는 가정주부들이 내가 제안하는 상차림을 주목하기 시작했다. 광주요에서 만든 반상기를 혼수품에 넣는 사람 수가 늘어나기 시작했다. 그리고 나는 더 다양한 가치를 지닌 도자기를 다양한 가격에 선보였다. 밥과 국을 담을 부담 없는 가격의 도자기를 제안하고 싶었다.

아름다운 것을 따라 하고 싶은 본능

|

내가 생활 도자기를 들고 나오자 기존의 도예업자들은 내가 국내 도자기 사업을 망치려 한다고 반발했다. 공장에서 대량으로 만들어 자신들이 서명만 한 도자기 한 점이 예술품 대접을 받아 고가에 팔려 나가는데, 내가 생활 도자기를 만들면 도자기의 가치를 떨어뜨린다는 항의였다. 그러나 나는 그들이 만든 도사기의 가치는 일본 상인들이 조작해낸 것이기에 진정한 의미의 가치는 아니라고 생각했다. 정직하게 우리 시장에서 형성된 가치가 아니기 때문이다. 나는 그들의 불만 섞인 소리에 이렇게 답했다.

"일본 시장은 머지않아 반드시 한계에 부딪힐 것이오. 당신들이 서명한 제품이 예술 작품이 아니라는 사실이 곧 밝혀져 가격은 폭락할 것이오. 당신들은 지금 당장이야 얼마간 돈을 벌겠지만 일본 시장이 사라지고 나면 우리 후손은 어떻게 살아가겠소? 지금부터라도 새로운 시장을 만들지 않으면 우리나라 도자기 산업은 일시에 무너지고 말 것이오. 예술품과 산업화는 별개의 문제요. 두고 보면 알겠지만, 앞으로 당신들도 새롭게 생겨날 생활 도자기 시장 덕에 먹고살게 될 날이 올 것이오."

그리고 국내 도자기 시장은 내가 예측한 대로 변해갔다. 공장에서 양산된 예술품 도자기들은 오래지 않아 일본 야시장에서 리어카에 실려 싸구려로 팔리는 신세로 전락하고 말았다. 경기도 이천이나 여주 등지에서 옛날에 비싸게 팔리던 고려청자가 지금은 생산비에도 미치지 못하는 가격으로 천대받는 것을 보면 가슴이 아프다.

성경에 이르기를 하늘 아래 새로운 것은 없다고 했다. 모든 새로운 것은 이미 지나가버린 낡고 헌 것 위에서 만들어진다. 인류가 동물과 구별되는 문화를 향유할 수 있는 것도 선조들이 대를 이어 쌓아온 전통을 토대로 그것을 변화시키고 새로운 것을 보탰기 때문이다. 전통은 현대성을 획득하지 못하면 골동품의 아류로 전락하고, 현대적 문물은 전통의 후광을 입지 않으면 조악粗惡해진다.

지금 광주요에서 만들어내는 생활 도자기는 불과 20여 년 만에 우리나라 도자기 문화에 큰 변화를 일으켰다. 광주요의 그릇이 결혼 적령기 여성들이 가장 선호하는 혼수 품목 중 하나가 되었다는 사실은 광주요 도자기의 가치가 소비자의 선망을 불러일으키는 데 성공한 것을 의미한다. 나는 우리 도자기에 대한 대중의 선망을 불러일으키기 위해 늘 선조들이 남겨준 생산 기법을 고집했다. 생활 도자기라고 해서 기계로 찍어 대량생산해낸 값싸고 조잡스러운 것이 아니다. 오히려 예술적이고 품위 있는 도자기를 일상생활에서 사용함으로써 우리의 삶의 질을 한 단계 높일 수 있다. 그것이 '생활 도자기'라는 말에 내재된 정신이다. 1등이 있어야 2등, 3등이 생겨나고 보편화된다. 이렇게 수직적 다양성이 확보되어야 도자 산업을 발전시킬 수 있다고 확신했다.

생활 도자기를 생산하면서 사람들에게 새롭게 탄생한 우리 도자기의 아름다움을 보여주고 싶었다.

내 기억으로는 국내에서 처음으로 투박한 백자 생활 도자기가 선보인 것은 1972년 11월 30일 서울에서 제3차 남북조절위원회가 열리던 때이다. 이때 남한에 처음 초대되어 오는 북한 관료들을 위해 여주 지역에서 급조한 백자 반상기가 소개되었다. 그러면서 그것이 일상생활 도자기로 보편화되기 시작했다. 이는 조선왕조 말기 일본 산업 도자기의 영향을 받은 천편일률적인 형태의 반상기였다.

우리나라 사람들은 여태껏 계급에 따라 반찬의 가짓수를 달리해 3첩, 5첩, 7첩, 9첩으로 서열을 나누어 밥상을 차리는 것이 우리 전통 예법인 줄로 잘못 알고 있다. 그러나 이는 중국 주나라 시대의 풍습이다. 그런데 당시 만들어진 백자 반상기가 바로 그런 제도를 모방한 3첩 반상기를 위시해 5첩, 7첩, 9첩 반상기로 그릇의 숫자만 다르게 만든 생활 도자기 세트였다.

서울이 1988년 올림픽 개최지로 선정된 것은 1981년의 일이다. 그때부터 이 백자 반상기가 사회 전반으로 급속히 확산됐다. 그러면서 여주에서 생산되는 생활 도자기는 산업화된 도자기이고, 이천에서 생산되는 도자기는 예술 도자기로 인식되기도 했다.

이 인식을 바꾸기 위해 내가 생각해낸 것이 〈아름다운 우리 식탁전〉이다. 소수의 세련된 안목을 가진 고객은 우리 도자기의 생활화를 갈구하고 있었다. 이 전시는 그들의 미의식을 자극하기 위한 것이었다. 아름다운 것을 아름답게 보는 감각은 인류가 공유하는 보편적 능력이다. 차이가 있다면 그 미의식이 잠재되어 있느냐, 개발되어 있느냐일 뿐이다. 나는 이 전시를 성공적으로 치르기 위해 이 분야에서 우리보다 역사가 29년 앞선 일본을 역할 모델로 삼을 수밖에 없었다. 매년 1월 말경 도쿄 돔에서 성대하게 열리는 식탁전은 일본 국민의 미적 안목과 수준을 자극하고 향상시키는 행사이다. 도쿄 돔을 방문하는 외국인은 이 전시를 통해 일본이라는 나라의 국가 브랜드를 인지하게 되니 일본 정부로서는 국가 마케팅 차원의 전략적 행사이기도 하다. 여기 전시된 용품들은 시장을 통해 교류되면서 사회 전반으로 확산되고, 자연히 해외 수요로도 이어지게 된다. 우리나라에서도 해마다 여러 관광 회사에서 사람들을 모집해 단체로 도쿄 돔 전시를 찾고는 한다.

나도 아내와 수차례 이 전시에 참관했다. 그러면서 배우고 자극을 받아 드디어 1997년 광주요의 첫 번째 〈아름다운 우리 식탁전〉을 준비했다. 아내는 2년 동안 일본을 오가면서 테이블 세팅으로 이름난 전문가들을 사사했다. 우리나라에서는 선례가 없는 일이기에 어려움도 많았다. 특히 우리 전통 도자기와 관련된 다른 전통 공예품이 거의 사라져버려 안타깝기 짝이 없었다. 따라서 우리가 원래 기획했던 테이블 세팅은 불가능했다. 대신 우리 전통 도자 식기가 세계 명품 소품들과 멋진 조화를 만들어낸다는 것을 보여줄 수밖에 없었다.

반응은 성공적이었다. 세계의 명품과 조화를 이룰 수 있다는 것은 역설적으로 우리의 전통 도자기가 명품이란 증명이다. 이 전시를 통해 식탁 위에 처음 펼쳐놓은 우리 전통 도자의 아름다움과 쓰임새는 많은 사람의 관심을 이끌어냈다. 그리고 자연스럽게 주부들 사이에 화젯거리로 올라 입에서 입으로 전해졌다.

광주요의 〈아름다운 우리 식탁전〉은 매년 이어졌다. 그러다가 정부 차원의 도자 축제가 이천에서 대대적으로 열리면서 광주요 단독으로 개최하던 〈아름다운 우리 식탁전〉은 일단 중단된 상태이다. 그런데 요즘 이천과 광주, 여주의 도자 축제가 문화적 제안이라기보다는 도자 업체들의 재고 처리장으로 변해가는 느낌이다. 왜 그럴까? 이는 불행히도 우리의 한식당들이 아직 전통 도자 식기를 구입해 음식을 팔 수 있는 수준으로 향상되지 못했기 때문이다. 다시 말해 우리 외식 문화는 아직 식당에 가서 그릇, 소품, 분위기에 가격을 지불하며 한식을 사 먹을 정도로 성장하지 못한 것이다. 한식은 푸짐하고 저렴한 서민적인 음식이란 고정관념 때문에 비싼 도자 그릇을 쓸 수가 없다. 8,000원짜리 비빔밥을 5만 원짜리 그릇에 담을 수 있겠는가?

그나마 다행인 것은 다양한 식문화를 체험한 사람들이 많아지면서 그릇의 중요성을 깨닫는 이들도 늘고 있다는 점이다. 그러나 아직 갈 길이 멀다. 우리의 한식당이 변하고, 수직적 다양성이 생겨나야 한다.

우리가 비용을 지불하지 않으면 관련 산업이 발전할 수 없다. 어느 식당에 가도 김치며 나물, 반찬 등을 공짜로 차려 내고, 심지어는 몇 번이고 추가 주문하는 것을 당연히 여긴다. 이러한 틀에 박힌 사고방식과 의식 수준으로는 우리의 도자 축제는 재고 정리를 하는 행사로 전락하지 않을 수가 없는 것이다. 한마디로 장기적 계획이 없다. 몇 명이나 참관했다는 숫자로 성공과 실패를 가늠해서는 진정한 도자기 시장이 형성될 리 없다.

〈아름다운 우리 식탁전〉

　왜 매년 도자 축제를 여는가? 도자업체가 먹고살 수 있는 시장을 만들어주려는 게 아닌가? 그렇다면 국민들이 도자기를 즐겨 쓰게 만들 방법을 찾아내야 한다. 소비자는 아직 우리 전통 도자기를 써보지 않았기 때문에 어떻게 써야 하는지 낯설다. 익숙해지게 만들려면 정부 국빈 초대 만찬이나 인기 드라마에서 전통 도자기에 한식을 담는 모습을 보여주어야 하지 않을까? 정책적으로 국민들의 관심을 유도하고, 도자기를 찾아볼 시간을 준 뒤에 도자 축제를 계획했어야 한다. 그렇지 않으면 도자 축제의 목적이 희석될 수밖에 없다. 정부가 주최하는 도자 축제의 방식이 바뀌어야 한다. 일정 기간은 정책적인 투자

식기와 벽지 등의 조화까지 고려한 테이블 세팅

개념으로 접근해야 한다. 정부 예산으로 TV 드라마나 미디어를 통해
우리 전통 식기를 멋있게 쓰는 모습을 보여주고 홍보해 국민의 안목
과 의식 수준을 높일 필요가 있다.

  2030년, 세계 중산층 규모는 20억 명에 이를 것으로 예상한다. 세
계를 누비고 다닐 그들이 꼭 먹어보고 싶다는 매력을 느낄 수 있도록
아름답고 멋있는 한식을 차려 낼 수 있어야 한다. 우리다움을 세계적
으로 연출해 내놓자는 것이 나의 변함없는 주장이다. 한식으로 '20억
세계인의 고급 밥상'을 차려 내자는 것이다.

  다행스럽게도 광주요의 〈아름다운 우리 식탁전〉은 대중의 우리 도

〈아름다운 우리 식탁전〉에 소개된 생활 도자기

자기에 대한 인식을 새롭게 하고, 정부 주최의 도자 축제에도 영향을 끼치면서 문화 감수성을 자극했다. 나는 그것만으로도 큰 의의가 있다고 생각한다. 생활과 문화를 연결하는 첫 단추를 끼운 것이다. 시작이 반이라 하니 이제 진화의 꿈틀거림이 시작될 것이라 믿는다.

문화는 위에서 아래로 흐르는 권력이다

2030년, 20억 세계 중산층은 세계를 여행하면서 먹고 마실 것이다. 21세기 음식 관련 세계시장 규모가 얼마나 될까. 2006년 국내 통계청 자료에 따르면, 세계 자동차 시장 규모가 1,320조 원이고, IT 산업 규모가 2,750조 원인 데 반해 식품 산업 총생산은 4,800조 원으로 집계되어 있다. 그중 절반에 달하는 부분이 외식 산업으로 그 시장 규모가 2,400조 원에 이른다.

3~4년 전 내가 이 통계를 말하면 아무도 내 말을 믿지 않았다. 사람들은 아직도 철강, 자동차, 선박, 휴대전화 등이 제일 큰 산업이라고 굳게 믿는 듯했다. 규모의 경제에 익숙해 조그만 식당 같은 것은 눈에 들어오지도 않는 모양이었다.

그러나 중산층 20억 명이 세계를 여행하고 외식을 하면서 소비하는 비용이 천문학적으로 늘어날 것은 불을 보듯 뻔하다. 만약에 2030년 세계의 중산층 소비자 20억 명이 한 달에 한 번씩, 1년에 열두 번만 한국 식당에 가서 20달러짜리 한식을 먹는다고 가정해보자. 그 시장은 4,800억 달러 규모이다. 매출이 우리 돈으로 500조 원에 이르는 셈이다. 2009년 대한민국 총예산이 273조 원이니, 국가 1년 총예산의 배 가까운 액수가 아닌가? 가히 천문학적인 숫자이다. 결국 나의 주장은 2030년에 세계 중산층의 절반, 적어도 10억 명에게 한 달에 한 번은 한식을 먹게 만들자는 이야기이다. 생각만 해도 신바람 나는 일이 아닌가!

한 국가를 놓고 볼 때 그 나라 사람들이 어떤 옷을 입고, 어떤 집에서 살며, 무엇을 먹느냐 하는 것이 한 국가의 문화 수준과 특성을 보여준다. 한 나라의 문화적 역량이 가장 먼저, 그리고 가장 특징적으로 드러나는 곳이 바로 의식주이다. 분명한 것은, 의식주 문화 수준이 낮은 나라가 예술적 수준이 높을 수는 없다는 점이다. 의식주야말로 그 나라 문화의 정체성이고 지표가 된다.

좁은 의미에서 문화는 문예와 예술이다. 그러나 넓은 의미에서 문화는 법과 제도를 포함하는 사람들의 삶 자체이다. 문화는 언제나 상대적인 것이다. 원시인에게도 그들만의 문화가 있었고, 현대인에게도 고유의 문화가 있다. 동시대에도 이러한 차이는 존재한다. 더 발달하고 세련된 문화가 있고, 그렇지 못한 문화가 공존한다. 고급한 문화와 저급한 문화를 가르는 기준은 시대에 따라 다르겠지만 분명한 것은 강한 문화와 약한 문화가 존재한다는 것이다. 예컨대 유럽 왕실에서 음식을 먹을 때 포크를 사용하기 시작한 것은 16세기 이후이다. 영국 귀족들은 17세기 후반까지도 손으로 음식을 집어 먹었다고 한다. 14

세기경에 포크를 사용하기 시작한 이탈리아에 비하면 3세기 이상 늦은 것이다. 아마도 17세기에 영국을 방문한 이탈리아 귀족은 손으로 음식을 먹는 영국인을 야만인 보듯 했을 것이고, 영국인은 포크를 고집하는 이탈리아인을 겉으로는 어지간히 까다롭다고 빈정거리면서도 내심 주눅이 들거나 포크 문화를 선망했을 것이다. 이는 결국 그들도 머지않아 포크를 쓰기 시작한 것만 보아도 알 수 있다.

문명이 포크를 사용하는 쪽으로 흘러간 것은 손으로 음식을 먹는 것보다 포크를 사용하는 것이 문화적으로 우위에 있음을 의미한다. 우리나라에서는 이제 시골에 가도 재래식 화장실을 찾아보기 어렵다. 더 편리하고, 보기에 좋고, 위생적인 것을 선망하는 것은 인지상정이다. 이 선망이 문화의 흐름을 결정하는 요인이 된다.

국가의 부는 문화 상품의 생산과 소비를 진작해 결국은 모든 구성원이 혜택을 받는다. 상류층의 고급문화가 단지 상류층의 호사와 유흥에만 그치는 것은 아니다. 그들의 까다롭고 섬세한 요구가 더욱 우수한 상품을 생산하게 만들고 결국 우수한 상품이 국제 교역에서 우위를 점하게 된다.

그렇기 때문에 왕실이나 사회 지배층은 고급문화를 생산함으로써 국부를 증대시킬 책임이 있었다고 말할 수 있다. 고급스럽고 강한 문화는 무역에서의 우위로 나타나고 그것이 곧 국력이 된다. 옛날이나 지금이나 사람들은 더 아름답고, 더 섬세하고, 더 강한 것을 추구한다. 그러나 새롭고 고급스러운 문화를 생산하지 못하는 나라는 남의 나라 물건이나 수입하는 소비국으로 전락할 수밖에 없다.

중국 고전 《국부책國富策》을 보면 이미 2500년 전에 사치에 대해 언급하고 있다.

> 최고급 음식을 먹고 최고급 음악을 듣게 해야 한다. 삶은 달걀도 일정한 형태로 조각해 먹어야 한다. 땔나무도 멋있는 형태로 조각해 때게 해야 한다. (…) 부자들이 사치스럽게 소비하도록 해야 한다. 더불어 가난한 사람들에게는 일자리를 만들어주어야 한다. 이렇게 하면 백성들이 안정된 생활을 누리면서 즐겁게 일할 수 있다. (…) 무덤을 크게 만들면 가난한 사람들에게 일자리를 만들어줄 수 있다. 묘지를 호화스럽게 장식하면 조각가와 화가들에게 일자리를 만들어줄 수 있다. 관을 크게 만들면 목수들을 부자로 만들어줄 수 있다. 무덤에 많은 옷을 수장하면 여자들의 일거리가 많아진다. 그러나 이것만으로는 부족하다. 각종 제사 용품, 예식 용품과 순장 물품 등을 이용해 가난한 사람들에게 일자리를 만들어주고, 백성이 모두 이익을 얻게 할 수 있다. 호사스러운 소비를 하지 않으면 농업 생산의 발전 토대도 사라지고 만다. 조정에서는 신분 여하를 막론하고 호사스럽게 소비해야 한다.

참으로 놀라운 통찰이다. 이미 2500년 전 중국 제나라의 재상 관중管仲은 문화와 지배계층의 사치가 국익을 위해 반드시 필요하다는 것을 역설하고 있다.

인류 역사상 가장 넓은 땅을 차지했던 몽골제국. 몽골의 군사력이 아무리 대단한 것이라 해도 그것은 강한 문화 앞에서 맥없이 허물어졌다. 한때 그들이 전 세계의 반을 차지했다고 하지만 문화를 지배하지 못하고 무력을 통해 일시적으로 제압했기 때문이다.

여진족 역시 비슷한 역사를 가지고 있다. 그들은 누르하치Nurhachi라는 빼어난 지도자 덕분에 강한 군대를 가질 수 있었다. 마침내 중원을 차지해 청나라를 세웠지만 그들의 문화는 중국에 비할 것이 못되었다. 그래서 그들은 변발이나 호복 등 극히 피상적인 문화적 정체성만을 고집한 채 스스로 한족의 문화에 동화되는 길을 택했다. 소국이 대국을 지배하는 방법이 그것뿐인지는 모르지만, 그들은 자국의 문화적 토대를 허물었기에 독자적인 문화를 발전시키지 못하고 뿔뿔이 흩어져버렸다. 문화가 민족의 정체성을 유지해서 단합과 발전을 가능하게 하는 구심점임을 보여주는 좋은 예이다.

강한 문화를 가진 나라가 이긴다

|

최고 권력이 향유하는 문화는 누구에게나 부러움의 대상이 된다. 그래서 아래 계층 사람들도 자기 수준에서 그 문화를 모방하게 된다. 왕실 문화가 귀족이나 사대부 문화로 흘러가고 사대부 문화가 서민 문화로 흘러가는 것은 이러한 흐름이다. 그렇기 때문에 전제군주 시대에는 지배층의 문화가 그 나라 문화를 대표하게 되는 것이다.

중국이나 프랑스의 전제군주들이 누리던 세련된 문화도 그들 권력의 크기에 비례한 것이었다. 대만 고궁 박물관의 유물이나 서태후의 여름 별장인 이허위안頤和園의 규모와 아름다움을 보면 그것을 탄생시킨 권력의 정도를 짐작할 수 있다.

오늘날 세계를 좌지우지하는 강대국은 예외 없이 문화 강국이다. 중국은 동서고금에 보기 드물게 오랜 문화적 전통을 간직한 나라이다. 중국의 문화는 권력과 정치 체제의 변화에도 정체성을 잃지 않았고, 몽골이나 여진족에게 점령당하고도 오히려 그들을 동화시키는 저력을 보여주었다. 앞으로 세계가 중국의 성장을 주목하는 것은 무엇보다도 거대한 다민족 국가를 하나로 묶을 수 있는, 자신들이 세계 문명의 중심이라 믿는 중화사상中華思想의 힘 때문일 것이다. 문화민족으로서 중국인의 긍지와 자부심은 지나치다고 할 정도지만 그것이 중국의 중요한 정신적 자산임은 분명하다.

지난 시대에는 군사 강국이 강대국이었지만, 군사적인 힘이라는 것은 일시적이고 와해되기 쉽다. 그러나 문화의 힘은 강하고 오래간다. 그래서 이제는 과거와 달리 문화 강국이 강대국이다. 그런 의미에서 '부국강문富國强文'이 '부국강병富國强兵'에 앞선다 하겠다. 부국강병만을 좇아서는 쇠락의 길을 걸을 수도 있지만, 부국강문을 지향하면 그 힘이 절대적으로 지속된다. 자기 문화를 강하고 고급스럽게 성장시키는 조건은 두 가지라고 생각한다.

첫째, 주도하는 계층의 역할이 중요하다. 전통적인 시대에는 상류층, 혹은 지배계층이 고급문화의 생산을 담당했다. 이들에게는 선진 문화를 수용하고 그것을 자국의 전통과 버무려서 새로운 전통으로 만들어야 할 의무가 있다. 이렇게 토착화한 강한 문화는 시장 원리에 의해 국민의 이익과 복지에 이바지할 수 있기 때문이다. 현대는 지난 시대와 같은 의미의 신분 사회는 아니다. 여전히 금권이 신분을 가르기는 하지만 돈에 따른 신분의 벽도 예전과 같이 절대적이지 않다. 현대는 문화의 대중화 시대이다. 그렇다고 해서 대중이 문화의 창조자라는 의미는 아니다. 대중 가운데 안목을 가진 소수가 문화 생산의 주역이 된다. 과거에 상류층에 지워졌던 책무를 눈뜬 대중이 떠맡아야 할 시대가 된 것이다.

둘째, 상층의 고급문화와 일반 대중문화가 활발히 소통해야 한다. 고급문화에 대한 대중의 선망이 고급문화에 접근하여 그 가치에 눈을 뜨고 그것을 모방하거나 변형시키는 것이다. 그것이 시장 원리에 따라 경쟁을 유발하면서 더 나은 문화의 창조가 촉발된다. 그것은 다시 다른 차원의 고급문화가 형성되는 동력으로 작용한다. 이렇듯 문화의 흐름은 순환적이다. 고급문화와 대중문화의 소통이 없는 문화는 역동적인 시장을 형성할 수 없기 때문에 더 이상 발전하지 못하고 정체될 수밖에 없다.

앞으로 글로벌 경쟁은 문화 경쟁의 양상을 띨 것이라는 것이 문화비평가들의 공통된 전망이다. 쉽게 말하자면 앞으로의 세계시장은 각국 문화 상품의 각축장이 될 것이라는 뜻이다. 실은 앞으로가 아니라, 이미 세상은 오래전부터 그렇게 돌아가고 있다. 문화 경쟁은 물물교환과 같은 원시적 경제활동을 할 때부터 존재해왔다. 남의 물건이 더 좋게 보이고, 가지고 싶어지는 경쟁 욕구가 싹트고, 그것을 구매하거나 자기 물건과 교환하는 것이 문화 전쟁의 기원이다. 그때보다 진화한 점이 있다면 물자의 흐름이 대량화되고 복잡해졌으며, 또 빨라졌다는 것뿐이다.

한식이 미래의 성장 동력이다

ㅣ

지금 문화 전쟁에서 선두를 달리는 나라는 일본이다. 일본의 핵심 동력은 전후의 놀라운 경제성장을 이끈 경영 혁신과 기술 진보이다. 동시에 그들의 세계 전략의 핵심에는 중국이 문화의 암흑기를 거치는 동안 자신들의 문화가 동양 문화의 정수인 것처럼 마케팅할 수 있었던 지성인들의 혜안이 있었다. 지금 세계 사람들은 한자를 보면 일본이 연상된다고 하는 지경에 이르렀다. 그보다 더 풍부한 문화적 자산을 가진 중국도 하지 못한 일이고, 일본 문화의 토대를 다져준 우리도 하지 못한 일이다. 한국을 젖줄로 중국의 문화를 받아들인 일본이 동양 문화의 선두에 서게 된 것이다.

문화 전쟁에 관한 한 일본인의 전략은 참으로 경탄할 만하다. 일본 세계 외식 체인 사업체 가운데 하나인 '규카쿠Gyu-Kaku'와 '기무치 Kimuchi'의 예는 현대의 문화 전쟁이 어떤 양상을 띠는지 압축적으로 보여준다. 일찍이 음식 문화의 중요성에 눈뜨지 못한 우리는 이제는 한식이 남의 나라 음식으로 둔갑해서 팔리는 것을 속수무책으로 구경만 하는 신세가 되었다. 믿기 어려운 이야기지만, 그것이 바로 한류의 힘이라며 흐뭇해하는 사람들도 있다. 어떤 사람은 "우리도 일식당을 해 돈을 버는데 그들이라고 못 하라는 법은 없잖아요?"라고 반문하기도 한다. 물론 맞는 말이다. 그러나 하나는 알고 둘은 모르는 말이다. 규카쿠에서 파는 기무치는 현지인에게 일본 음식으로 오인될 확률이 높다. 그렇게 되면 우리의 전통 김치가 세계 속에서는 일본의 아류가 되어버린다. 반면 한식당에서 파는 일식은 그냥 한국 사람이 만든 일식일 뿐 세계인에게 한식으로 왜곡될 일이 없다. 이는 일본 문화가 한국 문화보다 우위에 자리하는 강한 문화라는 현실 때문이다.

반면 우리나라의 경우를 보자. 2008년 통계청 자료를 보면 전체 무역수지 적자 133억 달러 가운데 커피, 와인, 관광 등 문화 상품에서 생기는 적자가 100억 달러를 차지한다. 이것은 무엇을 말하는가. 강한 문화가 약한 문화를 지배하는 21세기의 문화 전쟁에서 우리나라는 이미 문화 식민지가 되어가고 있다는 증거가 아닌가. 우리가 꼭 커피와 와인과 스카치위스키를 마셔야만 하는가? 아니, 그 소비를 반만이라도 줄일 수는 없을까? 나머지 반으로 우리의 차 산업과 전통 주류 산업 그리고 한식 산업을 발전시킬 수는 없을까? 그렇게만 된다면 일자리가 만들어지고 내수 경제를 키우고 국가 자존심에 두루 도움이 되는 일이 아닌가. 우리의 지성인들은 이런 것을 지적하지 못하고 대체 무엇을 하고 있단 말인가!

20세기 이후 세계경제에서 가장 큰 변수가 되는 나라인 중국과 인도는 이 시대에 벌어질 수 있는 변화의 양상을 단적으로 보여준다. 베이징에 가보면 초현대식으로 지어지고 있는 건물과 아파트에 우선 놀라게 된다. 적어도 하드웨어에 관한 한 중국은 50여 년의 시간을 압축했고, 공간적으로도 전 세계의 기술력과 자원을 무한정 활용하고 있다. 중국은 그들의 노력과 기술 개발로 선진 대국과 시공간적 차이를 줄여나가고 있다. 인도가 유선전화 시대를 건너뛰고 바로 무선전화 시대에 진입한 것도 시공을 압축한 것이라고 할 수 있다. 하드웨어뿐만 아니라 소프트웨어 산업에서도 후발 주자의 약진을 세계가 주목하는 것도 당연한 일이다.

인도와 중국의 예에서 보듯이 시공을 압축할 수 있는 현대사회의 특성이 우리에게 희망이 될 수 있다. 선진 대국에 비해 뒤지는 한식 문화역시 시공을 넘어 압축적으로 성장할 수 있지 않을까. 물론 중국과 인도가 무조건 압축 성장 할 수 있었던 것은 아니다. 그들의 문화적 저력이 도약의 바탕이 되었을 것이다. 우리 역시 마찬가지이다. 우리에겐 역사적 저력이 있다. 그게 분명 도약의 받침대가 되어줄 것이다.

한식의 엄청난 부가가치는 요리와 식자재의 생산과 소비에만 그치는 것이 아니다. 물류와 관광, 환경 등 관련 서비스 산업 전반에 말할수 없이 커다란 파급효과를 가져올 수 있다. 그야말로 경쟁자가 없는 시장인 블루오션Blue Ocean이다. 이것은 지금 우리가 살길이기도 하지만 후손들에게 물려줄 미래 산업이기도 하다.

먹지 않고 살 수는 없다. 더 맛있고, 건강에 더 좋은 음식을 찾는 것이 사람들의 욕망이고 심리이다. 입맛은 한번 길들면 여간해서 바뀌지 않기 때문에 음식 산업은 세계경제 동향에 크게 영향을 받지 않는 항구적인 산업이다.

세상을 살아가면서 겪는 큰 재앙을 세 가지만 꼽으라면 전쟁과 굶주림과 질병일 것이다. 이 모두 음식과 관련된 재앙이다. 셋 중 어느하나 비참하지 않은 것이 없지만, 전쟁보다 더 비인간적인 것은 없고또 전쟁만큼 벗어나기 어려운 것도 없다. 원시시대나 21세기나 전쟁의 양상만 다를 뿐 부족 간, 국가 간 밥그릇 챙기기 전쟁은 끊일 날이없다. 이것은 이해와 득실이 눈에 보이는 전쟁이다.

그러나 보이지 않는 전쟁도 있다. 이 전쟁은 총성도 울리지 않을 뿐아니라 겉보기엔 더없이 신사적이고, 당장 눈에 띄게 죽나는 것도 없기 때문에 그 위험성에 둔감하기 쉽다. 그래서 더욱 무서운 것이 바로문화 전쟁이다. 윤재근 선생은《문화 전쟁》을 통해 이미 오래전부터 이런 사실을 역설했다. 그런데 우리는 아직도 이 위기를 인식하지 못하고 있으니 당시 윤재근 선생의 마음이 얼마나 답답했을지 나는 충분히 공감한다.

> 무력에 의한 전쟁에서만 승자와 패자가 있는 것은 아니다. 어떠한 유형의 전쟁이든 승자와 패자가 있게 마련이다. 문화 전쟁도 예외가 아니다. 승자는 세력을 확대하고 패자는 세력을 상실한다. 자문화를 타문화에 종속시키거나 주변 문화 또는 아류 문화로 전락시킬 때 문화전쟁의 패자가 된다. 문화 전쟁에서 패자가 된 문화는 약문화로 전락한다.

우리가 한식의 가치와 가능성을 제대로 보지 못하는 건 어느 정도 사실이다. 그렇다고 한식을 천시하는 지경에 이른 것은 아니라고 믿고 싶다. 실제로 우리 음식에 자부심을 느끼는 젊은이들이 많다. 다만 비빔밥, 김치, 불고기 등이 인기를 모은다고 해서 한식이 세계화된 것처럼 생각해서는 안 된다. 음식 재료와 음식 문화는 다르다. 그러한 음식 하나하나는 우리가 전통적으로 즐겨온 한식이지만 포장, 그릇, 식당 분위기, 소품, 종업원의 서빙 방식, 상차림 등 총체적인 음식 문화 속에서 개별적인 음식은 하나의 소품에 불과하다. 즉 개별 음식이 묘목이라면 음식 문화는 숲이다. 김치와 비빔밥이 대표적인 한식이지만 개별 음식은 얼마든지 다른 나라 음식 문화라는 숲에 들어가면 그나라 음식 문화에 포섭될 수 있다. '일본식 한식'을 파는 규카큐(세계적

인 체인망을 가지고 있는
일본식 BBQ 레스토랑. 일
본식으로 변형시킨 잡채,
막걸리, 갈비 등을 판매한
다)가 그것을 잘 보여
준다.

우리가 그토록 세계
화하려고 노력하는 김
치 역시 마찬가지 운명
을 맞고 있다. 우리에
게 김치는 없어서는 안
될 반찬이기는 하지만
그다지 대단할 것 없는

뛰어난 가치를 인정받지 못하는 김치

여러 밑반찬 중의 하나라는 것이 우리의 보편적인 생각이다. 세계 5
대 건강식품으로 선정되어 그 가치가 부각되면서 다시 보게 되었지
만, 그래도 김치는 여전히 어느 집이나 식당에서 먹는 흔한 음식이다.
밥에 부수적으로 딸려 나오는 반찬이기 때문에 우리는 외식을 할 때
도 김치에는 따로 값을 지불하지 않는다. 다시 말해서 우리는 김치의
가치를 높여 돈을 벌어보자고 하면서도 김치를 하나의 독립된 요리로
인정하지 않는다. 돈을 지불하지 않는 물건은 아무도 그 가치를 인정
하지 않을뿐더러, 아무도 그 물건을 잘 만들려고 애쓰지도 않는다. 그
래서 중국산 싸구려 김치가 범람하는 것이다. 식당에서 김치를 돈 내

고 사 먹지 않으면서 김치를 잘 만들기 위한 가치 경쟁이 생기기를 바랄 수는 없지 않은가. 김치의 고급화, 질적 진화가 일어날 수 없는 것이다. 물가를 억제한다고 정부 청사 바깥에서의 외식을 금지한다는 기사는 있어도, 우리의 공짜 좋아하는 습관이 우리나라의 내수 시장을 무너뜨린다는 기사는 눈을 씻고 찾아보아도 없다.

일본 식당에 가면 김치뿐 아니라 나물을 비롯한 모든 반찬까지 돈을 받고 판매한다. 그렇게 함으로써 역설적으로 '기무치'나 '나무르'를 포함한 반찬까지도 대접을 받고 가치가 형성된다. 일본 식당에서 세계의 중산층 이상 고객들이 기무치, 나무르를 먹게 되면 그들의 뇌리와 미각에 각인되는 것은 기무치, 나무르이지 김치와 나물이 아니다. 이렇게 가다가는 머지않아 우리의 김치나 나물이 도리어 일본의 아류로 전락할지 모른다.

위기의 대한민국 답은 하나이다

|

왜 우리는 할 수 없단 말인가.

나는 우리가 할 생각을 안 해서 못 하는 것이지, 못 하기 때문에 안 하는 것이 아니라고 본다. 1950년대 전쟁의 폐허를 생각하면 이 작은 나라가 세계 13위 안에 드는 경제 대국이 되었다는 것은 꿈 같은 일이다. 우리는 한강의 기적을 일궈낸 저력과 오기를 가진 민족이다.

'한식 세계화'란 우리가 이미 가진 식문화를 재창조하는 것일 뿐이다. 기술료를 지불하고 도입해야 하는 모방 설비 산업도 아니다. 순수 100% 우리의 것이다. 해외에서 원자재를 수입할 필요도 없고, 엄청난 규모의 시설 투자비가 드는 것도 아니다. 우리 민족에게는 누워서 떡 먹기보다 쉬운 일이다. 다만 문제가 있다면 규모의 경제에 익숙해 정부나 기업 모두 거시 경제에만 흥미가 있을 뿐, 일자리 창출과 미시 경제 정책을 책임지는 기업들마저 미시 경제에는 아무도 관심을 갖지 않는다는 점뿐이다. 그새 우리 모두 오만해진 것인지도 모른다.

우리는 변해야 한다. 조금 잘살게 되었다고 오만해져서는 안 된다. 앞으로도 지금처럼 운이 좋아 항상 수출로 잘 먹고 잘살리라는 보장은 어디에도 없다. 수출에 의존하는 나라가 그렇듯이 다른 나라에 대한 의존도가 크면 클수록 잠재적 위험성도 증가한다. 최근 15년 동안 잘 먹고 잘살아온 것은 노동생산성 향상이 아닌 많은 부분 환율 변동으로 수출에 힘입은 결과라고 본다. 이제라도 기업들은 일자리 창출 등 미시 경제 활성화를 위해 고부가가치의 국내 산업에 투자해야 한다.

글로벌 경제는 서로 물고 물리는 관계라는 것이 근래의 금융 위기를 통해 확연히 드러났다. 게다가 2009년을 전후한 모든 경제지표는 외환 위기 이후 우리 경제의 견인차로 믿고 있는 IT 산업이 언제 내리막길로 들어설지 모른다는 우려를 나타낸다. 오랫동안 우리의 성장 동력이었던 자동차와 선박 역시 신흥 경제 대국의 맹렬한 추격으로 기술력이나 노동생산성에서 언제 우위를 잃을지 모른다. 게다가 앞으로 5년이나 10년 뒤 우리의 주력 산업을 대신하거나 받쳐줄 미래의 성장 동력을 아직도 찾지 못하고 있다. 더구나 앞으로 세계를 이끌고

갈 미래 경제의 주역으로 지목되는 서비스 산업 분야는 걸음마 수준이다. 세계 경영학 분야의 3대 지성 중 한 명인 톰 피터스Tom Peters 역시 이 점을 지적한다.

"미래의 부를 창출하기 위해서 한국은 서비스 산업을 집중 육성해야 한다. 40년 전만 해도 제조업이 지배하는 경제였지만 이제는 서비스 경제 체제에 진입해 있다. 이러한 상황에서 금융, 교육, 의료, 운수, 통신, 관광, 외식업 등 서비스 산업 분야에서 한국의 이미지가 떠오르지 않는다는 것이 문제이다."

우리는 지금 선진화 혁명을 이루느냐 마느냐 하는 중대한 기로에 서 있다. 1960년대 수출과 자급자족 사이의 선택, 1980년대 개방과 보호 사이의 선택을 거쳐 이제 문화 변혁과 서민 문화 고수를 놓고 선택의 갈림길에 직면해 있다. 이 고비를 잘 넘기면 선진국으로 들어서는 문턱을 넘어서겠지만 실패하면 중진국에 머무는 것이 아니라 후진국으로 추락할 위험도 안고 있다. 근대의 세계사를 돌이켜보면, 지난 100년간 선진국으로 도약한 나라는 일본과 아일랜드 정도이고, 선진국 진입에 실패한 수많은 중진국이 후진국으로 도태되고 말았다. 그런데 우리는 앞으로 10년 뒤에는 잠재 성장률이 1~2% 이하로 떨어지는 고령화 사회를 맞게 된다. 이는 10년 안에 선진국에 진입할 기회를 놓치면 영원히 진입 기회를 잡을 수 없다는 이야기이다. 따라서 우리는 다른 나라가 50년 이상 걸린 선진화를 불과 10여 년 안에 압축적으로 성취해야만 한다.

그런데 지금 우리는 선진화를 위해 어떤 준비를 하고 있는가? 우리는 반세기 만에 분명히 물적, 양적 성장을 이루어냈다. 그러나 사회는 사분오열되어 있고, 불신 풍조가 만연하다. 타인에 대한 신뢰도가 28%에 불과하다는 것이 그 증좌이다. 이것은 국민소득이 우리의 10분의 1밖에 되지 않는 파키스탄보다 낮은 수치이다. 국민의 국가에 대한 신뢰도 또한 낮아서 10명 중 7명이 정부 정책을 믿지 않을 정도이다. 우리나라가 불신 공화국이 된 것을 급속한 경제성장의 그늘에서 사란 이기주의 때문이라고 단정하기에는 그 역사적, 사회적 배경이 너무나 복잡하고 뿌리도 깊다.

또 하나는 우리나라의 국가 이미지, 즉 국가 브랜드 문제이다. 경제협력개발기구OECD 회원국이며, 경제 규모에서 세계 13위 내에 드는 국가로서 우리는 그에 걸맞은 이미지를 구축하고 있지 못하다. 국가 브랜드는 시각적으로 느낄 수 있다. 대중식당만 가보더라도 그 나라의 브랜드 파워를 감지할 수 있다. 그 경제적 효과는 엄청나다. 예컨대, 똑같은 기술력을 쏟은 제품이라고 할지라도 국가 브랜드에 따라 시장성이 달라진다. 문화비평가인 기 소르망Guy Sorman 교수가 한국은 신성장 동력 산업 육성에 앞서 취약한 국가 브랜드를 키워야 한다고 충고한 것도 그 때문이다. 그는 "프랑스인은 삼성 제품을 사면서도 일제라고 생각하는데, 한국 기업은 제품만 잘 팔리면 그만이라는 인식이 강하다"라면서 "국가의 브랜드 이미지는 그 나라의 제품이 세계 시장에서 팔리는 가격이나 충성도와 직결된다"라고 강조했다. 국가 브랜드를 키우려면 그냥 감나무 밑에서 감 떨어지기만 기다려서 되는 일이 아니다.

나는 이 위기의 돌파구를 당연히 음식에서 찾아야 한다고 확신한다. 우리 문화를 대표하는 우리의 음식을 끼니를 때우는 정도가 아닌 모두가 자랑할 수 있는 훌륭한 요리로 만들어내는 일부터 시작해야 할 것이다. 낯선 말이겠지만 음식이 경제의 본질이다. 가치의 전도를 이루어야 한다. 결론적으로 끼니는 약문화이고, 요리는 강문화이다. 문화전쟁은 이미 50년 전부터 음식 전쟁으로 시작하여 21세기에 들어와 더욱 치열해지고 그 규모는 상상을 초월할 정도로 확대되고 있다.

내가 가업으로 시작한 공방 규모의 도자기 사업을 요리로, 벽지로, 이제 술로까지 확대한 이유가 바로 여기 있다. 나는 한국 식문화의 숲을 조성해야겠다는 일념으로 마치 무엇에 홀린 사람처럼 여기까지 왔다. 급기야 온갖 사회현상과 역사에까지 관심을 쏟으면서 무모한 도전을 계속하고 있다. 그렇지만 외롭지도 힘겹지도 않다. 내가 첫발자국을 만들어놓은 그 길로 머지않아 여러 사람들이 함께 걷게 될 것을 믿어 의심치 않기 때문이다.

슈퍼스타의
필요성

의식 혁명의 기회

I

한식의 세계화를 고민하는 최근 2~3년 동안 나는 아주 많은 인문 서적을 읽었다. 독서의 가장 큰 즐거움은 내 머릿속에 맴돌던 생각을 저자가 정확하게 글로 써놓은 것을 발견하는 것이다. 새벽의 미명 속에서 일면식도 없는 저자들이 나와 똑같은 생각을 하고 있는 것을 확인하며 정말 신기하고 놀라웠다. 나는 광맥을 발견한 광부의 심정이 되어 노란색 형광펜으로 밑줄을 긋고 또 그었다. 최근 읽은 데이비드 호킨스의 《의식 혁명》에 바로 내 생각을 정리한 듯한 구절이 있었다.

의식의 커다란 진전은 '내가 안다'는 착각을 버릴 때라야 비로소 가능하다. 기꺼이 변화하려는 태도는 흔히 개인들의 믿음이 다 허물어지고 더 나아갈 수 없는 아주 '밑바닥'에 처했을 때에만 가능하다. 위기의 좋은 점은 바로 그것이다. 위기가 높은 의식 수준으로 가는 통로가 될 수도 있다는 것이다.

이것은 물론 인생에 대한 이야기지만, 한식의 위기에도 똑같이 적용될 수 있을 것이다. 한식이 이제 밑바닥을 치고 수면 위로 솟아오를 때가 되었다고 나는 판단한다.

지금 우리가 해야 할 일은 솔직한 자기 성찰과 반성이다. 우리 자신에게 솔직하고, 우리의 지금 위치를 정확히 알아야 한다.

흔히 사람은 변해야 한다고 하지만 그 변화는 절대 저절로 오지 않는다. 누군가 자신과 비슷한 처지의 사람이 변해서 모범을 보여줘야 변화의 추동력이 생긴다. 성공하는 모습을 곁에서 지켜보아야 자신도 적극적으로 그걸 따라 하려는 마음이 생기는 것이다.

존스홉킨스대학의 외교정책학 교수인 마이클 만델바움Michael Mandelbaum도 이렇게 지적했다.

> 사람들은 자신이 목격한 결과를 보고 변화하지, 듣기만 해서는 변
> 화하지 않는다. 특히 자신과 동일한 누군가가 잘나가는 것을 보아
> 야 변화한다.

나는 이 말을 실천에 옮기고 싶었다. 한식으로 성공하는 모델을 보여주어 여러 사람이 그 길을 뒤따르게 하고 싶었다. 거듭 말하지만 식당이란 한 나라의 모든 문화 요소가 집약된 곳이다. 그 공간을 통해 그 나라의 현재 문화 수준을 총체적으로 경험할 수 있고, 그 나라의 문화적 가치를 극대화해 드러낼 수 있다.

19세기 파리의 샹젤리제 거리에 위치한 '르 그랑 베푸Le Grand Vefour'라는 레스토랑은 당시 미국 부유층이 세계 일주를 할 때 파리에 도착하면 가장 먼저 들르는 곳이었다. 세계 일주는 당시 미국 신흥 부호들의 사회적 신분을 드러내는 척도였고, 세계 일주를 해야 부호라고 인정받을 수 있었다. 사회적 분위기란 그런 것이다. 시대에 따라 아이콘이 생기는 것이다. 당시 새로운 미국의 부자들은 무조건 르 그랑 베푸의 음식과 분위기, 가구와 소품을 숭배했다. 그 레스토랑에서

멋지게 한 끼 식사를 하는 것이 파리의 다른 유적지나 박물관을 둘러보는 것보다 가치 있게 프랑스 문화를 체험할 수 있는 것이라고 생각했다. 식당이란 바로 이런 곳이다.

나는 감히 한국의 르 그랑 베푸를 꿈꾸었다. 내가 만들 식당을 통해 사라져가는 우리의 전통 공예품을 재발견하고, 이를 현대에 맞게 재해석해서 우리 일상에 접목하고 싶었다. 그런데 전통 공예 시장이 없다 보니 많은 장인들은 이미 사라지고 없었다. 있다면 진화가 멈춘 상태로 예전에 하던 방식을 기계처럼 답습하고 있을 뿐이었다. 그것을 현대에 맞게 재해석한다는 자체가 투자였다. 성공을 장담할 수 없는 모험이었다.

왜 우리의 전통 공예품은 사라지고 있나? 사용하는 사람들이 줄어들기 때문이다. 왜 줄어드나? 우리 스스로 우리 전통 예술에 가치를 부여하지 않기 때문이다. 왜 가치를 부여하지 않는가? 우리의 정체성이 사라져가기 때문이다. 왜 정체성이 사라져가나? 서양의 문물이 한꺼번에 밀려왔기 때문이다. 왜 서양 문물이 한꺼번에 밀려오나? 우리 문화가 튼튼하게 뿌리내리지 못했기 때문이다. 왜 뿌리내리지 못했나? 우리 선조가 고유문화의 정체성 확립에 실패했기 때문이다. 그리고 일제의 의도적인 신분제도 철폐로 민족 간에 반목이 생겨났고, 문화 말살 정책을 겪으면서 민족정신이 와해되어버렸기 때문이다. 나는 모든 것을 우리의 잘못이 아닌 일제 침략에 돌리려는 역사관이 못마땅했지만 깊이 따지고 들면 거기에 연원淵源이 닿는 경우가 너무나 많다. 일본 침략 이전의 고급문화는 급작스러운 신분제도의 철폐로 폄하되고 왜곡된 채 사라져버리고, 아직 새로운 문화의 틀이 잡히지 않은 상태에서 전쟁과 문호 개방으로 서양 문물이 밀려들어 왔으니 다들 거기 휩쓸리고 만 것이다.

이문구의 《관촌수필》을 보면 이런 일화가 등장한다. 미군을 실은 기차가 지나는 마을에 사는 한 순박한 농투성이가 기차간에서 미군이 철길에 떨어뜨린 똥 덩어리를 주워 먹었는데, 이야기인즉슨 미국 놈은 똥도 영양가가 많아 소증(고기를 못 먹어 생기는 병)을 고칠 수 있다고 믿었다는 것이다. 미국 놈이 마시는 맥주 한 잔의 영양가가 쇠고기 다섯 근에 해당하느니 그렇지가 않느니 뱃사람들끼리 다투는 장면도 등장한다. 대저 미국을 보는 우리 민중의 눈이 이 정도였으니 미국 문화를 어찌 서둘러 수용하지 않을 수 있었으랴. 서구 문화는 콜라도 신의 음료였고, 우리 것은 곡식을 발효해 짜낸 막걸리마저도 수치스러운 것이 되고 말았다. 그러니 방짜로 두드린 놋그릇을 다 내다 버리고 얄팍한 알루미늄 식기로 자랑스레 바꾸고, 사괘맞춤으로 짜 맞춘 반질반질 윤이 나는 소나무 옷궤와 오동나무 농을 갖다 버리고 포마이카 장롱으로 의기양양하게 바꿔 들였다. 그게 우리 문화의 모습이었다.

정체성과 자존심이 사라진다는 것은 안목과 분별은 물론 전통문화가 사라진다는 뜻이다. 그리고 한 민족에게 그것이 치명적 재앙이 된다는 것을 우린 역사에서 숱하게 보아왔다. 이제 한국 문화는 어떻든 자각하고 변혁해야 한다. 정체성의 소멸 위기야말로 우리의 의식이 차원을 달리해서 비약할 수 있는 기회이기 때문이다.

문화는 갑자기 생겨나지 않는다

인류는 태어나면서부터 음식을 먹어왔다. 처음엔 그릇 따위는 필요치 않았다. 그러나 모든 문명이 그렇듯이 음식을 먹는 데도 차츰 정교한 절차가 생겨났다. 날것에서 시작해 나뭇가지를 비벼 불을 지펴 익혀 먹게 되기까지, 음식에 문화가 담기는 과정으로 진화한 것이다.

문명은 도자기 없이는 설명할 수 없다고 해도 과언이 아니다. 솥에 든 국은 아직 음식이 아니다. 문화적인 차원에서 그것을 음식이라 부를 수 있는 단계는 그릇에 담아 차려 냈을 때 비로소 완성되는 것이다. 그릇이 상징하는 것은 단순히 음식을 담는 도구가 아니라, 어떤 그릇에 담느냐에 따라 음식의 격이 결정되는 것이다. 그것은 어떤 옷을 입느냐에 따라 사람의 신분이 결정되는 것과 다를 게 없다. 식당의 품격 또한 조리된 음식이 어떤 그릇에 차려져 나오느냐에 따라 결정되는 것은 두말할 필요가 없다.

그런 사실을 내게 가장 분명하게 확인시켜준 곳이 바로 일본의 '가미야'와 '우카이'란 식당이다. 우카이는 두부 조각 하나를 서너 개의 섬세하고 아름다운 그릇에 담아놓음으로써 단순한 두부조림을 최고의 요리로 격상시켜놓았다. 한식에는 아직 그것이 없다.

선례가 없기 때문일 것이다. 그래서 내가 한식 상차림의 방법과 수준을 새롭게 제안해야겠다고 생각했다. 적어도 경제적으로 여유가 있는 계층에서는 그 옛날 고려나 조선 시대의 상류 계층이 누리던 찬란했던 도자 문화를 우리 생활 문화의 정체성으로 복원하고 싶다는 정신적 여유와 안목이 생기지 않았을까 하는 생각 때문이었다. 영국이나 프랑스 귀족들이 누리던 도자기가 아닌 우리의 전통 도자기로서 말이다.

문화는 갑자기 생겨나지 않는다. 체험이 축적되고 진화하면서 취할 것은 취하고 버릴 것은 버려지면서 전승되는 것이다. 이 일 역시 나는 저돌적으로 밀고 나갔다. 처음부터 완벽할 수는 없었다. 결과가 만족스럽지 않다고 해도 일단 부딪쳐나가는 데 가치를 두기로 했다. 부족하면 채우고, 틀리면 고치면 된다. 내가 해야 할 일이며 윤리적 투자라고 믿는 만큼 나는 절박했다. '다른 누군가가 하겠지' 하고 기다릴 수 없는 심정이었다.

고심 끝에 나는 우선 내 집의 식탁을 사람들에게 개방하기로 결심했다. 물론 아내의 동의와 협조 없이는 불가능한 일이었다. 우리 집은 성북동의 한적한 주택가에 자리 잡고 있어 사람들을 초대하기에 알맞은 조건이었다. 그래서 1998년 가을부터 이른바 '성북동 만찬'이 시작되었다. 한 달에 한두 번 8명 안팎의 사람들을 초대했다. 그것은 한국 전통 도자 식기와 한식의 조화를 사람들에게 체험하게 함으로써 입에서 입으로나마 서서히 사회적 이슈로 확대시키고 싶은 내 포부 때문이었다. 한식은 우리의 전통 도자기에 담겨야 그 가치와 아름다움이 배가되어 '우리다움'을 창조한다는 진리를 알리고 싶었다. 냄비나 양푼에 찌개를 끓이거나 밥을 비벼서 다 함께 숟가락을 넣어 먹어왔던 우리는 너나 할 것 없이 알루미늄, 플라스틱, 스테인리스, 사기그릇에

다 음식을 담아 먹었기에 평상시에는 예술품이라고 생각한 전통 도자기에 밥을 담아 먹는다는 것을 생각조차 하지 않은 것 같다. 특히 나는 성북동 만찬이 한식에 관한 우리의 고정관념을 깨는 문화적 혁신인 동시에 누군가가 해야만 하는 윤리적 투자라고 생각했다. 그리고 이 혁신을 경제적으로 여유가 있는 계층이 먼저 시작해야 한다고 믿었다.

우리 식탁엔 광주요가 생산한 도자기를 올렸다. 필요할 때는 은과 유리와 유기도 함께 썼다. 그동안 세계를 다니면서 쌓은 우리 부부의 안목과 지식이 총동원됐다. 한식을 고급 도자기에 담아 코스 요리로 선보였다. 물론 만찬에 초대받은 사람들에게는 낯설고 새로운 경험이었을 것이다. 이미 오랫동안 습관적으로 경험해 익숙해져버린 기존 한식의 상차림과 서빙 방법을 바꾸어 새로운 방식으로 대접했으니 그들로서는 무언가 어색하고 어렵게 느껴지는 것이 당연했다. 그래도 다행히 만찬 때마다 온갖 질문이 쏟아졌다. 그 질문들이야말로 내게는 보약 같았다. 왜 한식을 코스 형태로 먹어야 하느냐, 한국 음식은 푸짐하게 담아야 하는데 음식의 양이 너무 적지 않으냐, 식탁 가득 음식을 차려 내는 것이 더 풍성해 보이지 않느냐, 손이 많이 가는 한식을 코스 요리로 차려 내는 것이 힘들지 않으냐, 이건 전통 방식이 아니지 않느냐, 이렇게 비싼 도자기를 깨뜨릴까 겁이 나서 어떻게 쓸 수 있겠느냐……. 그러나 그런 질문에 대한 답을 정리하는 것이 바로 한식 세계화의 과정이고 철학이었다. 물론 그때는 '한식 세계화'라는 개

다양한 오피니언 리더들이 참석한 성북동 만찬

넘이 내 머릿속에만 있었을 뿐 아무도 그런 말을 입 밖에 내지조차 않았을 때였지만 말이다.

사람들의 반응은 다양했다. 초대를 받았으니 맛에 대해서는 대놓고 아니라고 말하지는 못했다. 선뜻 동의하는 대신 대개 반신반의하는 표정이었다. 누구나 자신이 경험한 범위 안에서만 생각하고 판단한다. 그리고 경험하지 못한 것은 일단 거부하려 드는 것이 일반적이다. 모르는 것을 수용하기란 어지간히 열린 마음이 아니고서는 쉽지 않은 일이다. 어떤 면에선 위에 열거한 손님들의 질문들은 질문이라기보다 그들의 부정적인 마음을 드러내는 것이었다. 사람들은 낯선 재료로 만든 음식이나 색다른 상차림을 대하면 지금까지 자신들이 접해온 관습과 사회적 통념에 도전한다고 느끼기 때문에 신중하고 보수적이며 부정적이 된다. 늘 하던 대로 하지 않는 것에 대한 거부감! 그러나 그런 거부감도 반복하여 경험하면 태도를 바꾼다. 두세 번만 경험하면 이미 자연스럽게 느낀다. 새로운 것을 받아들이지 않고 어찌 문명이 변화할 수 있고 발전할 수 있을까. 성북동 만찬의 접대 방식과 음식에 반신반의하는 사람들에게 나는 늘 이렇게 항변했다.

"이 세상에 퓨전 아닌 문명이 어디 있겠습니까? 지금 우리가 익히 아는 메뉴라고 퓨전이 아닌 줄 아십니까? 우리가 즐겨 먹는 고추며 옥수수, 감자 등 수없이 많은 식자재도 콜럼버스가 신대륙을 발견한 이후 우리 음식에 접목된 것입니다. 100여 년 전만 해도 우리 조상은 국물이 시뻘건 음식은 상스럽다며 꺼려왔지요. 그런데 지금은 온통 새빨간 음식 투성이 아닙니까. 우리 것의 본질은 지키면서 더 편리하고 앞선 것을 융합해나가야 합니다. 그게 문명 진화의 기본 방향입니다."

성북동에 다녀가는 사람들이 늘어나고 식탁의 변화가 조금씩 눈에 띄기 시작했다. 물론 그것이 나 혼자 일구어낸 성과라고 생각하지는 않는다. 우리 사회에도 서구의 앞선 문화를 경험한 사람들이 늘어나기 시작했고, 나와 같은 고민을 드러내놓고 하지는 않더라도 자기 집 식탁에서 실천하는 사람들의 수가 많아졌기 때문이라고 생각한다.

나는 사실 성북동 만찬이 우리 한식을 어떻게 변화시키면 좋겠다는 식의 담론으로 이어지기를 기대했다. 토론이라도 좋았다. 그러나 화기애애한 자리가 특정한 주제에 대한 진지한 담론이나 토론으로 이어지기에는 시기상조였다. 그러나 성북동 만찬은 잔잔하게 사회적 파문을 만들어냈다. 어떤 지인은 자신을 초대해주지 않았다고 전화로 화를 내는가 하면, 어떤 문화계 인사는 자기 차례는 언제쯤 오느냐고 은근히 의사를 묻기도 했다. 조 아무개의 성북동 만찬에 초대받지 못한 사람은 오피니언 리더가 아니라는 우스갯소리도 나왔다고 했다. 2000년에 접어들면서 나는 성북동 만찬을 끝냈다. 그리고 그동안 축적된 노하우를 구체적으로 실천에 옮기는 것을 구상하기 시작했다.

가끔 초대받았던 사회 지도층의 식탁에 우리 도자기가 전혀 없었다는 사실도 나를 분발하게 한 요인이었다. 그분들의 식탁에는 대부분 영국제니 독일제니, 그도 아니면 네덜란드나 일본에서 들여온 값비싼 명품 식기만이 즐비했다. 해외 명품에는 비싼 값을 지불하면서 왜 우리 전통 자기에는 돈이 아까울까? 전혀 어울리지 않는 타 문화에서 차용해온 그릇에 우리 음식을 담아야만 하는 것인가? 수프 그릇에 국을 담아본들 우스꽝스러울 뿐이다. 그러던 와중에 반가 음식을 솜씨 있게 차려 내기로 소문난 어느 종갓집 부인의 식탁에서 만난 우리의 전통 그릇은 참으로 반가웠다. 아니, 반갑다기보다 고마웠다.

한식당의 슈퍼스타를 준비하다

우리 음식의 가장 큰 특징은 밥과 반찬이 구분된다는 점이다. 반찬이 여럿 있고 반찬에 포함되는 다양한 생채소와 말린 나물, 발효 음식인 김치와 젓갈류, 발효 장류인 된장, 고추장, 간장 등이 있다. 세계 어느 나라의 음식과도 차별화되는 고유한 특성이다.

흔히 소금을 맛의 으뜸으로 친다. 우리에게는 세계 5대 갯벌 중 하나인 신안 갯벌에서 생산된 천일염이 있다. 신안 소금은 짠맛만 주는 것이 아니라 진정 오묘한 깊은 맛이 있다.

제2의 맛이라는 양념 또한 우리 것이 세계 수준에 조금도 뒤지지 않는다. 천혜의 토양에서 수확한 마늘, 파, 생강, 고추, 참깨, 들깨가 있고 거기서 짜낸 기름이 있고 사용 방법도 그 어느 나라 음식보다 풍부하다.

미래학자 앨빈 토플러가 제3의 맛이라고 정의한 발효의 맛은 우리 선조들의 걸작이다. 5000년 역사를 통해 축적되어온 발효 기술이 있고, 오래 발효된 된장, 김치가 우리 식탁에 오르는 것은 일상이다.

배추김치, 깍두기, 섞박지, 열무김치, 갓김치, 파김치 같은 김치류는 지방마다, 집집마다, 철마다, 재료마다 그 얼마나 다양한가. 유럽 일부에 지역마다 다양한 가격대의 와인과 치즈와 햄이 있다지만 우리 발효 식품의 다양성에는 미치지 못한다. 간장, 된장, 고추장, 보리장, 겨장, 즙장 같은 장류는 또 얼마나 깊은 맛을 지니며, 집집마다 얼마나 색다른 노하우가 쌓여 있었던가.

새우젓, 조개젓, 멸치젓, 굴젓, 아가미젓, 심지어 민물새우로 만든 토하젓에 전어의 내장으로 만든 전어밤젓 같은 기상천외한 젓갈까지! 우리는 생선의 내장 하나 버리지 않고 젓갈로 발효시켜 반찬에 응용할 줄 아는 눈부신 창의성을 지닌 민족이다. 우리 음식은 시쳇말로

'발효 식품의 종결자'이다.

그런데 이런 훌륭한 맛을 내는 음식들을 요리가 아니라 그저 반찬으로 취급한다. 요리가 아니라 반찬이란 말은 우리나라에서만큼은 따로 값을 지불하지 않고 공짜로 제공된다는 뜻이다. 하나의 요리처럼 떳떳하게 가치를 대접받지 못하면 발전할 수가 없다. 돈을 받지 않는 반찬은 정성을 들인다 해도 한계가 있다. 사람들은 공짜로 먹는 음식은 그 가치도 제대로 평가하지 않는다. 그러니 식당에서도 공짜 음식인 반찬에는 비용을 투자하기 어렵다.

나는 그런 현실이 무척 안타까웠다. 우리 음식의 가치를 대변혁할 필요를 절실히 느꼈다. 손맛 좋기로 소문난 명문가의 종부들을 찾아다니고, 장안의 유명한 요리 선생을 만나러 다니면서 나는 엄청난 정보들을 흡수했다. 그러고 나서 한식 요리 전문가로 이름난 요리사들을 면접했다. 그런데 놀랍게도 내가 만난 그들은 하나같이 폐쇄적이고 경직된 사고방식에 길들어 있었다. 한마디로 '이것만이 한식'이라는 그들만의 고착된 요리법을 금과옥조처럼 틀어쥐고 있는 사람들이었다. 그 범주를 벗어나면 무조건 퓨전이었다. 퓨전은 한식이 아니라는 거부감도 상당했다. 아마도 모든 음식을 퓨전화하고 그걸 자국의 것으로 발전시킨 일본의 영향이 그만큼 깊이 침투한 탓이리라.

실제로 2000년 이후 일본 음식은 한국 음식 시장에 엄청난 영향을 끼쳤다. 많은 요리사들이 퓨전의 맛과 손놀림에 길들어 있었다. 내가 섭외한 셰프 윤정진 주방장과 김희진 부주방장도 예외는 아니었다.

그들을 한식의 길로 들여놓아야겠기에 나는 그들에게 한식 고수들의 기술과 맛을 확실히 전수할 필요를 강하게 느꼈다. 그래서 '가온'의 요리사로 영입한 그들에게 맹렬하게 한식을 배우고 연구하라고 권했다. 그 이후는 요리와 시식의 연속이었다. 많은 한식 요리 연구가와 함께 각 지방의 특색 있는 요리를 찾아 탐구하는 등 끊임없이 개발하고, 우리 음식의 기본이 되는 장맛을 제대로 내기 위해 소금 하나 고르는 데도 심혈을 기울였다. 음식에 어울리는 품격 있는 그릇 또한 고심해 골랐다. 그렇게 하나하나 우리 음식의 틀을 갖추어갔다. 그 시간은 도전과 창조 그 자체였다.

5년여의 시간 동안 스태프들과 함께 한식과 그것을 담을 그릇, 연출법을 연구했다. 그리고 그 내용을 〈아름다운 우리 식탁전〉과 성북동 만찬과 미디어를 통해 충분히 선보였다. 그다음은 대중에게 좀 더 가깝게 다가갈 차례라고 생각했다. 드디어 2002년, 도산공원 앞에 음식점 가온의 부지를 선정했다. 우리 그릇에 우리 음식과 우리 정신을 아름답게 담아보자는 내 모험과 염원이 마침내 구체적인 모습을 갖추기 시작한 것이다.

가온이란 '가운데'라는 의미의 옛 우리말이다. 한식 세계화의 중심이 되어 세계로 뻗어나가겠다는 뜻을 담고 있기도 하다. 식당을 열기 전에 먼저 당시 도산사거리에 있던 광주요 사무실 아래층에 음식의 연구와 개발, 시식, 상차림 연구를 위한 다목적 공간 '스튜디오 가온'을 만들었다. 5명의 요리사들과 본격적으로 메뉴를 개발하고 만들어

보고 맛보고 회의하고 고쳐나가는 작업을 1년이 넘도록 계속했다. 지금까지는 음식을 어떤 도자기에 어떻게 담아낼지를 고민했다면 이제 다양한 요리를 만들고, 이에 어울리는 그릇을 디자인할 순서였다. 요리에 맞는 그릇을 만들어 담아보고, 시식하고, 평가하는 작업도 동시에 진행했다. 문을 열기 3개월 전에는 홀을 책임지는 매니저와 서비스 도우미들을 선발해 음식과 술과 서비스 법을 매뉴얼에 따라 철저히 교육했다.

인테리어, 식탁, 집기도 최상급으로 준비했다. 식기는 광주요가 만든 고급 도자기를 사용했고, 스푼과 포크는 세공이 정교한 은제품을 쓰고, 섬유 제품은 손으로 짠 아름다운 무명과 비단을 택했다. 코스 요리와 서빙도 '가온식'이라 명명할 정도로 차별화했다.

가온은 한식당이라는 개인 사업체이기도 하지만 동시에 한식의 가능성을 보여주는 전시장이자 실험실이었다. 만약 가온이 성공하면, 많은 사람이 가온을 벤치마킹할 것이라는 기대가 있었다. 그 과정에서 한식 메뉴와 그릇과 실내장식과 식사 도구의 수준이 높아질 것이라는 은근한 기대를 지울 수가 없었다. 나는 기존 식당업의 경쟁자가 아니라 한식 문화의 가치를 높이는 리더가 되고 싶었다. 이쑤시개 하나, 수저받침 하나 허술히 선택하지 않았다. 그래서 언제나 최상의 품질만을 고집했다.

음식은 그것이 어떤 공간에서 어떻게 담겨 어떤 서비스와 함께 제공되는지에 따라 가치가 달라진다. 나는 오래전부터 광주요가 만든

고급스러운 우리 문화를 담은 '가온'

우리 도자기를 한식과 조화시키는 모델을 보여주기 위해 〈아름다운 우리 식탁전〉을 개최해오고 있었다. 예술의 전당 전시실이나 유명 백화점 등지에서 개최하던 〈아름다운 우리 식탁전〉을 통해 광주요는 그릇과 음식의 조화에 관한 아이디어가 상당량 축적되어 있었다. 가온에도 물론 그 아이디어를 차용했다. 〈아름다운 우리 식탁전〉은 전시를 위한 것이었다면, 가온은 실제로 고객을 만나기 위한 것이었다. 가온의 인테리어도 전통과 현대를 적절하게 절충했다. 나는 국내외 고객이 가온에 와서 한식을 먹으며 우리 문화를 총체적으로 즐길 수 있기를 바랐다. 한식이 한국 문화의 핵심이라는 내 생각을 구현하고 싶었다.

조명과 벽지까지 세심하게 선택한 '가온' 내부

    내가 꿈꾸는 가온 성공의 관건은 메뉴 개발만이 아니었다. 부지 선정과 건물 디자인 역시 메뉴에 못지않게 중요했다. 디자인 부분은 전문가들과 상의를 거쳤지만 현대화된 한식 코스 요리를 선보이는 고급 한식집이란 개념이 낯설었기에 다들 난감해했다. 많은 사람들이 한옥을 추천했는데, 나는 한옥이라도 현대식 감각을 접목한 미래지향적인 한옥이어야 한다고 주장했다. 그러나 현대식 한옥을 새로 짓겠다는 사람은 선뜻 나오지 않았고 시간도 부족했다. 결국 도쿄에서만 다섯 곳이 넘는 레스토랑을 직접 운영하고, 한국 음식에도 관심이 많은 슈퍼포테이토사의 스기모토 다카시杉本貴志 씨에게 맡기기로 결정했다. 요식업의 강대국인 일본에서 인기 있는 식당을 운영하는 경영인의 노하우를 배울 기회라고 생각했다. 특히 그가 운영하는 식당의 음식은 우리가 추구하는 식당의 개념과 공통점이 많았다.

스기모토의 설계로 완성된 가온은 알루미늄 봉으로 건물 전체를 둘러싼 외관과 가온이라는 간판이 독특한 건물이었다. 2층 홀 안에 높이 뻗은 대나무가 불빛을 받은 풍경도 볼만했다. 세 개 층으로 나뉜 공간은 1층이 주방과 손님 대기실, 지하와 2층이 손님들이 식사를 하는 공간, 그리고 3층이 직원 휴게실과 창고로 설계되었다. 식당 문을 들어서는 순간 오른쪽에 펼쳐지는 개방형 주방이 가온의 특색이었다. 지금까지 한식 부엌은 개방형을 상상조차 못 했지만 가온에서는 과감하게 시도했다. 신선한 재료가 눈앞에서 준비, 조리되는 과정을 손님들께 직접 확인시키고 싶었기 때문이다.

주방 내부에는 광주요 도자기를 진열해 품격 있게 손님을 맞도록 했다. 입구 왼쪽엔 최고의 요리에 걸맞은 개방형 와인 저장고가 있고, 주방을 지나 오른쪽 벽 전체에는 국산 오미자나 매실 같은 열매와 더덕이나 인삼 같은 뿌리로 발효 중인 술병을 진열했다. 2층으로 올라가는 계단 오른쪽 벽 전체는 색동을 모티브로 한 오방색으로 연출했다. 지금도 다른 식당에서 가온의 벽면 디자인을 응용한 모습을 가끔 발견한다.

지하는 전통적인 느낌을 좀 더 살려 나무와 돌과 고가구로 장식하고, 2층 오른쪽 벽면은 신문지를 한 장 한 장 쌓아 오래된 신문이 풍기는 멋스러움을 더해가는 모던한 공간으로 만들었다. 창밖으로는 도산공원이 펼쳐져 녹음이 눈까지 시원하게 해주는 공간이었다.

그러나 이제 와 돌이켜보면 한국적인 건물과 디자인을 깊이 있게 연구하지 못한 것이 큰 아쉬움으로 남는다. 섬세한 부분까지 신경을 썼어야 하는데 그러지 못한 것이 큰 실수였다. 외국인에게 의뢰한 것도 마음에 걸리는 일이다. 외국인의 설계를 따르다 보니 100% 한국적이라기보다는 현대적인 식당의 하나가 되었을 뿐이다. 그 때문에 문을 연 뒤 여러 번 내부를 개조했지만 근본을 바꾸지는 못했다.

선례가 없는 새로운 방식의 한식당이다 보니 소비자의 기호나 취향을 내 기준으로만 판단한 것도 문제였다. 가온 이후 아름다운 디자인의 한식당이 속속 선보이는 것을 보면 참으로 감개무량하다. 인정하든 인정하지 않든 내 의도가 암암리에 확산된 것 같아 기쁘고 감사하다.

가온이 위치한 청담동 도산공원 앞은 당시 유명 식당이 모여 있고 손님들이 찾아오기 쉬운 장소였다.

2003년 11월. 가온이라는 이름을 정하고 1년 뒤에 드디어 개점 날을 맞았다. 내게는 잊지 못할 역사적인 순간이었다. 선례가 없는 한식의 대변혁을 시도한 모험이었다. 어떤 비판이 쏟아지더라도 설령 실패한다고 해도 이것은 한식의 발전에 커다란 자양분이 될 것이라고 믿었다. 나는 설레는 마음으로 가온의 문을 열었다.

결론부터 말하자면 가온에서의 실험은 내 예상을 빗나갔다. 처음부터 한계에 부딪혔다. 찾아오는 이들 중 일부는 도자기 하는 사람이 왜 한식당을 하느냐고 물었다. 나로서는 너무나 의외의 질문이어서 당황스러웠다. 그들의 질문엔 이런 힐난이 깔려 있었다.

'가온'의 외부 전경

'고상한 도자기 사업을 하는 사람이 왜 하필 서민들이나 하는 밥장 사에 뛰어드느냐. 그건 생계유지를 위해 식당을 하는 사람들의 몫을 빼앗는 부도덕한 일 아니냐?'

그리고 나를 더욱 당황하게 만든 것은 유명 정치인이나 같이 온 사람들이 나를 밥장사나 하는 사람이라는 듯 하대하는 행동이었다.

가온을 열 무렵만 해도 우리나라 사람들의 식당에 대한 인식은 이랬다. 물론 지금에 와서는 상당히 달라진 것을 피부로 느낀다. 가온을 운영하면서 겪은 나의 시련과 시행착오가 이 길을 걷는 분들에게 타산지석이 되기를 바란다.

새로운 전통 요리를 창작하라

|

내가 가온을 통해 실험하고자 한 것은 전통을 바탕으로 새롭고 다양한 식자재를 접목, 21세기에 어울리고 세계인이 함께 즐길 수 있는 한식을 창조하는 것이었다. 새로운 메뉴를 개발하는 데 자극제가 된 것은 2001년 10월 상하이의 고급 식당인 '예상하이夜上海'에서의 경험이었다.

예상하이에서 게 요리를 주문했더니 찐 게살과 해삼과 전복을 곁들인 요리가 나왔다. 처음 보는 요리였다. 게다가 게는 중국산 참게였지만 전복은 일본산이라고 했다. 이건 중국 요리가 아니라 퓨전 요리가 아니냐고 물었더니 종업원은 당당한 어조로 '새로 창작한 중국 요리'라고 말했다. 머리를 한 대 맞은 듯했다.

새로운 중국 요리라는 말이 내 인식의 지평을 확장시켰다. 일본산 식자재를 쓰면 당연히 일본 음식이라는 고정관념이 내게도 잠재되어 있었던 것이다. 지금까지 자신이 살고 있는 지역을 벗어나보지 못한 사람에게는 분명히 그렇게 느껴질 수 있다. 그러나 세계를 옆집 드나들듯 하는 글로벌 기업의 임직원이나 그들의 가족, 그리고 세계를 누비는 중산층 관광객에게는 세계의 모든 음식 재료가 지구에 사는 우리 모두의 것일 뿐이다. 그런 깨달음을 얻는 순간이었다. 그 이후부터 나는 끝없는 상상력으로 새로운 한식을 창조할 수 있다는 자신감을 갖게 되었다.

가온에서 일하던 당시, 김병진 셰프는 내게 한식이 참 어렵다고 하소연했다. 정성 들여 활고등어를 조려 냈더니 6,500원이면 될 고등어조림을 왜 굳이 3만 원짜리로 만들어놓는지 고객들이 이해를 하지 못한다는 것이었다. 산지마다 신선한 재료를 찾아다니며 공수할 루트를 찾고, 화학조미료 한 톨 쓰지 않고 오래 시간 공들여 만들어서 가치 있는 그릇에 담아 냈건만 손님들은 맛이 심심하다, 값이 터무니없이 비싸다며 결국 지갑을 닫아버린다는 것이다. 심지어 어느 집을 소개하면서 그 집 고등어 맛이 일품이니 한번 가서 맛보고 배워오라는 사람도 있었다.

바닷가재 떡볶이를 놓고도 말들이 많았다. 이제껏 한식에 한 번도 쓰이지 않은 바닷가재를 떡볶이에 넣는다는 자체를 이해하지 못하겠다는 투였다. 주체성과 정통성을 배반한 음식이 무슨 한식이냐며 바닷가재 떡볶이는 한식이 아니라고 냉소를 보내는 이도 적지 않았다. 그리고 친절하게도 김병진 셰프더러 일자리를 소개해줄 테니 옮겨보라고 권유하는 사람들까지 있었다고 한다. 정말로 가슴이 쓰렸다. 내 의도를 몰라주어도 어찌 이렇게나 몰라준다는 말인가.

그러나 나는 확신했다. 음식이란 끝없는 상상력으로 재료를 조합하고 양념을 배합해 새로운 요리법을 시도하는 것이다. 어떤 분위기에서 어떤 술과 함께 먹느냐에 따라 그 음식의 가치는 열 배, 수십 배로 높아질 수 있다.

2200년 전 한나라 시대 중국 사람들은 이미 실크로드를 통해 중동이나 서구와 활발하게 문물을 교류했다. 이를 통해 외국인의 음식뿐 아니라 서역의 양념과 식자재가 전해졌다. 실크로드는 한나라 식탁에 변화를 가져왔고 그 이후 중국 식문화에 꾸준히 영향을 끼쳤다. 당시 중국인은 외국인을 '호인胡人'이라고 불렀고, 그들의 음식을 '호식胡食'이라 했다. 또 그들이 사용하는 도구에도 모두 '호胡'자를 붙여 한나라의 도구와 구별했다. 지금도 중국에서는 호식이라는 전통 시장이 활발하게 맥을 이어가고 있다.

한편 15세기 말 콜럼버스는 인도의 향신료를 얻을 목적으로 대서양을 서쪽으로 항해한 끝에 신대륙을 발견한다. 결과적으로 인도의 향신료 대신 신대륙에 살던 인디언의 식자재인 고추, 감자, 토마토, 땅콩, 코코아, 옥수수가 세상에 널리 알려지게 된 것은 역사가 보여주는 그대로이다.

16세기 초 마젤란의 태평양 횡단으로 동남아시아의 향신료가 서구에 전해지면서 세계의 음식에는 대변혁이 일어났다. 특히 18세기 중엽 이후부터 영국의 권력자들에게 신분의 척도가 되었던 설탕 소비가 일반 대중으로까지 급속히 확산된다. 이런 관점으로 보면 인류 역사는 '음식 퓨전화'의 역사이고, '음식 세계화'의 역사이기도 하다.

얼마 전까지만 해도 거의 모든 사람이 자신들의 나라에서 나는 음식만 먹으면서 살았다. 다만 부강한 나라에서 태어난 사람들은 나라 덕에 다른 나라에서 다양한 물자를 수입하면서 식생활이 다양하고 풍요로웠지만 말이다. 이런 변화는 세계인의 주목을 끌었고, 동경의 대상이 되기 시작했다. 결국 식자재의 세계시장이 생겨나면서 정치, 사회, 경제, 문화의 판도도 크게 바뀐다.

　한마디로 한식 세계화란 세계의 모든 음식 재료를 전통 한식에 접목할 수 있다는 말이다. 부대찌개를 서양 음식이라고 말할 사람은 아무도 없다. 한국인이 보편적으로 즐기니까 한국 음식이다. 이 말은 세계의 다양한 음식을 부대찌개처럼 우리 음식으로 보편화하면 된다는 말이다. 가난할 때는 부대찌개가 우리의 평균치였을지 모른다. 그러나 지금 경제 수준으로는 홍계탕이나 바닷가재 떡볶이, 송이버섯 잡채도 얼마든지 즐길 수 있다. 우리가 이 음식을 즐기면 머지않아 삼계탕, 떡볶이, 잡채 정도는 세계시장에서 보편화될 수 있지 않을까? 가능성은 충분하다. 이런 음식은 세계인이 즐기는 요리가 되기에 부족함이 전혀 없다.

　새로운 음식에 도전하기를 두려워해서는 안 된다. 우리가 일본 음식이라고 알고 있는 음식의 80% 이상이 소위 퓨전 음식이다.

　일본 정부는 자본주의 형성의 기점이 된 변혁을 이끌 메이지유신을 단행하고 개화를 시작하면서 서구와 벌이는 무력 경쟁에서 이기기 위해서는 먼저 자신들의 왜소한 체격부터 바꿔야 한다고 판단한다. 그리고 그들은 1872년에 드디어 1200년이라는 긴 세월 동안 금지해온 육식을 국가적으로 허용한다. 식문화 퓨전의 과감한 도전을 선포한 것이다. 천하고 미개한 아시아의 이웃인 중국과 한국을 멀리하고 세련되고 부강한 서구와 친해지자는 '탈아입구脫亞入歐'와 일본의 전통적인 정신을 잊지 않고 서양 문화를 배워서 양자를 조화시키고자 하는

'화혼양재和魂洋才'를 부르짖었다. 그러면서 자국 음식을 중심으로 서양 요리와 조화해 새로운 일본 요리인 고로케, 돈가스, 덴푸라, 카레라이스, 스키야키 등을 탄생시킨다. 이 음식들은 먼저 엘리트층을 중심으로 시장을 형성해나갔다. 정부와 기업, 요리사, 미디어와 몇몇 사람들의 끈질긴 노력과 희생으로 1930년경에 돈가스가 탄생하면서 육식은 마침내 일반 대중의 생활 속으로 스며들기 시작했고 오늘에 이르렀다. 이것이 최근 불과 100여 년 만에 일식이 세계의 보편적 음식으로 인정된 과정이다.

과거에 일본 해안가 어부들은 팔다 남은 생선이 아까워서 주먹밥으로 만들어 끼니를 때웠다. 이것이 지금 우리가 먹는 스시이다. 가난한 자의 허드레 음식이었다. 1964년 도쿄에서 올림픽이 열린 것을 기점으로 그들은 스시를 일본 음식의 대표로 내세웠다. 전략적이었다. 많은 사람이 비웃었지만 당시 일본에는 섬나라 일본의 살길은 스시를 세계인이 즐겨 찾게 만드는 것뿐이라고 역설하는 사람들이 있었다. 결국 그들은 스시로 세계를 제패했다. 꿈을 꾸고 계획하고 실천에 옮겼기 때문이다. 한식은 손이 많이 가서 세계화하기 어렵다는 사람들에게 해주고 싶은 이야기이다. 어렵다는 생각 자체가 어떤 시도도 하지 못하게 만드는 나약함이기 때문이다. 할 수 있다는 생각이 긍정적인 결과를 만들어낸다. 긍정이야말로 세계를 제패할 수 있는 동력이다. 이것이 바로 강한 사람이 나약한 사람을 앞서갈 수밖에 없는 비밀이라고 나는 믿는다.

스시를 세계적인 음식으로 만드는 과정에서 일본인은 또 다른 난관에 부딪힌다. 젓가락질을 못 하는 사람들더러 어떻게 스시를 먹으라고 권할 수 있느냐는 것이었다. 그러자 그들은 과감하게 젓가락을 던져버리는 연출을 시도한다. 일본을 방문하는 국빈들이 묵는 초일류 호텔의 스시 식당을 전략적으로 정해놓고 젓가락 없이 스시를 먹는 이벤트를 펼친다. 그곳에서는 먼저 아름답고 세련된 종지 모양의 그릇에 5×10cm 크기의 고급 면으로 만든 2mm 정도 두께의 물수건을 반으로 착착 접어 손님 앞에 놓아준다. 젓가락 없이 스시를 먹는 매력적인 방법을 창조해낸 것이다. 이 전략은 대성공을 거두었다. 고급 스시 식당에서는 그렇게 먹는 것이 차츰 신분의 척도가 되었다. 시간이 걸리기는 했지만 그날의 이벤트는 결국 사회 전반으로 확산되고 궁극적으로는 세계로 뻗어나갔다.

이제 스시는 특수 상류층만의 음식이 아니다. 특급 스시가 따로 있고, 대중용으로 회전 초밥집에서 팔기도 하고 심지어 슈퍼마켓 한구석에서도 즐길 수 있는 도시락 스시로까지 발전하기에 이르렀다. 여기서 주목해야 할 점이 또 있다. 손으로 스시를 먹는 방법이 보편화되자 이제 새로운 차별화로 그들은 다시 젓가락으로 스시를 먹는 방법을 복원했다. 이것이 일본식 생활 문화의 진정한 세계화였다.

이제 그들은 제2의 스시, 제3의 스시를 탄생시킬 것이다. 불가능하다고 생각한 것을 가능하게 만든 경험은 누구에게나 확신과 자신감을 준다. 세계화된 그들의 요리에 힘입어 일본 요리사들은 지금 세계 어디에 가도 두려울 것이 없다. 수많은 일본 음식이 스시의 자리를 넘보면서 세계 속으로 속속 뛰어들고 있다.

우리와 그들의 차이가 뭘까? 그들의 음식은 일본 국내시장에서 이미 오래전에 자신들의 문화로서 검증을 끝낸 뒤, 상품이 되었다는 점이다. 그들도 해냈는데 우리가 못 할 리 없다. 더 잘하면 잘했지 못 할 것이 뭔가. 그러려면 한식을 국내에서 먼저 고급 상품으로 만들어내야 한다. 그것이 나의 도전이었다.

그래서 나는 윤정진, 김희진, 김병진 셰프를 비롯한 주방 팀 전체를 일본 현지의 유명 식당으로 보냈다. 일본 음식을 이길 수 있는 방법을 배우고, 또 연구해 오라고 특명을 내렸다. 가온의 구성원들은 끊임없는 학습과 상상력으로 새로운 지평을 열고 있다.

고급 음식과 대중 음식은 역할이 다르다

최고의 한식당으로 소문이 나면서 가온을 찾아오는 손님의 계층이 다양해졌다. 대표 메뉴로 손꼽았던 음식은 인삼 대신에 홍삼을 넣고 오골계나 영계로 요리한 홍계탕이었다. 이 홍계탕이 차츰 유명해지기 시작했다.

그런데 시간이 갈수록 외국인을 접대하기 위해 가온을 찾는 사람은 늘어나는데 한국 사람들끼리 모임을 위해 찾는 경우는 줄어들었다.

한국인은 좀체 지갑을 열지 않았다. 그들은 특히 가온이 책정한 음식 가격에 저항했다. 한번은 어떤 유명한 요리 선생이 "여기서 먹는 김치찌개와 일반 식당에서 파는 김치찌개의 맛이 별 차이가 없는데, 이곳 찌개는 값이 왜 이리 비싸냐?"고 물었다. 당황한 총주방장이 그런 질문을 받을 때는 어떻게 답해야 하느냐며 나를 쳐다봤다. 나로서도 놀라운 질문이었다. 요리를 가르치는 선생이 어떻게 그 정도의 질문밖에 할 수 없을까. 놀라울 따름이었다. 나는 총주방장에게 일러두었다.

"만약 다음에 손님이 그런 질문을 하시거든 먼저 정중히 여쭈어보게. 혹시 5성급 호텔에서 아침을 드신 적이 있으신지. 있다고 하면, 그 식당에서 나오는 달걀 프라이와 일반 식당에서 나오는 달걀 프라이의 값 차이에 대해 어떻게 생각하느냐고 여쭈어보게."

사람들은 일본 음식이나 중국 음식, 서양 음식을 먹으러 갈 때는 식당의 수준에 따라 음식의 가치가 다르다는 것을 기본 상식으로 알고 있다. 그러면서 왜 한식만은 대중식당이든 고급 식당이든 가격이 같아야 한단 말인가! 일반인도 아닌 한식을 전공한 요리 선생 입에서 그런 질문이 나온다는 자체가 암담했다.

세계적인 명성을 가진 음식은 대개 고급 음식과 대중 음식으로 나뉜다. 어느 나라에서나 고급 요리는 공통적으로 궁정이나 부유한 사람들에게 고용된 요리사들을 통해 일반 대중에게 전해졌다. 그리고 잔치에서의 멋진 식사는 언제나 사회적 관심을 끌기 마련이다. 아무개 집 잔치에서 무슨 음식을 먹고, 어떤 술을 마셨는지가 입에서 입으로 전해지며 사람들 사이에서 화제가 된다. 지금도 마찬가지지만 잔치는 자신의 부와 지위를 과시할 수 있는 좋은 기회이기도 하다. 선진 대국의 국빈 만찬만 보더라도 진귀하고, 특별한 재료로 만든 그들 고유의 음식을 아름다운 전통 식기에 담아 차려내는 것은 자국의 문화적 안목과 우월성을 과시할 수 있는 공개된 기회이기 때문이다.

고급 음식의 역할은 국부의 증진

르네상스 시절 이탈리아 피렌체에서는 대연회가 시작되기 전, 음식 견본을 광장에 전시했다고 한다. 혹시 잔치에 초대받지 못한 사람이라도 그날의 음식이 무엇인지 알 수 있도록 하기 위한 조치였다. 대중은 그 연회에 등장한 음식을 통해 새로운 음식의 종류와 조리법을 배웠다. 반면 상공업으로 큰 부를 축적한 새로운 부르주아 시민계급은 가장 먼저 귀족과 교류하거나 요리책을 보며 귀족들이 즐겨 먹는 음식의 조리법을 배웠다. 이는 하루빨리 귀족의 음식을 먹으면서 귀족처럼 행세하고 싶었기 때문일 것이다. 지배계급과 일반 시민계급의 음식 문화는 그렇게 교류하면서 한 나라의 음식 문화를 다양하고 풍성하게 만들어왔다. 풍요로운 귀족의 식문화가 시민계급의 식생활에 대한 안목과 의식 수준을 향상시킨 것이다.

경제가 발전하고 시민계급의 경제력이 커지면서 과거 귀족만이 누리던 사치는 보편화되었다. 이런 보편화 과정은 다시 대중과 차별화되기를 원하는 귀족들의 새로운 사치에 대한 욕망을 부추긴다. 그러나 새로운 사치 역시 점차 시민층으로 확대되면서 보편화 과정을 거쳐 계속 진화해나간다. 이것이 문화 발달의 상도常道이다. 문화는 정상에서 아래로 흘러오면서 새롭게 발전한다. 그걸 사치라고 비판하기에 앞서 그 흐름을 관찰하고 연구하면, 흐름 안에 바로 한 나라의 국부를 증진하는 성장 동력이 들어 있는 것을 발견하게 된다.

우리는 싫든 좋든 이 물결을 거스를 수 없다. 사치라고 매도하며 자국 문화의 가치를 높이려는 노력을 하지 않는다면 문화의 진화는 중단된다. 이렇게 되면 일상의 의식주 관련 제조업은 어려움을 겪게 될 것이다.

자국 문화를 견인하지는 않고 해외 명품 브랜드를 줄줄이 외워야만 고급문화를 향유하는 양 착각하는 건 문화적 자긍심이 부족하기 때문이다.

의식주 문화와 국력의 관계를 보여주는 역사적 사례가 있다. 바로 스페인과 포르투갈이다. 두 나라는 15세기에서 16세기에 걸쳐 해외 식민지를 개척하면서 강력한 제국으로 성장했다. 그런데 신대륙을 발견한 뒤 엄청난 부가 밀려들자 상황이 달라졌다. 덴마크, 영국 등 다른 나라들이 스페인과 포르투갈을 앞서기 위해 부단한 노력으로 변화를 하고 있었건만 정작 그들은 성공에 도취된 채 아무런 시도도 하지 않았다. 그 결과 100년도 못 돼 스페인의 부는 덴마크, 영국, 프랑스로 옮겨가고 말았다.

이 두 나라가 몰락의 길을 걷게 된 요인 가운데 하나는 국민 생활의 근본인 의식주 문화의 토대가 와해되었기 때문이다. 영토 확장과 식민지 사업 성공으로 스페인과 포르투갈은 경제적으로 막대한 부를 축적했다. 신대륙 발견으로 그들은 엄청난 양의 은을 확보해 통화가치가 상승했고, 그에 따라 고비용 국가가 되고 말았다. 돈이 많아졌으니 그들은 해외에서 들여오는 신분 과시용 사치품을 구입하는 데 막대한 재산을 소비하고, 지주가 되는 데만 혈안이 되었다. 일상 용품도 모조리 해외에서 생산된 것만을 가져와서 썼다. 그러자 자국 내의 수공업과 농업 등 내수산업이 붕괴되기에 이른다.

당시 지배계급은 이 문제의 심각성을 깨닫지 못했다. 오히려 그들은 영국과 네덜란드인이 자신들을 위해 의식주 관련 일상 용품을 만들고 있다는 사실을 자랑스럽게 떠벌리는 무지함을 보였다. 그러나 의식주를 남에게 의존하기 시작하면 삶의 근간이 발밑에서부터 무너지게 된다. 민족의 정체성을 보존하지 못할 뿐 아니라 실업자가 증가하고 내수 경제의 기반을 잃게 된다. 국부의 증가가 외려 국가적 위기를 초래한 것이다. 당시의 실정失政으로 스페인과 포르투갈의 경제는 지금까지도 그 굴레를 완전히 벗어나지 못하고 있다.

그들이 남긴 교훈은 지금 우리에게 크나큰 경종을 울린다. 나는 현재 우리나라의 상황을 당시 스페인과 비교해보라고 모두에게 목이 터지게 외치고 싶은 심정이다. 미국의 초대 대통령인 조지 워싱턴은 이임離任 연설에서 '우리 자신이 짊어져야 할 부담을 후손에게 물려주는 비열함'을 경고했다. 지금 우리가 귀담아들어야 할 경고이다.

재삼 강조하지만 그들의 전철을 밟지 않을 유일한 길은 의식주와 관련한 고품질의 일상 용품을 우리가 직접 생산하는 것이다. 친환경 식품과 수공업 분야 산업에 투자하여 가치 높은 제품을 생산하는 일이다. 여유 있는 사람들이 적극적으로 소비하면서 국내 내수 시장이 활기를 띠게 해야 한다. 대중을 위해서는 해외에서 질 좋고 가격이 값싼 제품들을 들여오되 수입과 수출의 비율 차이를 줄여나간다. 그래서 수출입 금액 비율만큼은 최소한 50% 선을 유지해야 한다.

벌어들인 돈으로 고부가가치의 농업이나 공업 등 생산적인 산업에 재투자해 내수 경제를 안정시키는 길밖에 없다. 그리고 그것이 다시 수출로 이어지도록 만들어야 한다.

근대에 들어서도 비슷한 예가 있다. 1960년대 초반 네덜란드가 북해北海에서 어마어마한 양의 천연가스를 발견한 사건이 있었다. 당연히 엄청난 현금이 쏟아져 들어왔고 그 돈을 사회보장 비용과 비생산적인 복지정책에 투입하다 보니 임금이 오르고 물가가 상승했다. 이러한 통화 강세의 여파로 제조업 수출은 경쟁력을 잃었다. 반면 소비자는 수입품을 매우 저렴하게 사용하면서 국내 제조업 분야가 어려움에 처하게 된다. 결국 한순간에 산업 공동화 현상이 발생했다. 물론 네덜란드는 현명하게 유제품의 고급화, 고부가가치의 원예 산업과 식품 산업에 적극 투자하여 이를 잘 극복해냈다. 그 결과 지금도 네덜란드는 세계시장에서 농축산 산업의 강자로 군림하고 있다.

한 예로 《대국굴기》의 네덜란드 편을 보면 윌리엄 템플William Temple의 '네덜란드 고찰'이라는 글이 나온다. 거기에 보면 당시 농민들이 생산한 질 좋은 버터는 외국에 수출하고 자국민은 아일랜드나 잉글랜드 북부에서 생산하는 저렴한 버터를 수입해 먹었다고 한다. 이렇게 나라 전체가 하나가 되어 위기를 극복한 것이다. 이 사건 이후 석유, 금, 가스, 다이아몬드나 기타 천연자원의 발견으로 갑자기 부자가 되어 국내 제조업이 어려움에 처하는 증상을 '네덜란드 병에 걸렸다'고 말한다.

음식은 빠르게 세계화 · 보편화된다

의식주 문화는 한 가정, 한 지역, 한 국가의 근간이 된다. 인간 사회에서 권력이란 먹을 만큼 먹고도 남아도는 잉여 재화가 발생하고 그것을 독점하는 자가 나타나면서부터 생겨났다. 재화가 집중되면 부가 형성되고 권력이 생겨나는 것은 당연한 일이다. 그리고 부와 권력을 가진 자가 그것을 누리고 과시하는 방법은 세계 어디서든 크게 다르지 않다. 집을 으리으리하게 짓고, 화려한 옷을 입으며, 남들이 쉽게 먹지 못하는 값비싸고 귀한 음식을 먹는다. 그렇기 때문에 근대 이전의 문화는 부와 권력을 독점한 지배층이 주도할 수밖에 없었다. 권력과 부를 이용해 장인을 양성하면서 그들의 문화는 고급문화로 진화한 것이다.

사치의 욕구는 대중이 지배계급의 생활을 동경하고 부러워할 때 생긴다. 이 욕망은 끝 간 데를 모른다. 지배계급이 이 욕망을 조절할 수 있다면 그 나라는 분명히 싱가포르처럼 선진 대국이 될 것이다. 지배계급이 이 욕망을 누리는 것은 좋다. 그 고급문화가 자연스럽게 아래 계층으로 흘러 내려가면 문화는 풍요로워지는 속성이 있다. 지금 세계적으로 유명한 음식은 거의 모두 부강한 나라의 풍요로움 속에서 만들어졌다. 그렇지 못한 채 지배계급만이 고급문화를 독점하고 대중화되지 못하면 그 나라는 영원히 후진국에 머물 것이다.

유럽의 식문화를 살펴보면 그 의미를 정확히 알 수 있다. 그들의 식문화는 궁정이나 귀족 사회에서 식탁을 중심으로 모여 식사하는 행위에서 비롯되었는데 여기에는 일반인과 차별화하고 싶은 목적이 있었다. 사교적 행동, 예절 바른 태도, 품위 있는 취향 등 식탁 예법을 외부적 통제의 수단으로 계속 발전시켜온 것인데, 이것이 결국 일반 시민계급과 문화 교류를 통해 사회 전반으로 확산되어 오늘날의 보편적 식탁 예법, 즉 에티켓으로 전해 내려온다. 그리고 요리와 함께 어떤 와인을 선택해 마시느냐 하는 차별성을 중요하게 여긴다. 프랑스인은 알코올 도수가 낮고 오래 숙성된 포도주를 선호하며, 취하기 위해서가 아니라 음식의 맛을 즐기기 위해 마신다. 그리고 자녀에게도 음식의 맛을 즐길 수 있는 정도의 와인은 허용한다. 와인의 선택이야말로 미식가의 척도로 과시된다. 이렇게 그들의 고급스럽고 세련된 문화는 세계 교류를 통해 빠르게 세계화의 길로 뻗어나가고 있다.

2011년 7월 21일, CNNGo(미국 뉴스 채널 CNN이 운영하는 문화, 여행, 생활 정보 사이트)가 실시한 페이스북Facebook 여론조사에서 '세계인들이 즐겨 찾는 50대 음식World's 50 Most Delicious Foods'에 한국 음식은 단 하나도 선정되지 않았다. 미국 음식은 텍사스 돼지 바비큐를 위시해서 일곱 가지, 캐나다 요리는 몬트리올 식 훈제 고기 외 두 가지, 멕시코 요리는 타코 외 두 가지, 영국 요리는 셰퍼드 파이 외 두 가지, 이탈리아 요리는 파르마 햄 외 두 가지, 일본 요리는 스시 외 두 가지, 타이 요리는 똠양꿍 외 세 가지, 인도 요리는 버터 마늘 대게 요리 외 한 가지, 싱가포르 요리는 치킨라이스 외 한 가지, 베트남 요리는 쌀국수 외 한 가지, 프랑스 요리는 크루아상, 중국 요리는 베이징 덕 등이 선정되었다.

세계적으로 유명한 음식들을 살펴보면 대부분 국가의 경제력이나 문화적인 힘, 국민의 의식 수준과 직접적 연관이 있음을 깨닫게 된다. 그들 나라의 식자재 자급률은 모두 50% 이상이고, 의식주는 뚜렷한 정체성을 가지고 있다. 결국 문화의 본질에 가치를 두는 국가들이다. 그들의 역사를 살펴보면 개방적이고, 진취적이고, 융통성 있는 정책을 펴나가고 있다. 바깥 세계에서 취할 것은 취하고, 버릴 것은 과감히 버리면서 대중화했다. 그렇게 세계 속에서 검증된 문화를 자국의 것으로 정착시켜왔다. 이렇게 정착된 문화는 그들의 경제력과 군사력을 바탕으로 다시 세계로 퍼져나간다. 결론적으로 음식 문화가 민족의 정체성을 대표하는 문화의 핵심인 동시에 국가 브랜드로 인식되는 것이다.

20세기 중반까지만 해도 음식이란 국내에서만 소비되는 내수용 산업에 불과했다. 그런데 중반 이후 교통과 정보 통신의 발달로 세계경제가 급속히 확산하면서 가치의 대변혁이 시작되었다. 과거 귀족들이 누리던 사치가 대중에게 보편화되고 의식주와 관련된 다양한 수준의 상품이 세계시장에 쏟아져 나오기 시작한 것이다.

《미래의 물결》저자 자크 아탈리Jacques Attali에 따르면 1950년대만 해도 전 세계적으로 인구 100만 명이 넘는 도시는 80개 정도였다. 이것이 20세기 중반 이후 엄청나게 변화해 2015년이 되면 550개에 이르고, 인구 1,000만 명이 넘는 도시도 오늘날의 16개에서 24개로 증가할 것이라 한다. 문화 소비도 급속도로 성장할 것이 불을 보듯 훤하다.

2030년이 되면 세계 중산층 인구가 20억 명에 이를 때 식품 산업 규모는 1만조 원에 이를 것으로 예측된다. 엄청난 덩치이다. 그중 50%인 5,000조 원이 외식 시장 규모라 하는데 우리라고 가만히 보고만 있을 수 없지 않은가. 5,000조 원 시장이라면 단일 소비 산업으로는 최대 규모일 것이다. 외식 산업의 경제적 가능성이 얼마나 높은지를 웅변하는 수치이다. 또 2020년 중국에서는 약 1억 5,000만 명이 해외에서 휴가를 보내기 위해 나라 밖으로 나설 것으로 예상된다.

이미 우리나라로 밀려드는 그들, 그리고 미래에 몰려들 그들을 멍하게 바라보고만 있을 것인가. 한국 음식에, 술에, 문화에 매료되게 만들어야 한다. 더구나 음식이라면 아무것도 아까워하지 않는 그들이 아닌가. 그들의 주머니를 열어젖힐 방법을 강구해야만 한다. 나는 지식인의 역할이 바로 이럴 때 필요하다고 생각한다. 미래의 국가 동력을 점쳐서 준비하게 만드는 것이 사회적 리더들의 책무가 아닌가.

2020년에 중국 해외여행객의 10%인 1,500만 명만 크루즈선에 태워 우리의 낙동강, 한강 위를 유람시킨다고 해보자. 상상만 해도 신나는 일이다. 단양에, 속초에, 강릉에, 여수에 그들을 내려놓는다고 해보자. 강마을과 산마을을 구경하는 것은 물론 다양한 지역적 특성을 살린 음식, 장, 술, 특산품 등 수없이 많은 가치 창조가 가능할 것이다.

1960년대 영국이 주체가 되어 만들어낸 세계적 관광지 홍콩처럼 세계의 상류층과 중산층 이상의 고객을 상대로 마스터플랜을 만들어 범국가적 사업으로 추진해나가면 머지않아 우리는 관광 대국이 될 수 있다. 그들이 세계를 누비면서 먹고 마시고, 잠자고, 쇼핑할 엄청난 규모의 시장에서 우리가 차지할 몫을 단단히 챙겨야 하지 않겠는가. 총성 없는 문화 전쟁은 이미 진행 중이다. 과연 우리는 어떤 준비를 하고 있는가. 냉철하게 자문해야 할 시점이다.

외식 산업의 급성장은 급격한 도시화, 여성의 사회 진출 확대, 핵가족 증가, TV를 비롯한 매스미디어의 요리 프로그램 증가, 소득수준의 향상, 입맛의 세계화, 인구 고령화, 세계 여행 인구 급증에 따른 결과이다. 이것이 우리 모두 공감하는 21세기 시대의 흐름이다.

일본은 이미 50년 후를 기획하고 있다. 일본의 문화적 존재감은 1990년대 이후 세계적으로 확산되었다. 음식, 게임, 애니메이션, 패션 디자인, 건축, 소설에 이르기까지 세계 곳곳에서 주목받고 있다. 이를 기반으로 일본은 2020년에는 일식 인구 20억 명을 확보하겠다는 계획도 발표했다. 여기에 그치지 않고 이 일식 인구를 일본식 생활 스타일을 즐기고 소비하는 인구로 확대하겠다는 야심 찬 계획도 세우고 있다. 일본 문화의 경쟁력을 높여 글로벌 표준 문화로 성장시키겠다는 의지를 표명한 것이다. 이것은 인구 13억의 인도와 14억의 중국과 벌이게 될 21세기 문화 전쟁에서 승자가 되기 위한 사전 포석인 셈이다. 일본은 전통을 앞세워 이미 전속력으로 내달리기 시작했다.

한데 우리가 앞세워 달려야 할 전통은 무엇이며 지금 어디에 있는가. 그걸 준비하는 자는 누구란 말인가.

온고지신, 전통에 현재의 가치를 부여하다

영국 역사가 에릭 홉스봄Eric Hobsbawm의 전통에 대한 정의는 우리에게 시사하는 바가 크다. 그에 따르면, 전통은 현재의 관점에서 주관적인 가치판단을 기초로 파악된 것을 말하며 반드시 연속성을 필요로 하지는 않는다. 그래서 전통은 새롭게 발명되는 것이라고 정리한다. 이 말은 전통이란 과거로부터 진화되어 오늘에 이어져온 것이지만, 현재 시점에서 판단해 가치가 없다면 버릴 수도 있고 변형시켜 새롭게 창조할 수도 있다는 말이다.

그렇다면 과거란 무엇인가? 순간순간 흘러간 현재가 과거를 이루는 것이다. 현재와 단절된 과거란 있을 수 없다. 과거는 현재와 상관없이 '흘러가버린' 것이 아니라 지금 이 순간 '흘러가고 있는' 것이다. 전통도 그와 같다. 이미 흘러가서 현재와 상관없이 존재하는 골동품이 아니라 현재 이 순간에 재창조되는 것이다. 이것이 옛것을 보듬어 새로운 길을 열어가는 '온고지신'의 참된 의미라고 생각한다. 전통은 현재를 당연히 포함한다. 포함할 뿐 아니라 결단과 창의를 통해 전통을 현재화하고 미래를 준비하는 것이다. 전통을 살린다는 것은 단절되어 죽어 있는 과거의 전통을 복원해 회생시키는 것이 아니라 과거와 연결되어 있는 현재를 새롭게 창조해내는 것이다. 창조적이고 혁신적인 현재는 시간적으로 과거와 미래를 이어주고, 공간적으로는 다른 전통과 문화를 향해 자신을 개방하고 소통한다. 이렇게 전통을 현명하게 발전시켜온 나라들이 문화 선진 대국으로 성장하여 오늘의 세계를 이끌어나가고 있다.

그렇다면 우리의 전통 음식은 어떻게 이어져왔을까? 1988년 서울올림픽을 계기로 우리 문화의 정체성을 되찾을 필요성이 절실해졌을 뿐 아니라 외국인 방문객을 위한 음식 준비가 최우선 과제가 되었다. 그래서 기업들로 하여금 손님을 맞이하기에는 초라한 우리의 외식업을 대신할 외국의 패스트푸드 체인점을 들여오도록 독려하면서 외식 시장의 변화가 시작되었다.

우리 음식은 외식업의 시초인 조선 말엽 문을 연 명월관의 영향을 받았다고 할 수 있다. 명월관과 태화관에서 임금님 수라상이 일반인에게 처음 공개되면서 궁정 음식이 우리 식문화의 정체성으로 탄생했다. 그런데 문제는 당시, 우리의 전통을 세계의 변화와 중요성에 비추어 생각하기에는 나라가 너무나 가난했다. 가난했기에 진화가 중단된 채 시장이 쇠퇴하면서 잊혀버렸다.

나는 이 전통을 새롭게 창조할 필요성을 뼈저리게 느꼈다. 접하기 어려운 식자재를 발굴하고 그것을 세련되게 차려 내는 식당이 많아져야 한다고 생각했다. 그래야 한식의 외식 시장이 활성화된다. 새롭게 개발한 메뉴들을 다듬고 가꾸어서 먼저 국내시장에서 검증을 받은 다음 우리 음식 문화로 정착시켜야 한다. 나는 이것이 한국 음식을 혁신할 수 있는 지름길이라고 생각한다. 부딪치면서 답을 찾는 길밖에 없다. 혁신이란 선례가 없는 것을 창조하는 것이지만, 이것 역시 최초로 시작하는 사람이 있을 때 전통으로 만들어진다.

가온을 오픈하면서 나는 가장 먼저 세계인이 찬탄할 수 있는 가치 있는 탕 요리를 만들기로 작정했다. 당시 우리나라에서 귀빈을 접대하는 단골 메뉴 중 하나는 중국 음식인 불도장이었다. 10만 원대의 가격에도 마치 신분의 척도라도 되듯 인기를 끌며 번져나갔다.

나는 한식에도 불도장 같은 명품 탕 요리가 필요하다고 판단했다. 시장조사 결과 외국인에게 가장 호감도가 높은 탕은 삼계탕이었다. 그 삼계탕을 좀 더 고급화하는 방법을 고심했다. 삼계탕의 가장 중요한 재료는 인삼이다. 이 인삼의 가치를 극대화하는 방법은 인삼을 뜨거운 김으로 쪄내고, 식히고, 말리기를 아홉 차례 반복해 만드는 홍삼이다. 나는 삼계탕에 흔한 인삼 대신 귀한 홍삼을 넣기로 했다.

홍삼의 상품 가치는 '천天', '지地', '양樣' 세 가지로 구분했다. '천'은 가장 높은 가치를 가지는 홍삼으로 600g당 400만 원을 호가한다. 72시간 동안 달여서 만든 홍삼 달인 물과 닭 육수를 기본으로 뼛속까지 까만 오골계와 전복 등을 넣어 탕을 끓였다. 바로 홍계탕이다. 이 탕을 고급 건강 음식의 대표 상품으로 만들어냈다. 서민적인 삼계탕을 극도로 고급스러운 음식으로 탈바꿈시킨 것이다. 이렇게 만든 홍계탕은 한 그릇에 '천'이 30만 원, '지'가 20만 원, '양'이 10만 원에 팔려나갔다.

홍계탕에 들어가는 재료들은 보양과 자양 강장에 탁월한 효과를 보이는 약재들이다. 홍계탕에 쓰인 오골계는 초나라의 여태수가 먹고 70세에 득남을 했다고 전해질 정도로 피를 맑게 하고 정력을 강화하며 간장과 신장을 튼튼히 해주는 효과가 있다. 면역력을 높이고 항암 작용, 피부 미용 등의 효과가 탁월한 약재라는 점에도 주목했다.

《동의보감》과 《본초강목》에 오골계가 산모의 허약한 기운을 보하고 여성의 대하증, 자궁 출혈증 등의 치료에 효과가 있다고 전해져

재료와 그릇의 가치를 극대화한 홍계탕

중국에서는 여성들이 특별히 선호하는 식자재이다. 햇볕에 말린 전복포는 옛날부터 일급 강장 식품으로 알려져 왔다. 최고급 재료를 엄선한 만큼 아무나 접할 수 있는 음식이 아니었다.

이 홍계탕을 담는 그릇도 신중하게 선택했다. 광주요가 특별히 제작한 내열 자기를 쓰되 뚜껑과 밑받침은 청자색을 입혀 고급스러움을 더했다. 홍계탕을 먹을 때 나오는 뼈를 버리는 그릇까지도 용을 음양각한 백자문 필통에 뚜껑을 만들어 사용했다. 가치 있는 음식이라면 뼈를 버리는 토구 역시 아름답고 가치 있는 도자기여야 한다고 생각했다.

나는 홍계탕이 세계적으로 유명해지면 우리의 삼계탕뿐만 아니라 홍삼이나 건전복까지 다양한 가격으로 세계인의 입맛을 사로잡을 것이라고 생각했다. 홍삼과 전복이 날개를 달고 수출 품목에 오르는 상상만으로도 마음이 벅차올랐다. 광주요의 내열 자기와 용무늬 토구까지 수출되지 말라는 법도 없다. 내가 꿈꾸는 한식 세계화는 바로 이런 것이다.

바닷가재 떡볶이 역시 세계적 음식인 스파게티를 생각하며 상상해 낸 요리이다. '나폴리탄 볼로네즈'란 이름으로 우리에게 소개된 스파게티는 지금은 그 종류가 수없이 많아졌다.

우리나라 길거리에서 가장 많이 팔리는 음식이 떡볶이다. 나는 이 떡볶이를 세계인의 음식으로 다시 태어나게 만들고 싶었다. 어묵 대신에 바닷가재, 오징어, 전복, 문어, 쇠고기, 닭고기, 오리고기 등 무엇이든 주재료로 쓸 수가 있다. 하나의 재료를 선택하고, 거기에 다양한 채소나 버섯, 갖은 나물을 넣어서 요리할 수도 있다. 이를 고추장 맛과 간장 맛으로 구분하면 각각 서른 종 이상의 다양한 떡볶이가 탄생할 수 있다. 재료에 따라 가격도 매우 다양하게 매길 수 있다.

이 음식들이 국내에서 인기리에 판매되어 시장이 형성되면 분명히 스파게티처럼 재료에 따라 10~30달러 범위에서 다양한 가치를 가진 음식으로 세계로 뻗어나갈 수 있을 것이다. 이처럼 수십, 아니 수백 가지 음식이 새롭게 태어날 수 있고, 세계인의 음식으로 진화할 수 있다고 나는 확신한다.

음식의 수직적 다양성을 인정하라

현대인은 상품과 함께 그 상품의 이미지를 소비한다. 그들에게는 제품의 품질보다 어떤 상표를 소비하는지가 더 중요하다. 즉 인간은 소비를 통해 자신이 속한 집단의 정체성을 표현하고, 동시에 다른 집단과 차별성을 나타낸다. 따라서 명품 식당은 경제적 여유를 가진 소비자의 배타적 욕구를 충족시킬 수 있어야 한다. 미국 사회학자 소스타인 베블런Thorstein Veblen이 지적했듯이 현대인은 신분과 능력을 과시하기 위해 소비한다. 그리고 과시적 소비를 통해 사회적 지위를 확립한다고 생각하기 때문에 가격이 비쌀수록 잘 팔리는 경향이 있다. 우리나라에는 이미 베블런의 이론을 충분히 뒷받침하는 시장이 형성되고 있다.

  내가 가온을 열면서 한식에도 슈퍼스타가 필요하다고 생각한 것이 바로 그 때문이다.

  한번은 모 기업의 중동 지역 파트너사 중역들이 가온을 찾게 되었다. 저녁에 홍계탕 13인분을 예약했다. 그런데 스케줄이 변경되었다며 다음 날 오후에 자신들의 전용 비행기에 홍계탕을 실어줄 수 없느냐고 문의했다. 나는 홍계탕은 내열 자기에 끓이지 않으면 제맛이 나지 않으니 그릇과 함께 팔지 않으면 배달할 수 없다고 했다. 사람들의 우려와 달리 그들은 흔쾌히 그릇값을 지불하겠다고 했다. 홍계탕 13인분을 공항까지 배달하고 540만 원을 받아 왔다. 얼마나 뿌듯한 일인지! 우리 음식을 이렇게 세계 부호들 앞에 자랑스럽게 내놓아야 하지 않겠는가.

  그날 일로 아마 그들의 뇌리에는 우리나라가 굉장한 음식 문화를 가진 나라로 각인됐을 것이다. 외국의 VIP들에게 그런 인상을 심어준다는 것은 대단한 홍보 효과이다. 반도체를 잘 만드는 나라라는 것과는 또 다른 강렬한 이미지를 적어도 그들에게는 심어준 것이다.

훌륭한 음식과 격조 있는 상차림을 대하면 우리는 마음속으로 경의를 표하게 된다. 훌륭한 음식을 만들 줄 아는 민족이라는 것은 문화적 강자의 이미지이다. 그것이 음식 문화의 특별한 점이다. 그 일이 있은 지 얼마 뒤 미국 〈뉴스위크〉 2007년 7월 9일자에는 한국을 찾는다면 가온이라는 한국 음식점에 가보라는 기사가 조그맣게 실렸다.

우리가 흔히 말하는 '고급 요리'란 어떤 음식을 가리키는가?《설탕과 권력》의 저자 시드니 민츠Sidney Mintz는 첫째, 그 요리가 제공되는 인물과 집단에 따라 고급 요리와 일반 요리가 구분된다고 보았다. 즉 세계적인 부호나 왕실에서 즐기는 나이팅게일의 혀나 철갑상어 알인 캐비아와 같은 요리가 고급 요리로 불린다는 것이다. 사치를 부릴 수 있는 계층이 찾는 요리가 고급 요리라는 해석이다. 둘째, 요리 방법에 따라 고급 요리가 될 수 있다고 보았다. 하나의 요리를 만들기 위해 투자된 인력, 시간, 축적된 기술의 정도에 따라 고급 요리와 일반 요리로 나뉜다는 것이다. 셋째로는 재료가 얼마나 특별한지가 고급 요리인지 일반 요리인지 결정한다고 했다. 특히 지역의 희귀한 특산물이 이런 재료에 속한다.

그러니까 고급 요리의 정의는 '고급스러운 사람이 먹는 요리'이기도 하고, '고급스럽게 만든 요리'이기도 하며, '고급스러운 재료로 만든 요리'이기도 하다.

결론적으로 말해서, 나는 한식을 세계 중산층 이상이 즐겨 찾는 수준급 요리로 창조해내는 것이 한국 문화 전반의 수준을 높이는 길이라는 견해를 갖게 되었다. 내가 늘 의아하게 생각하는 것이 있다. 왜 의식주 가운데 한복과 한옥에 대해서는 가치의 수직적 다양성을 인정하고 선망하면서, 한식의 수직적 가치를 이야기하는 사람은 별로 없느냐 하는 점이다. 이는 아마 개개인의 안목과 취향에 따라 한복과 한옥은 겉으로 드러낼 수 있어 남에게 보여주기도 하고 자신의 안목을 과시할 수도 있기 때문이 아닐까 추측해본다.

한복은 '누가 만든 한복 가격이 얼마' 하면서 이미 부의 척도가 되고 있다. 그 때문에 고급 예복으로서 시장이 형성되어 있다. 그리고 북촌이 개발되면서 일부 사람들에겐 한옥 한 채를 가지는 것이 무슨 유행처럼 번지며 시장이 형성되기 시작했다. 그러나 그에 비해 한식은 관심의 대상이 되지 못하고 있다. 이는 아직 세계는 물론 국내에도 알려진 음식도 없고, 멋있게 즐길 수 있는 유명한 식당도 없기 때문일 것이다. 그리고 투자자들은 이렇게 선례가 없는 고급 한식당에 많은 돈을 투자하는 것을 꺼린다. 한식은 손이 많이 가고, 끼니를 때우는 음식이라는 선입견이 있다. 게다가 피할 수 없는 가격 경쟁으로 이익이 크지 않고, 성공할 확률이 적다고 생각하기 때문이다.

우리는 한식을 그저 한 끼를 때우는 음식이라는 고정관념으로 바라본다. 반면 프랑스 요리, 중국 요리, 이탈리아 요리, 일본 요리는 '고급'이라는 이유로 많은 돈을 지불하면서 소비한다. 한식은 집에서 항상 쉽고 편하게 먹는 음식이라는 편견, 먹는 행위 자체가 경제활동임을 알지 못하는 몰이해 때문에 한식이 고용을 창출하고 내수 경제를 일으킨다는 것을 깨닫지 못하고 있다.

외식 메뉴는 특별하고 세련된 음식이어야 하고 그런 음식은 주로 수입된 음식이라고 여기는 것 같다. 그렇기 때문에 내가 가온을 오픈하면서 나름대로 고급 한식을 선보였을 때 찬사가 쏟아지는 한편 이해할 수 없다는 시각도 존재한 것이다.

나는 세계화가 불가능하다고 생각하는 한식을 새로운 메뉴를 통해 선보이는 것 자체가 혁신적이고 미래지향적인 일이라고 확신했다. 다양한 타국의 식문화를 이미 체험한 많은 우리나라의 소비자들이 적극적으로 나를 후원하리라고 생각했다. 그러나 결론적으로 그것은 나의 판단 착오였다.

가온의 시작은 국내 한식 시장에 국한된 제로섬게임이 아니라 한식의 가치 창출로 국내시장을 더블, 트리플 사이즈로 키워 내수 시장을 활성화하기 위한 것이었다. 나는 기존 한식 시장을 잠식하지도 않을뿐더러 잠식하려고 들어간 것도 아니었다. 다만 나는 6,500원짜리로 평준화된 저가의 한식이 아니라 1인당 10만 원이 넘는 고급 한식을 창조하고 싶었다. 그들과 같은 개념으로 가격 경쟁에 뛰어들었다면 이는 명백히 제로섬게임에 해당되어 욕을 먹거나 견제의 대상이 될 것이다.

모처럼 나온 창의적인 생각이 고정관념과 관습 때문에 거부당하는 것은 무척 안타까운 일이다. 거듭 강조하지만 수직적 다양성을 확보하기 위해서는 우선 최고, 그러니까 톱을 만들어야 할 것이다. 그래야 중간층이 생기고 바닥이 형성될 수 있지 않을까? 이는 내수 경제의 기반이 되는 식자재를 생산하는 농어촌의 경제를 활성화하기 위해서도 반드시 필요한 도전이다. 그러나 우리의 외식 시장은 너무나 단편적이어서 식자재 자급률이 현재 25%밖에 되지 않는다. 이것이 바로 우리의 실상이고, 젊은이들이 농촌을 떠날 수밖에 없는 슬픈 이유 중 하나이다.

명품 한식의
길

놀랍도록 완벽한 요리, 한식

|

요즈음 대중매체에 음식과 건강에 관련된 정보가 쏟아진다.

'지금 세계는 비만, 생활습관병과의 전쟁 중이다'라는 제목 아래 특집으로 다루는 등 음식과 건강에 관련된 정보들이 여기저기 넘친다. 특히 2000년대에 들어 한국 성인 남녀의 비만율이 20%를 넘어서고 있으며 이는 정크 푸드와 패스트푸드 소비 증가와 관련이 있다는 분석이 눈에 띈다. 짐작하겠지만 경제 규모가 커지고 여성의 사회 진출이 급격히 늘어나면서 가정 요리가 줄어드는 반면, 외식 시장이 급신장하면서 우리의 주식이 전통 식품에서 가공식품으로 바뀌고 있기 때문이다.

19세기 말 윌버 올린 앳워터Wilbur Olin Atwater는 가난한 사람들이 같은 돈으로 더 많은 영양분을 섭취할 수 있게 하려는 목적으로 탄수화물과 단백질, 지방 1g에 들어 있는 에너지를 칼로리로 측정하는 계산법을 만들어냈다. 평균적인 사람이 하루에 필요한 칼로리 섭취량은 2,000kcal라고 한다. 그런데 지금 미국의 식품업계는 매일 1인당 4,000kcal에 해당하는 식품을 생산하고 있다. 윌버 올린 앳워터로서는 상상도 하지 못한 일이 벌어지고 있는 것이다. 이제 우리는 칼로리가 모자라서 영양의 불균형을 초래하는 것이 아니라 너무 많이 섭취해서 문제가 생기기 시작했다.

기업들의 대대적 홍보와 화학 첨가물로 맛과 모양을 낸 저질 식품이 싼값에 대량생산되고 있다. 지금 판매되는 식사 1인분의 양이 과거보다 2배에서 5배까지 많아졌다는 사실은 기업들의 이윤과 직결되기 때문이다. 만성 질병의 원인이 되는 가공식품을 불행하게도 대부분의 사람들이 아무런 의심 없이 먹고 있으니 비만과 성인병이 증가할 수밖에 없다.

그 때문에 20세기 후반부터는 건강보험으로 지불되는 비용이 급증하는 것이 세계적으로 사회적, 경제적 문제가 되기 시작했다. 2005년에 들어서 세계보건기구WHO는 '만성질환 글로벌 보고서'에서 한 해 3,500만 명이 심혈관 질환, 암, 당뇨병 등 만성질환으로 사망하고 있다고 밝혔다. 그리고 2015년까지 23억 명의 성인이 과체중이 되고, 700만 명 이상이 비만증 환자가 될 전망이라니 역사상 처음으로 많이 먹는 사람이 굶주리는 사람보다 많아지기 시작한 것이다. 못 먹어서 문제가 아니라 많이 먹어서 문제가 되는 시대라니 세상의 변화가 놀랍기만 하다.

뉴욕대학의 매리언 네슬레Marion Nestle 교수가 패스트푸드 산업을 담배 산업에 비유하면서 "둘 다 아주 높은 수익을 내고 있으며, 정부에 강력한 지지자를 두고 있다. 또한 자사의 제품이 소비자에게 끼치는 해악에 대해서는 뻔뻔스러울 정도로 무시한다"라고 논평을 했다. 이는 다국적 음식 기업들이 정부와 암묵적 합의하에 돈이 된다면 세상 어디든 달려드는 것을 신랄하게 비판한 것이다.

건강에 독이 되는 음식을 비판한 글은 그 밖에도 많다. 특히 우리를 경악하게 만든 하나는 영화감독 모건 스펄록Morgan Spurlock이 한 달

동안 맥도날드 메뉴만을 먹은 후 생긴 변화를 기록한 다큐멘터리 〈슈퍼사이즈 미Super Size Me〉의 결과이다.

연구를 위해 그는 실험에 참가한 이들에게 '맥도날드에서 파는 것만 먹는다', '슈퍼사이즈가 있는 메뉴일 때는 슈퍼사이즈로 사 먹는다', '맥도날드의 모든 메뉴를 최소한 하루 한 번씩은 먹는다', 이 세 가지 원칙을 반드시 지키도록 했다.

그 결과, 실험 참가자들은 한 달 뒤 체중이 11kg 늘었고, 두통과 메스꺼움, 조울증을 호소했으며, 간과 심장에 손상이 생겨 의사가 더 이상 '생체 실험'을 하는 건 무리라고 조언할 정도였다. 이는 가난한 사람들이 병들고 죽어가는 원인이 먹을 것이 없어서가 아니라 '나쁜' 음식을 '많이' 먹기 때문이라는 사실을 증명하는 실험이었다. 그런데도 아랑곳없이 패스트푸드의 판매량은 계속 늘어나고 있다.

이런 연구와 실험 결과는 한식 세계화에 청신호가 될 수 있다. 한식으로 세계인의 식생활 개선에 기여할 수 있기 때문이다. 1977년 1월 4일에 발표된 5,000페이지에 달하는 미국 상원 영양문제특별위원회 조지 맥거번George McGovern의 보고서를 예로 들어보자. 이 보고서야말로 의학 혁신에 불을 지핀 역사적인 대사건으로 기억할 만하다. '심장병 등의 만성질환은 식습관이 원인이다'라는 결론을 낸 이 보고서를 보면 그들이 권장하는 바람직한 식사의 조건을 한식이 모두 갖추고 있다는 사실을 알 수 있다.

1. 총칼로리 중 전분질의 양을 50~60%로 할 것

2. 섭취하는 지방의 양을 30%로 낮출 것

3. 지방과 콜레스테롤 섭취량을 낮출 것

4. 설탕(정제 설탕) 소비량을 15% 수준으로 낮출 것

5. 소금(정제 소금) 섭취를 줄일 것

우리가 평소 먹는 음식으로 정리해보면 한식이야말로 그들이 찾고 있는 이상적인 음식임을 알 수 있다.

1. 불포화 지방인 참기름, 들기름, 콩기름 등을 즐겨 먹는다.

2. 콩으로 만든 두부, 된장, 간장류 등을 즐겨 먹는다.

3. 밥, 잡곡밥, 오곡류를 주식으로 먹는다.

4. 김치, 나물 등의 채소 섭취량이 많다.

5. 소금을 젓갈 등 발효 염분으로 대체할 수 있다.

6. 매실청, 조청 등 발효시킨 당분으로 정제 설탕의 섭취량을 조절할 수 있다.

그들이 권하는 미덕이 그대로 담긴 음식이 바로 한식이다. 한식에서는 곡류인 주식과 식물성, 동물성 재료로 만든 반찬 두세 가지로 영양적으로 균형이 잡힌 건강한 식사가 만들어진다.

한식은 천혜의 자연환경 덕택으로 다양성에서나 맛과 영양학적 가치에서 세계 어떤 음식에 견주어도 손색이 없다. 한식은 육류를 줄이

미래 식품의 조건을 갖춘 한식

는 대신 식물성 지방과 단백질 섭취를 중시하는 균형 잡힌 영양식이요, 보양과 치유의 효과를 동시에 갖는 약이 되는 음식이다. 기능성 음식이라는 점에서 세계인에게 각광받을 요소가 다분하다. 특히 산나물이나 발효 식품은 우리가 자랑스럽게 세계에 내놓을 수 있는 만큼 우월하고 독창적이며, 미래 식품으로서 한국 식문화의 가치를 대변할 것이다. 우리 음식이 얼마나 우수한지 조사한 자료를 통해 정리해보면 다음과 같다.

첫째, 한식은 영양학적인 균형을 유지하기에 적당하다.
한식은 반찬이 따로 나오는 것이 특징이다. 밥과 다양한 반찬 덕분에 영양학적 균형이 잡힌 모범 식단을 꾸릴 수 있다.

둘째, 채식 위주의 구성으로 훌륭한 건강식이다. 채소는 영양소와 무기물의 보고이기 때문에 현대인의 만성 질병을 치유하고 예방하는 효과가 높다. 채소를 먹음으로써 육류 소비를 줄일 수 있고, 몸속의 노폐물을 걸러내고 장을 청소하는 효과가 있다. 정서적으로도 안정되고 침착해진다는 연구 발표는 수없이 많다.

게다가 한식에 이용하는 산나물은 약효가 있는 무공해 유기농 식품이다. 산에 자라는 산나물을 우리 민족만큼 다양한 방법으로 조리해 먹는 예를 어디서 또 찾을 수 있을까. 산나물이야말로 앞으로 그 가치가 더욱 높이 평가될 '미래 식품'이라고 확신한다.

셋째, 한식에는 발효 식품이 많다. 김치, 된장, 간장, 젓갈 등 기본 양념인 발효 식품은 식품 본래의 영양은 물론 발효 과정에서 그 효능이 배가된다. 깊은 풍미뿐만 아니라 발효 식품의 가치는 이미 과학적으로 충분히 증명되었고, 유통의 편의성만 갖춘다면 그 가치는 더욱 높아질 것이다. 또 하나, 발효 과정에서 식품에 남아 있던 어지간한 독성은 중화되고 제거된다는 점 역시 발효 식품의 장점이다

한때 조선된장을 만드는 재료인 메주에서 발암 물질인 아플라톡신 aflatoxin이 발견되었다고 떠들썩했던 적이 있다. 그러나 1993년 부산대 식품영양학과 박건영 교수가 밝힌 바에 따르면, 아플라톡신은 된장이 만들어지는 과정에서 자연적으로 사라진다. 그 성분은 간장에 담그기 전 메주를 씻어서 햇볕에 말리는 과정에서 상당 부분 사라지고, 간장독의 소금물에 담가 3개월 정도 숙성시키는 동안 87~100%가 파괴되고, 또 남아있다 해도 함께 넣는 숯의 작용으로 완전하게 사라진다.

이처럼 우리에겐 놀랍도록 다양한 발효 식품이 있지만 이를 세계인이 즐길 수 있게 가꾸고 다듬지 못했다. 나는 이렇게 다양한 재료와 산나물, 젓갈과 장의 조합으로 새로운 음식과 맛을 상상하고 창조하기로 결심했다. 그리고 숱한 명인을 찾아다녔고 숱한 음식을 먹어봤다. 그러면서 한식의 우수성에 대한 확신은 점점 확고해져갔다.

요리마다 그릇마다 5000년의 이야기가 있다

|

가온을 오픈하면서 가장 중요하게 생각한 것은 물론 음식의 맛이다.

맛을 내기 위해서 첫째 제철에 나는 신선한 재료를 구하고, 둘째 소금과 설탕이 아닌 발효된 젓갈과 조청으로 맛을 내고, 셋째 기름은 올리브유와 참기름 등 고급 식물성 오일만 사용하고, 넷째 이 식자재들을 철저한 시스템에 따라 관리하고, 다섯째 음식을 가장 잘 어울리는 그릇에 담아 적절한 온도를 유지하여 손님상에 올리는 것. 이것이 가온에서 요리를 만드는 철칙이었다.

이 과정에는 수많은 이야기가 따라 나올 수 있다. 음식은 스토리텔링의 가능성이 가장 큰 영역이다. 재료의 씨앗에서부터 재배 과정, 토양과 기후의 조건, 벌레를 잡아주는 노력, 농약 대신 퇴비를 쓰는 과정에 들이는 수고, 땅과 물과 기후의 조건, 발효 과정에 쏟는 정성, 발효에 쓰이는 부재료의 가치, 젓갈과 조청의 원료가 지니는 가치, 양념을 만드는 과정, 채소를 써는 방법에 따른 변화, 채소를 말리는 방법의 차별성, 사용하는 기름의 차이, 음식 담는 도자기에 얽힌 이야기, 음식의 빛깔과 오행, 이 음식이 건강에 미치는 효능 등의 이야기를 요리와 함께 포장한다면 손님들에게도 흥미롭고 잊히지 않는 유익한 정보가 될 것이다.

한식만큼 이야기가 다양하게 발굴될 수 있는 요리가 또 있을까. 숱한 가문과 숱한 여인들의 애환이 서린 음식, 무궁무진한 이야기와 함께 우리 음식의 우수성을 알리는 것은 우리 음식의 가치를 새롭게 발견하게 만드는 일이다. 물론 식당의 외관, 실내장식, 소품, 직원들의 서비스, 조명, 청결, 위생 등 어느 하나 소홀히 할 수 없는 소중한 이야깃거리들이다.

요즘 흔한 성인병은 완치가 어려운 만성질환이다. 대개 환자들이 음식을 잘못 섭취해 생긴 생활습관병이다.

예를 들어 우리나라 사람들은 맵고 짠 음식을 즐겨 먹기 때문에 위암 환자가 많을 수밖에 없다는 연구 결과가 나왔다. 동맥경화나 대장암에 걸린 사람들 대부분이 기름진 고기를 많이 먹는 사람들로 밝혀졌다. 먹는 음식이 건강과 질병의 직접적인 원인이라는 것이 밝혀지면서 음식은 21세기 사람들이 가장 많은 관심을 갖는 화두가 될 수밖에 없다.

어떤 음식을 먹어도 맛을 모르는 사람은 생물학적, 생화학적으로 아연이라는 미네랄이 부족하기 때문이라고 한다. 우리가 즐겨 먹는 인스턴트식품이나 패스트푸드에는 반드시 착색제나 방향제, 방부제가 들어 있다. 그런데 알고 보면 이런 성분은 우리 건강의 필수 요소인 아연을 몸 밖으로 배설시켜서 사람들의 입맛을 잃게 만드는 원흉이다. 우리 중 상당수가 이미 미맹이든지, 미맹으로 가는 중일지도 모른다.

가급적 가공식품을 피하고 좋은 토양에서 재배한 채소와 정제하지 않은 쌀과 곡식으로 지은 오곡밥을 먹어야 한다. 곡식과 채소는 흙 속에 함유된 자연 미네랄 성분을 인간에게 그대로 공급해준다. 흙에서 자란 곡식과 채소에서 멀어지면 인간은 타고난 생명력을 유지할 수가 없게 된다. 밥상이야말로 건강을 지키는 기본 중의 기본임을 깨닫고 소중히 여겨야 한다.

우리가 먹을 식물이 자라는 토양은 언제부터인가 다이옥신과 환경호르몬 등으로 오염되어 있다. 게다가 가공한 음식에는 성장 촉진제, 항생제, 포르말린, 착색제, 첨가제, 방부제, 농약 등이 듬뿍 들어 있다. 이제는 선택의 여지도 없다. 이럴 때 농약과 환경호르몬을 저절로 걸러준다는 발효의 진실은 전 세계 모든 사람에게 매우 의미 있는 정보가 된다. 이를 스토리텔링으로 잘 포장해 한식의 상품 가치를 높여야 한다.

누차 말하지만 한식에는 오랜 숙성 기간을 거치는 발효 음식인 장류와 김치, 젓갈, 술과 전통 음료 등의 슬로푸드가 많다. 몸을 보하는 약선 요리藥膳料理도 아주 다양하다. 이 모든 발효 음식의 만드는 과정과 건강에 미치는 효능은 현대인이 꼭 알아두어야 할 상식이다.

나는 한식을 세계인이 즐겨 찾는 음식으로 만들겠다는 사람인지라 발효 음식의 정수를 직접 체험해보고자 효소 음식을 연구하는 박국문 선생을 찾아가 강의도 듣고 선생이 이르는 대로 실천도 해보았다. 과연 발효 음식에는 생각했던 것 이상의 효과가 있어 나를 전혀 다른 사람으로 변하게 만들었다.

선생의 논리를 한마디로 설명하면 신토불이身土不二, 즉 '제 땅에서 나는 농산물이라야 체질에 가장 잘 맞는다'이다. 음식을 통해 우리 몸속에 들어온 영양분은 효소 작용으로 분해, 합성된다고 한다. 호흡·순환·배설·해독 등 인간의 몸을 건강하게 만드는 작용뿐만 아니라 생각하고, 판단하고, 몸을 움직이는 사소한 동작까지 효소가 없으면 아무것도 할 수 없다니 그 중요성을 새삼 깨닫게 되었다.

그런데 일생 동안 우리 몸에서 만들어지는 효소의 양은 한정되어 있다. 다시 말해 체내 효소를 빨리 소모하고 낭비하면 할수록 수명이 단축될 뿐만 아니라 질병에 걸릴 확률이 높아진다는 사실을 알고 난 뒤부터 나는 식습관을 과감히 바꾸기 시작했다. 체내 효소를 많이 소모하고 체외 효소를 충분히 보충하지 않으면 결국 생활습관병인 암, 심장병, 중풍, 당뇨병, 고혈압, 통풍, 비만, 소화기 질환, 자가 면역 질환, 알레르기 질환 등에 쉽게 걸리고 수명도 단축된다는 것이 효소 건강법의 주장이다.

이렇게 체내 효소의 부족함을 보충해주는 체외 효소가 바로 발효 식품이다. 우리나라에는 봄부터 가을까지 제철에 나는 산에서 자생하는 약초나 산나물들을 비롯하여 미나리, 쑥, 머루 등 수많은 발효 식품을 만들 수 있는 다양한 재료가 있다. 이것들을 이용하여 효소 음료를 만들어 세계인의 식탁에 차려 낸다면 이것이야말로 웰빙 식품으로 세계 전반으로 확산, 보편화될 수 있다고 확신한다.

현대의 소비자들은 대부분 음식 안에 무엇이 들어 있는지, 건강과 관련해 어떤 효능이 있는지, 어떤 새로운 맛을 경험할 수 있는지 미리 알고 싶어 한다. 그리고 식품 생산이 환경에 끼치는 영향에도 부쩍 관심이 많아지고 있다. 이는 식품 자체가 중요한 경제적, 사회적 문제로 부각되고 있기 때문이다.

2003년 3월 동남아시아에서 발생해 아시아, 유럽, 북아메리카 등으로 확산된 사스SARS라는 질병이 있었다. 세계 32개국에서 8만 3,000여 명이 감염되었으며, 이 중 10%가 사망한 전염성 질병인데 한국인에게는 용케도 전염되지 않았다. 혹시 한국인이 매일 먹는 김치와 된장이라는 발효 음식의 효과 때문이 아닐까 진단하는 추측 보도가 나온 적이 있었다.

그리고 해방 전 만주에서 콜레라가 발병해 수십 개의 중국인 마을 사람들이 콜레라에 걸려 죽어나갈 때도 한국인만은 감염되지 않고 살아남았다고 한다. 당시 만주인은 한국인이 병에 대한 저항력이 강한 것이 고추에 버무리는 김치 때문이라고 믿어 한국인 고추밭을 습격하는 일도 있었다고 하니 우리가 즐겨 먹는 발효 음식엔 우리도 모르는 위력이 있기는 한 모양이다. 이러한 스토리텔링이 가능하다는 점이야말로 우리 한식의 가치를 창조하는 핵심적 동력이다.

이렇게 의미심장한 이야기가 담긴 음식이 품격 있는 공간, 아름다운 식기와 어우러지면 한식의 가치는 얼마나 높아질까. 다이아몬드는 그 가치에 어울리게 화려하고 세련된 가게에서 팔아야 사람들이 그 가치를 인정하는 것과 같은 이치이다. 그래서 나는 한식의 가치를 제대로 알리려면 일단 그 가치에 어울리는 세계 수준의 상징적인 고급 식당이 하나만이라도 이 땅에 꼭 만들어져야 한다고 주장한다. 고급 식당을 찾을 수 있는 오피니언 리더들이 한식의 우수한 가치를 인정하고 이를 전해야 사회 전반으로 급속히 확산된다고 믿기 때문이다. 그들이 체험하고 나면 비로소 그들의 영향력에 의해 세계로 확산되기 시작할 것이다.

　그런데 우리는 한식이란 집에서 먹는 음식이고, 밖에서 먹을 때는 쉽고 간편하게 끼니를 때우는 정도로 여긴다. 한식은 싼값에 푸짐하게 먹으면 그만이라는 고정관념에서 헤어나지 못하고 있다. 그래서 한식의 평균 객 단가는 6,500원에 족쇄가 채워져 있다. 이런 가격에 가치 있는 재료로 공들인 상을 차려 낼 수가 있겠는가. 결국 우리 한식이 품은 눈부신 이야기들은 세계인을 감동시킬 스토리텔링으로 날개를 달지 못하고, 말만 무성할 뿐 시장에서는 존재를 드러내지 못하고 있다.

국가 브랜드 마케팅의 대표 선수

|

한식이 고급화되어야 세계화의 물꼬가 트인다고 말하면, 점잖게 얘기해서 '엘리트 의식'이라고 비판한다. 직설적으로 표현하자면 '사치 놀음'이라는 것이다. 앞서 한식 세계화를 이슈로 만들고 여론을 이끌어야 할 미디어조차 유럽 귀족의 연회나 부자들의 미식 취향은 해외 토픽으로 취재하면서 우리 한식은 호화로우면 큰일 날 것처럼 다룬다.

실제로 한 지인이 가온에 와서 너무 사치스러운 것 아니냐고 물은 적이 있다. 그때는 당황해서 제대로 답하지 못했다. 이 자리를 빌려 왜 고급스럽고 비싼 한식이 필요한지 이야기하려 한다.

그분의 입에서 '사치'라는 말이 나온 것 자체를 나는 이해할 수가 없었다. 물론 그분의 말은 식당에 많은 투자를 한 나를 걱정하는 표현이었을 것이다. 그런데 그 사치라는 단어가 거슬렸다. 그분 정도라면 새로운 한식의 탄생을 인정하고 축하해주리라는 기대가 내 마음 안에 있었던 것이다. 또 한편으로는 한식도 이렇게 고급스럽게 차려낼 수 있다는 가능성을 보면서 나보다 훨씬 창조적인 상상력으로 한식에 대한 아이디어를 제공할 수 있을 거라 생각했기에 더 실망이 컸다.

내가 알기로는 경제적 여유를 가진 사람들의 상당수는 외국 여행이나 국내의 고급 외국식당에서 식사를 하는 데 돈을 아끼지 않는다. 그렇다면 고급 한식을 제값을 주고 먹는 것이 왜 사치일까?

누구나 자신의 지위와 재력에 어울리는 문화를 소비할 수 있다. 그것은 당연한 일이고 경제 원리에도 부합되는 일이다. 그런데 정작 국

'가온'에서 내던 고급 한식 마두부찜(왼쪽)과 메밀전병

가 마케팅 차원에서 한식의 가치를 높이려는 시도에는 유독 서민적이어야 한다고 목소리를 높이는 것은 무엇 때문인가?

물론 배만 부르면 그만인 한 끼 식사에 많은 돈을 쓰는 건 사치라고 생각할 수도 있다. 그러나 음식을 문화 상품으로 여기며 그것에 문화적인 가치를 부여할 때는 시각이 달라진다. 음식을 포함한 문화 상품은 단순히 실용성으로만 거래되는 것이 아니라, 그 상품에 더해진 창조적 변형과 그래서 생겨난 이미지에 따라 가치가 형성된다.

예컨대 가방이나 장신구, 옷 등에서 소위 '명품'과 '보통'의 차이가 생기는 요인은 디자인과 광고 효과, 매장의 분위기, 브랜드 가치 등이다. 이것들이 가격을 결정하는 중요한 요인이다. 이것을 감성 마케팅이라고 한다. 사실 가방의 경우 내용물이 새지 않으면 기능적으로는 아무 문제가 없다. 그런데 대부분의 사람들은 디자인 브랜드에 가치를 부여하고, 입이 떡 벌어질 만큼 고가임에도 명품을 사고 싶어 한다.

이런 감성 마케팅은 현대에 생겨난 개념이 아니다. 고대사회부터 고급문화를 향유했던 특권층은 그들이 의도하든, 의도하지 않았든 문화의 흐름을 주도했고 그것은 자연스럽게 국가의 부로 이어졌다. 특권층이 가진 물건은 희귀하여 구하기도 힘들 뿐 아니라 가격이 비싸서 일반인은 엄두도 못 냈을 것이다. 그러나 갖고 싶다는 욕망만은 누구나 가질 수 있다. 아마도 일반인은 가지고 싶은 욕망을 채울 수 없는 자신의 처지를 자위하기 위해 사치라는 말로 손가락질하며 만족했는지도 모른다. 반면에 이 욕망을 채우기 위해 열심히 노력한 사람들도 있었다. 이들이 있어 경제의 파이는 점점 커지고 결국 국가 경제 발전으로 이어지게 되었을 것이다.

여행을 가보면 현지에서 만나는 식당이야말로 그 나라의 국가 브랜드를 느낄 수 있는 가장 현실적인 상징이다. 그렇기에 식당에서 체험하는 그 나라의 고유 음식은 국가 브랜드를 대표하는 역할을 충실히 해낼 수 있어야 한다. 따라서 고유 음식의 가치를 높이기 위해서는 국가 마케팅이 선행되어야 하며, 성공적인 국가 마케팅을 위해 다양한 경험에서 비롯되는 지혜를 모아야 한다.

세계인의 머리에 한국 하면 금방 떠오르는 무언가를 만드는 것이다. 음식, 아름다운 산과 바다, 전통문화, 한방 치료, 골프 천국 등 그것이 무엇이든 세계적인 수준으로 명성을 얻어야 한다. 이런 명성이 국가 브랜드 가치를 만들어낸다.

2011년 4월 29일, 영국 왕실의 윌리엄 왕세손과 캐서린 왕세손빈의 로열 웨딩이 치러졌다. 이 결혼식이야말로 국가 브랜드 마케팅의 가장 좋은 사례이다. 아무도 그 결혼식을 사치와 호화로움의 극치라며 비판하지 않았다. 오히려 지구촌의 경사로 여겨 전 세계 20억 명의 사람들이 관심을 갖고 결혼식이 생중계되는 TV를 시청했다. 그날의 의식은 전통과 현대가 어우러진 21세기 영국 문화의 진수를 보여준 말 그대로 세기의 결혼식이었다.

자신을 사회생태학자라고 지칭하는 피터 드러커Peter Drucker는 '마케팅의 목적은 판매 전략을 불필요하게 만드는 것'이라고 정의했다. 바로 이 로열 웨딩이야말로 판매 전략이 필요 없는 국가 브랜드 마케팅이 아닌가.

이번 결혼식은 거기에 동원된 자동차, 마차, 화려한 의상, 모자, 건축물, 악단, 합창, 사진, 케이크, 공군기, 결혼식 환영회 등 각 분야에서 영국 문화의 정수精髓를 보여준 국가 마케팅 그 자체였다. 이 로열 웨딩을 통해 영국은 사진가, 행사 기획자, 자동차, 그리고 웨딩드레스 디자이너, 케이크 디자이너 등 사회 각 분야 전문가들에게 세계적인 명성을 얻게 만들었다. 최고의 국가 브랜드 마케팅이었다. 우리가 사치라고 말하는 것, 즉 고급문화를 즐기는 것은 이렇게 개인적 향락이라는 부정적인 면과 고급문화의 생산과 발전이라는 긍정적인 면의 양면성을 가지고 있다. 그들에게는 이미 수백 년간 진화하고 축적되어 온 문화 콘텐츠에 대한 자긍심이 있다. 거기에다 세계적인 명품과 장인들이 세대에서 세대로 이어질 수 있도록 국가가 앞서 시장을 만들어주고 있으니 부럽기만 하다. 이 로열 웨딩이야말로 사치의 극치였지만, 로열 웨딩에 사용된 명품들 덕에 영국의 일반 상품의 가치가 자연스럽게 세계적으로 보편화될 수 있는 계기가 되었다.

　우리도 영국처럼 우리 문화에서 자랑할 만한 국가적 브랜드를 찾아내야 한다. 그게 무엇일까? 물론 6,500원짜리 음식도 우리 문화요, 10만 원짜리 음식도 우리 문화이다. 고급문화가 중요하다고 해서 6,500원짜리 음식이 중요하지 않다는 것이 절대 아니다. 6,500원짜리는 6,500원짜리로서 가치와 쓰임새가 있고, 10만 원짜리는 10만 원짜리로서 그러하다는 말이다. 문제는 6,500원짜리에 만족해서 10만 원짜리를 만들어내지 않는 것, 아예 생각조차 않는 것은 21세기 문화 전쟁에서 패배하는 결정적 요인이라는 말이다. 그렇게 되면 우리나라 한식 문화는 6,500원짜리 수준에만 머물게 된다. 가난해서 값비싼 음식을 사 먹을 돈이 없다면 어쩔 수 없는 노릇이다. 그러나 우리는 3만 원짜리 파스타, 10만 원짜리 스시를 사 먹으면서 우리나라를 찾아오는 여행객들에게는 6,500원짜리 비빔밥만 팔겠다는 말인가? 우리가 먹는 비빔밥은 6,500원짜리여도 좋다. 그러나 2만 원, 3만 원짜리 비빔밥이라도 가치만 인정되면 지갑을 쉽게 여는 여행객을 위한 가치 있는 음식을 이제는 준비해야 하지 않겠는가. 내가 기회 있을 때마다 외치는 말이다.
　세계 무역 수출입 총액 순위 9위인 국가가 어떻게 계산에 어두워도 이렇게 어두울 수 있단 말인가. 가격 경쟁 때문에 원가에만 연연하면, 가치의 전도는 물론 고급문화도 만들어지지 못한다. 톱top이 없으면

보텀bottom도 있을 수 없다. 이제 우리도 그 정도는 알 만한 국민이 아닌가. 모든 문화 상품은 고급화를 통해 다양해지고 선택의 폭도 넓어진다. 10만 원짜리 스시가 대성공을 거두자 5만 원, 3만 원, 1만 원짜리 스시가 보편화되는 것을 이미 보았다. 다시 강조하지만 이러한 수직적 다양성이 만들어져야만 문화의 폭이 넓어지고 새롭고 다양한 가치를 창조할 수 있다.

쉽게 말해서 음식 문화야말로 국가의 브랜드 가치에 직접적인 영향을 미치는 핵심 요소이다. 이것이 문화로서 음식이 갖는 힘이다. 외국 음식에는 비싼 값을 치르는 것을 당연하게 여기고 우리 한식은 값이 싸고 푸짐해야 한다는 고정관념과 잘못된 의식이 존재하는 한 우리가 바라고 기대하는 국가 브랜드의 향상은 요원할 수밖에 없다.

자국민이 사랑해야 명품이 된다

|

우리는 세계적인 고급 요리와 견줄 만한 품격 있는 한식을 접해본 경험이 거의 없다. 조선의 몰락으로 전통적 가치는 평가절하되고, 뒤이어 들어온 외국 문물의 무자비한 폭격으로 가치 전도가 일어났다. 게다가 전쟁으로 경제적 기반이 무너진 상태에서 기사회생한 것이 불과 반세기를 넘지 않는다. 한 민족이 자존심을 회복하기에는 너무 짧은 시간이기는 하다. 그러나 이제는 물질적 성장에 기대어 우리 또한

209

정신적 가치를 회복할 때가 되었다. 우리는 그만한 자격이 있고, 우리가 물려받은 문화적 유산은 우리가 관심을 가지는 순간부터 값을 따질 수 없을 만큼 가치 있고 귀중한 것으로 변할 수 있다. 3,000원에 먹을 수 있는 우리의 잔치국수를 파는 식당과 3,000원에 먹을 수 있는 햄버거를 파는 맥도날드의 시각적인 차이, 그게 무얼 말하는지 이제는 심각하게 느껴야 한다.

세계적인 음식이란 결국 신선한 식자재의 조합으로, 음식에 들인 요리사들의 상상력과 창의력, 정성 그리고 특별한 양념으로 만들어낸 부가가치 높은 예술품이다. 세계의 미식가들이 인정하는 희소성과 포장술이 단순한 음식을 창조적인 예술품으로 승격시키는 것이다. 맛보다는 요리에 담긴 이야기가 관심을 끌고, 식당의 분위기나 접대하는 예절, 고객의 인지도가 요리의 품격을 높인다. 비본질적 요소라고 비판할 수도 있겠지만, 실제로 문화 상품의 가치를 결정하는 데는 본질보다 상품 외적인 디자인 요소가 지배적일 때가 많다. 고급과 저급은 태초에 정해진 것이 아니다. 그것은 자연적으로, 혹은 인위적으로 창조되는 것이다.

일본은 가난한 어부가 먹던 하찮은 음식인 '생선 주먹밥'을 세계 최고급 요리로 인정받는 '스시'로 둔갑시켰다. 그 덕분에 스시는 세계의 심장부라 할 뉴욕에서도 가장 비싼 요리가 되었다. 이렇게 만들기 위해서 일본 정부와 기업가, 소비자, 요리사, 미디어가 5박자를 맞췄기 때문이다. 결코 저절로 굴러간 것이 아니다.

세계적으로 유명한 식당의 문화적, 역사적 특성은 대부분 그 식당을 찾는 고객의 맛과 취향에 맞춰져 있다. 물론 객 단가는 선택하는 식자재의 종류, 어떤 와인이나 술을 선택하는지, 몇 가지 코스로 먹을지에 따라서 달라진다. 결국 최고급 식당을 지향한다면 맛은 물론 고객의 판타지와 욕망까지 충족시킬 수 있어야 한다. 그런데 이러한 변화도 알고 보면 근래 50~60년 사이에 일어난 일들이다. 그래서 나는 우리에게도 상징적인 세계 최고 수준급의 식당이 탄생하기를 학수고대한다. 2등은 잊힌다 해도 1등은 절대 잊히지 않는 법이다.

　〈미슐랭 가이드〉에서 인정한 유명한 프랑스 요리 셰프 알랭 뒤카스Alain Ducasse조차도 프랑스 음식의 미래 방향을 명품 사치 산업에서 찾아야 한다고 말한다. 그리고 앞으로 살아남을 수 있는 음식은 섣부른 모방으로는 절대 쫓아올 수 없는 고유의 전통에 바탕을 둔 독창적이고 창의적이며, 다양한 식품의 긍정적 요소를 전부 수용하는 상상력에 의해 개발될 것이라고 내다본다.

　사치를 무조건 죄악시하는 태도는 옳지 않다. 고급문화가 발달해야 대중문화가 발전할 계기도 만들어지기 때문이다. 품격 있는 문화가 사회 전반으로 확산되면서 문화 식민지를 면하고, 나아가 세계로 진출할 길이 열릴 것이다. 이미 100여 년 전에 독일의 사회학자이자 경제학자인 베르너 좀바르트Werner Sombart도 '사치나 호화스러운 소비는 자본주의의 장기적인 성장을 일구는 동력 중의 하나'라고 말하지 않았던가! 그뿐이 아니다. 19세기 독일 경제학자 프리드리히 리스트

도자와 식자재, 술을 함께 소비하는 한식 문화

Friedrich List 역시 자신의 저서《정치경제학의 국민적 체계》에서 "국내시장을 육성하는 것이 해외시장에 진출하는 것보다 훨씬 중요하다. 국내 산업이 고도의 발전을 이룬 국가만이 대외무역에서 우위를 차지하고 이익을 얻을 수 있다"고 했다.

앞서 이야기한 일본의 가미야나 우카이 등의 식당을 보면 국내의 명품 식당이 내수 시장에 미치는 영향을 이해할 수 있다.

국내의 고급 식당이 잘되면 우선 농촌이 산다. 친환경 식자재를 재배하는 사람의 판로가 생긴다. 전통주를 빚는 사람이 안심하고 자부심에 차서 술을 생산할 수 있고, 식문화 관련 소품을 만드는 사람도 일자리가 생긴다.

나무 깎는 사람, 옻칠하는 사람, 도자기 만드는 사람, 금속 다루는 사람, 종이 만드는 사람, 유리공예 하는 사람, 염색하는 사람, 천 짜는 사람, 대나무 그릇 만드는 사람, 꽃 재배하는 사람, 배달하는 사람 등 수많은 사람들의 일자리가 생겨나고, 자연히 공예 문화가 발달한다. 결국 돈을 주고 상품을 사는 사람이 있어야 시장이 형성되니까 말이다. 그 시장이 바로 식당을 통해 활성화될 수 있다. 시장이 커지면 공예를 배우려는 지망자들이 늘어나고 가치 경쟁이 생겨 절로 명품이 탄생하게 된다. 그리고 그들 역시 자기들이 번 돈으로 기업이 생산한 제품을 살 수 있으니 내수 시장이 그만큼 커지고 활성화되는 것이다.

수많은 일본 식당이 바로 친환경 식자재와 그런 공예품의 소비 시장이 된다. 그리고 이런 분위기가 가정으로 이어져 결국 다양한 상품 시장이 형성되고 내수 시장이 탄탄해진다. 그런 이유 때문인지 일본 가정집에 가보면 고급 식당에서 쓰는 도자기와 술은 물론 식탁 소품들까지 널리 애용되고 있는 모습을 목격할 수 있다.

이 배경에는 1991년 이후 매년 1월 말경 도쿄 돔에서 열리는 식탁 전이 있다. 이 전시야말로 도자기와 음식, 술과 도자기, 다도와 도자기, 꽃과 도자기, 공간과 도자기에 관한 숱한 아이디어를 보여준다. 이 전시를 위해 도자기 작가들뿐 아니라 가정주부, 요리사, 식당 주인, 다인茶人, 꽃꽂이 전문가, 디자이너들이 세계 각지에서 몰려든다. 그들이 전시에 몰려오는 것은 단순히 보고 즐기기 위해서만은 아니다. 아름다운 것을 본 사람들이 일상에 그것을 접목하게 되는 것은 당연한 일이다. 이 전시회의 출품작들이 새로운 아이디어와 상상력을 통해 일본의 산업 전반에 큰 영향을 미치는 것이다.

이렇게 국내에서 만들어진 명품은 사치가 아닌 국익에 보탬이 되는 윤리적 투자이다. 다시 말해 가진 자들이 자기 나라의 고급문화를 소비해서 자국 문화의 품격을 높이는 것은 사치가 아니라 국익에 도움이 되는 호사이다. 바로 진정한 의미의 노블레스 오블리주이다. 반면 우리 것을 외면하고 수입 양주와 명품만을 소비한다면 자존심을 잃은 행위라고 지탄받아도 할 말이 없다. 물론 국내 명품의 가치를 창조하기 위해서는 수입 명품을 소비하는 것 또한 필요하다. 창조는 모방을 통해 잉태되고, 다양한 명품을 경험하는 것은 새로운 아이디어의 탄생을 위한 모태가 되기 때문이다. 수입 명품과 국내 명품이 함께 소비되어야 하고, 나아가 내수 시장을 위한 우리만의 창조적인 명품 또한 소비되어야 한다. 우리 문화를 발전시키는 해법은 아주 간단하다. 우리 모두가 남의 문화를 즐길 때 우리 문화도 함께 즐기기만 하면 되는 것이다. 우리 의식주가 차지할 자리를 남의 것과 우리 것으로 잘 배분해서 채우자는 것이다.

오카다 데쓰岡田哲가 쓴 《돈가스의 탄생》이라는 책을 보면 일본은 메이지유신 직전에 외래 사조에 휩쓸리는 풍조를 비꼬면서 '이 시대의 바보 순위표'를 작성한다. 국산품을 쓰지 않고 외제를 소비하는 사람이 바보 1위에 올라 있다. 일본 역시 자국 문화를 명품으로 만들기 위해 부단히 노력한 흔적이 느껴진다.

경제력이 커졌으니 우리도 고급문화를 향유하려는 욕구가 생기는 건 당연하다. 문제는 우리가 즐길 만한 문화의 다양성을 창조해내지 않고 있다는 점이다. 못 하는 게 아니라 안 하는 것이 문제이다. 지금이라도 함께 창조해야 한다. 그리고 창조된 것을 다듬고 가꾸고 사용하는 것이 바로 후세를 위해 우리가 해야 할 몫이다. 만약 우리 문화가 비어 있는 그 공백과 틈을 외국의 문물이 물밀듯이 들어와 채워버린다면 우리 문화의 종말이 올 수도 있다는 것을 자각해야 할 것이다.

사치가 아니라 문화이다

|

명품이란 무엇인가? 명품은 세계적으로 희소성을 가진 이름난 제품이나 작품을 말한다. 그리고 사용 가치보다 브랜드 가치가 일반 상품의 수십 배에서 수백 배에 달한다. 이들 대부분은 의식주 관련 상품으로 일상 제품, 패션, 귀금속류, 보석류, 생활 소품류, 악기류 등의 제품들이다. 이 명품들에는 공통된 특징이 있다.

첫째, 대부분 국가 브랜드 가치와 정비례한다. 브랜드 가치가 높은 국가에 명품 브랜드가 많다는 말이다. 브랜드 가치가 높은 국가란 오랜 전통을 바탕으로 경제력, 국방력은 물론, 문화의 힘까지 다 갖춘 풍요로운 나라이다.

이런 나라의 구성원들은 대체로 역사적, 문화적 산물이자 무형의 자산인 민족의 정신을 대물림으로 이어받아 선민의식이 높다. 이들은 예술을 즐기고, 공부하고, 존중하며 명품의 가치와 아름다움을 알아보는 감수성과 안목이 높다.

둘째, 명품은 신분의 척도가 된다. 대부분 부유한 자들의 전유물로, 부자들은 명품을 통해 자신들의 경제적, 계급적 우월성을 확인한다. 한편 신분 상승을 꾀하는 사람들에게는 자극제가 되어 경제적 성장을 일구는 동력이 된다.

셋째, 명품이 가진 희소성이다. 대량으로 생산할 수 없는 수공업 형태이다 보니 수량이 제한적이다. 그러므로 시간이 지날수록 제품의 가치가 상승한다.

넷째, 명품은 소유하고 싶은 욕구의 대상이다. 신분 상승을 노리는 일반인의 욕구는 항상 상류계급의 욕구를 한 걸음 늦게 뒤따라간다.

다섯째, 명품은 오랜 시간 축적되어온 기술과 전통의 생명력을 자랑한다.

명품은 상품 이상의 것이다. 이미지, 즉 브랜드가 생명이다. 선택된 소수가 구매한다는 배타적인 면이 오히려 마케팅의 동력이 된다. 명품 본가들은 핵심 상품에 집중하면서 끊임없는 혁신을 통해 명성을 유지한다. 명품은 가치 소비의 상징이기 때문에 상류층과 중산층을 포함한 모든 계층의 선망의 대상이다. 그래서 '명품의 대중화'가 확산되어간다. 어제의 명품이 오늘의 대중적 소비로 이어지고, 오늘의 명품 소비가 미래의 대중 소비로 바뀌는 것은 시간문제이다. 이는 바로 경제의 파이가 계속 커지기 때문이다.

물자가 부족하던 시대 사람들은 필요에 따라 물건을 구매했지만 지금은 감성적이고 정서적인 이유로 물건을 구매한다. 이것을 사치라고 말해도 할 수 없다. 이러한 사치 욕구는 정도의 차이가 있을 뿐 누구에게나 잠재되어 있다.

이 이론은 식당 문화에도 그대로 적용된다. 이미 지적했듯이 한식당도 위생과 청결, 실내장식, 외관, 식기, 장식 소품, 주방 시스템, 식자재, 기호와 영양 그리고 맛, 상차림 방법, 술, 서비스, 식사 예절, 음향 등 이 모든 요소가 세계 수준의 높은 안목으로 재해석되고 디자인되어 조화를 이룰 때 명품 식당이 탄생한다. 그러나 아무리 그 맛이 명품이라 해도 손님이 찾지 않으면 생명이 없는 식당이 되고 만다. 결국 명품 식당이란 고유의 차별화된 건축물에서 요리사, 웨이터, 지배인이 함께 창조해내는 예술 작품의 가치를 감상하기 위해 모여드는 소비자가 이어질 때 비로소 탄생한다.

명품의 가치는 어떻게 만들어지는가? 한식을 어떻게 명품 반열에 올려놓을 것인가? 소금의 예를 들어보자.

세계에서 가장 유명한 명품 소금, 세계 유명 도시의 슈퍼마켓에서 귀하게 대접받으며 비싼 값에 판매되는 프랑스의 '게랑드Guerande 소금'은 1kg당 3만~4만원에 팔려나간다. 그에 비해 우리나라 신안의 천일염은 1kg당 400~600원 선이다. 그런데 소금의 품질과 성분만을 비교해보면 신안 천일염이 훨씬 우수하다고 한다. 비만과 고혈압에 유해한 염화나트륨의 함량은 7% 정도 적은 반면, 몸에 유익한 미네랄인 칼륨, 마그네슘 등은 3배가량 많다고 분석된다. 어떻게 이런 일이 있을 수 있나? '컨트리 디스카운트Country Discount'라고 해도 이건 너무하지 않나!

프랑스의 게랑드는 철저히 친환경적 생산 방법을 고수한다. 그러니 희소성의 가치가 있다. 그뿐 아니라 프랑스 식당 요리사들은 자신들이 만드는 음식에 게랑드 소금을 쓰는 것에 자부심이 대단하다. 결국 프랑스 식당에서 만든 음식의 맛은 가정 음식에도 영향을 끼칠 뿐 아니라, 세계의 외식 시장까지 파급효과를 준다. 프랑스 음식은 이미 세계적인 명품으로 인정받기 때문에 그들이 사용하는 식자재나 조미료까지도 명품으로 인정받는다. 게랑드 천일염의 시장은 이렇게 소비자들의 입을 통해 세계시장으로 확산되고 꾸준히 성장하게 된다. 게랑드 천일염은 프랑스 국내에서 명품으로 자리를 잡은 뒤 세계적 명품으로 퍼져나간 것이다.

반면 우리나라에서 친환경 천일염을 사용하는 한식당은 몇이나 있을까? 만약 식당에서 천일염으로 만든 김치를 판매한다고 하면 과연 사람들이 그 가치를 인정하고 더 많은 돈을 내려 할까? 그렇다면 외국인이라고 한식당에서 김치나 반찬에 값을 지불할까? 물론 아니다. 그들 역시 우리가 지불하는 가치만큼의 돈을 지불할 뿐이다. 결국 몰라서 못 만드는 것이 아니라 친환경 소금의 시장성이 없다고 생각해서 투자할 엄두를 못 내는 것이다. 우리나라 사람들이 가지고 있는 '우리 음식은 서민적이어야 한다'거나 '한식은 푸짐하고, 싸고, 맛있어야 한다'는 그릇된 고정관념이 문제이다. 결국 우리 스스로 한식의 발목에다 평균 객 단가 6,500원이란 족쇄를 채워놓고 있다. 상품을 만드는 사람들은 소비자의 기호나 취향, 수준에 맞출 수밖에 없지 않은가.

더더욱 놀라운 사실은 음식의 맛을 내는 데 가장 중요하다는 소금 중의 최고 소금인 천일염을 우리나라에서는 2, 3년 전까지만 해도 식품이 아닌 광물질로 분류했다는 사실이다. 우리 음식은 모두 소금 없이는 절대로 만들 수가 없는데 최근에야 소금을 광물질 대신 식품으로 분류하게 되었다니 우리가 얼마나 한식에 무관심했는지 단적으로 보여준다. 아무리 질 좋은 천일염이 있어보아야 무엇하나? 이야기가 없고, 우리가 즐겨 쓰지 않고, 싼 가격만 요구하니 결국 대량생산의 저급한 제품이 될 수밖에 없다.

우리의 의식 개혁 없이는 개선도 불가능하다. 당장이라도 친환경 천일염을 작은 규모로 시험 생산을 하고 이를 청와대 만찬 음식에 쓰게 하고, 고급 호텔 식당에서 쓰게 해야 한다. 해외 주재 우리나라 대사 공관 만찬 음식에도 사용하게 해서 먼저 시장을 만들어야 한다. 그게 실

천일염으로 조리한 생선

천의 첫 단계이다. 지방자치체가 목표를 세우고 정부가 나서 내수 시장을 만들어야 일반 시민이 신안 천일염에 자부심을 가질 것이고, 나아가 세계시장에서도 인정받을 수 있게 될 것이다.

소금만이 아니다. 한식의 모든 메뉴 하나하나가 이런 과정을 거쳐제 가치에 걸맞게 대접받을 때 비로소 한식의 세계화가 이루어지는것이다.

청와대에서 명품 음식을 대접하는 것은 내수 시장을 형성하는 국익차원의 윤리적 투자이다. 가격이 비싸다 해서 사치라고 손가락질할일이 절대로 아니다.

그리고 또 한 가지, 국내 명품은 절대 할인해서 구입하지 말아야 한다. 우리나라 사람들은 할인을 지나치게 좋아한다. 명품은 제값을 쳐

주어야 그 가치를 인정받을 수 있다. 그리고 그 돈은 고용 창출에 보탬이 된다. 우리의 명품은 이 땅에서 먼저 만들어져 널리 애용되어야 한다. 그러면 수출로도 자연히 이어질 것이다.

자국 명품의 소비는 단순한 사치가 아니다. 자국의 명품 소비는 일상 식품 산업 생산의 다양성을 만들고 시장을 활성화하고 다양화한다. 그러지 못해 산업이 위축되고 단편화되면 상류층의 소비가 모두 수입 명품으로 집중된다. 이는 국내 생산력 향상을 저해하므로 절대 바람직한 일이 아니다. 여러 분야에서 다양하게 발전해야 한다. 명품 식당도, 대중식당도, 패스트푸드 식당도 모두 필요하다. 그래야만 각종 산업이 다양하게 골고루 발전할 수 있다. 농어촌이 부유한 나라야말로 문화 전쟁에서 진정한 승리자의 모습이다.

큰 틀에서 볼 때 문화 사업은 실패라는 말이 적용되지 않는다. 물론 한 개인의 실패는 있을 수 있다. 그러나 그 실패 역시 경험이 되어 국가 전체의 자산으로 축적된다. 문화는 역사의 긴 흐름 속에서 형성되는 것이기에 일정 기간의 실패와 성공이 상호 자극하면서 발전해간다. 여전히 진행 중이므로 성공이냐 실패이냐의 속단은 금물이다. 끝까지 신념을 가지고 밀고 나간다면 함께할 사람들이 나타날 것이고, 언젠가는 한식을 즐기는 인구가 기하급수적으로 늘어날 것이라고 나는 확신한다.

우리가 먼저 즐겨야 세계가 사랑한다

|

중국은 세계사에서 유례가 없는 아주 특별한 나라이다. 5000년이 넘는 유구한 역사를 거치면서 숱한 왕조가 명멸했고, 숱한 종족이 한족漢族이란 용광로 안으로 녹아들었다.

광활한 땅과 다양한 문화, 풍부한 식자재를 가진 환경에 세상을 호령하는 왕들의 기호가 더해져 기상천외한 음식을 탐구하고 개발해냈다. 오죽하면 날아다니는 것 중에서 비행기 빼고, 네 발 달린 것 중에서 책상 빼고 모조리 중국 요리 재료가 된다는 말까지 있을까.

그러나 2000년간 이어져 내려온 중국의 왕조도 신해혁명辛亥革命으로 마감되고 문화 암흑기를 맞이한다. 그 찬란했던 음식 문화도 하루아침에 추락하고 말았다.

그랬던 중국이 문호를 개방한 뒤 상상을 초월할 정도로 급속도로 발전하는 것은 바로 홍콩이 있기 때문이다. 홍콩이 영국 조차租借 기간이 끝나고 반환되면서부터 중국의 발전 속도에도 가속이 붙었다.

홍콩은 중국 음식을 세계 최고 수준의 음식 문화로 만들어냈다. 이 사실이 시사하는 바는 크다. 물질보다 의식의 개혁이 중요한 이유를 바로 홍콩에서 찾을 수 있다.

중국의 식문화가 근현대에 들어 세계적 명성을 얻게 된 것은 중국이 노력한 결과가 아니다. 나는 그 명성은 영국이 홍콩을 임대한 뒤 중국 음식을 재해석한 덕분이라고 생각한다.

영국은 2차 세계대전 이후 전쟁이 불러온 경제난을 극복하기 위해 1898년에 99년간 조차지로서 영유권領有權을 행사하게 된 중국의 작은 어촌 홍콩을 국제 관광 도시로 개발하기로 한다. 홍콩에서는 보석과 사치품을 중심으로 면세 혜택을 부여해 전 세계 상류층의 이목을 집중시켰다. 유럽의 상류층 고객을 겨냥한 호화로운 숙박 시설과 위락 시설을 만들었다. 그리고 낯선 중국 음식 문화를 즐기면서 세계 최대의 호사를 누려보라고 충동질하기 시작했다. 영국의 치밀한 계획 아래 세계적 요리사, 유명 건축가와 실력 있는 디자이너들이 모여들었다. 그 덕분에 홍콩에서는 현대적으로 재해석된 중국식 건물 안에서, 매혹적인 중국옷을 입은 채 요염한 매력까지 풍기는 웨이트리스들이 서비스를 제공했다. 이것은 오로지 홍콩에서만 누릴 수 있는 경험이었고, 기대한 대로 세계의 부호들이 홍콩으로 몰려들기 시작했다. 중국 식당의 스타일이 대변혁을 일으킨 사건이었다.

이렇게 탄생한 새로운 스타일의 중국 식당들은 세계 상류층의 오감을 매료시키기에 충분했다. '홍콩식 중국 음식 문화'는 전통 민족 요리의 정체성을 유지하면서 재료의 고급화, 식문화의 차별화로 세계 부호들의 취향과 기호를 충족시켜 일약 문화적 세계성을 획득했다.

변화는 여기서 멈추지 않았다. 영국이 만들어준 홍콩의 문화 변동은 전 세계에 퍼져 있는 4,500만(2010년 기준) 화교들에게 다시 엄청난 기세로 파급된다. 결국 그들도 새롭게 탄생한 홍콩식 중국 음식 문화를 자랑하고 존중하게 된 것이다. 음식 문화의 격상으로 화교들의 문화에 대한 안목과 감각도 높아지는 결과를 가져왔다. 그들의 미적 감각은 나날이 세련되고, 의식 수준까지 더불어 향상되었다. 이것이 바로 화교들의 의식 개혁으로 이어졌으니, 가장 힘들다는 문화 개혁이 영국에 의해 자연스럽게 이루어진 것이다.

그리고 중국이 개방되자 세계 각국에 퍼져 있던 화교들은 빠르게 중국 본토를 변화시키고 있다. 한때 중국 GDP의 배에 달했던 이들의 경제력은 앞으로도 중국 경제에 막강한 영향력을 행사할 것이다. 그들은 오랜 세월 해외에서 습득한 경험과 지혜를 미래의 조국을 건설하는 데 집중시키고 있다. 전 세계에 걸친 화교의 네트워크는 너무나 단단하고, 이를 통한 중국 문화의 세계화는 엄청난 파급력을 가지게 되었다. 현재 중국 정부는 세계 음식 시장 석권을 목표로 한 정책을 구상하고 있다.

이웃 중국은 무서운 속도로 21세기 세계 중심을 향해 질주하는데 우리는 그냥 지켜보기만 할 것인가!

나는 올림픽이나 월드컵 때 온 국민이 하나가 되는 걸 보면 한식을 통한 문화 운동이 우리 민족을 하나로 묶는 계기가 될 수 있다는 희망을 갖는다. 내가 주창한 한식 세계화라는 구호는 바깥으로 먼저 눈을 돌리자는 의미가 아니다. 낯선 다른 나라 사람에게 우리 음식을 자랑하고 맛보이자는 의미로 들으면 곤란하다. 가장 중요한 것은 우리 자신이다. 이제 우리 음식의 장점을 깨닫고 우리가 즐기기만 하면 세계인이 절로 따라올 것이다. 우리 음식을 세계 수준에 걸맞게 이 땅에서 먼저 변화시킨 후 세계인을 자연스럽게 끌어들여야 한다.

여기에 나의 실패담을 하나 이야기하려 한다. 우리가 즐기지 않는 문화는 세계화될 수 없다는 것을 배운 뼈저린 경험이었다.

나는 2008년 베이징 올림픽을 기점으로 중국으로 몰려드는 세계인에게 우리 음식을 본격적으로 보여주고 싶었다. 그래서 우리 음식을 들고 중국에 입성할 계획을 세웠다.

그리고 드디어 2006년 3월, 쇼핑 명품관을 만들 계획으로 세운 베이징 쌍둥이 LG 빌딩 안에 가온 3호점을 열었다. '베이징 가온'의 철저한 준비를 위해 2005년 7월 포항제철 공장이 있는 중국의 장자강張家港에 가온 2호점을 먼저 오픈했었다.

세계시장에 발을 내딛는 순간이기에 '한국의 미'를 한껏 살린 문화 공간을 만들었다. 홀에는 중국인에게도 친근하게 다가갈 수 있는 원탁 테이블을 두고, 식기로는 광주요 식기를 쓰는 등 서울의 가온 때와 마찬가지로 철저하게 준비했다. 그 결과는 어땠을까. 말하기도 참담하다. 장자강 가온은 우리나라 소비자가 외면한 대실패작으로 끝났다. 한국인 고객은 우리가 만드는 음식을 한식이 아니라면서 받아주지 않았다. 가격과 낯선 메뉴에 대한 저항이 거셌다. 한국인이 인정하지 않는 한식이 중국인에게 알려질 리 없었다.

결국 장자강의 가온은 철저히 외면당하고 말았다. 이때 나는 중국에 도전하는 것이 만용임을 깨달아야 했다. 그런데도 나는 왜 더욱더 저돌적으로 베이징 가온 오픈을 밀어붙였을까. 지금 생각하면 나 자신도 이해가 가지 않는다. 무언가에 씌이기라도 한 양 중국 시장에 도전해 보고 싶다는 생각에 몰두했던 것 같다. 미쳤다고밖에 할 수 없는 열정으로 나는 가온에 매달렸다. 그러나 우리나라 최고라 자부했던 음식과 상차림과 실내장식을 우리나라 사람들이 외면하는데 어찌 고급 한식을 논한단 말인가.

2008년 베이징 가온은 베이징의 2만여 개 식당에 대한 평가에서 상위 10위에 든다. 2009년에는 리더스 초이스 어위즈Readers Choice Awards와 〈Food & Wine〉, 중국 최고 주간지 〈주말화보周末畵報〉에서도 가온을 최우수 레스토랑으로 선정했다. 상품 자체로는 확실히 인정을 받은 것이다.

가온의 식탁은 후각과 미각만이 아니라 시각적 만족을 추구했다. 세계 최고급 음식 문화를 우리 문화에 접목한 한식당, 세계 수준급으로 인정받을 수 있는 대표적인 청사진을 제시한 것이다. 그러나 베이징 가온은 외국인에게 우리 음식과 식당의 수준은 인정받았지만 슬프게도 자국민에게는 인정받지 못하는 식당이었다.

하지만 나는 베이징 가온에 여전히 자부심을 느낀다. 도자기 조각을 모자이크처럼 늘어놓은 입구의 흑백 장식, 거문고 줄과 기러기발에서 영감을 얻어 장식한 벽, 불로초가 그려진 청회색 벽지, 풀과 풀벌레를 그린 조선시대 초충도草蟲圖 일부를 확대하여 연출한 시대와 지역을 초월한 공간, 베이징 중심가에 한국의 품격 높은 문화를 보여줄 공간을 만든다는 마음으로 공을 들였기에 지금 생각해도 아름답기 그지없는 곳이었다. 그뿐이 아니다. 유리벽 안에 진열된 광주요 도자

'베이징 가온'의 입구

기들의 빼어난 조형과 실용, 음식을 내오는 종업원들의 잔잔한 미소, 비스듬히 뒷걸음질해서 문을 나서는 태도, 그들의 유니폼 디자인과 질감까지 우리 정신과 문화를 드러내기 위해 세심하게 신경 썼다. '온 고지신'을 구현하기 위해 심혈을 기울였다.

　그러나 불행하게도 베이징 가온을 방문하는 한국 고객의 반응은 장자강 가온에서와 마찬가지였다. 같은 한국 사람들이라도 시골인 장자강에 사는 사람과 베이징에 사는 사람들 사이에는 분명히 문화적 차이가 클 거라고 여겼던 나의 예상은 다시 한 번 빗나갔다. 그리고 올림픽 기간에 베이징을 방문하는 한국의 주요 인사들 역시 한식보다는 중국 음식점에서 접대를 받고 접대하기 분주했다. 결국 5년의 기다림

'베이징 가온'의 내부

이 물거품이 되어 2010년 초 베이징 가온도 문을 닫고 말았다. 참으로 뼈아픈 경험이었다.

그러나 중국 가온을 계획한 초창기부터 서울 가온에서 파견되어 책임을 맡았던 이태현 주방장은 꿈을 계속 펼쳐보고 싶어 했다. 그는 한국 사람들보다 중국인이 더 가온의 한식을 높게 평가한다는 사실에 희망을 가졌고, 베이징 가온을 규모를 줄여 다시 도전해보기를 제안했다. 그래서 심사숙고 끝에 베이징 가온에서 고객들에게 가장 인기를 끈 음식이 홍계탕이었던 것을 고려해 홍계탕 전문점인 '가온 홍삼삼계탕'을 오픈했다. 그리고 '가온 홍삼삼계탕'은 한식의 또 다른 얼굴로 중국에서 성공적으로 자리를 잡아가고 있다. 이를 발판으로 앞으로 중국의 인구 100만이 넘는 160개 도시에 체인점을 열어갈 계획이다. 중국에서의 '한식 세계화'를 위한 우리의 도전은 여전히 치열하게 진행 중이다.

명품 술이 명품 한식을 완성한다

한식당을 준비하면서 나의 관심은 자연스럽게 그릇에서 음식으로, 다시 음식에서 술로 이어졌다. 가온을 준비하면서 특히 내가 관심을 쏟은 것은 새로운 술의 개발이었다. 술과 음식은 떼려야 뗄 수 없는 바늘과 실과 같은 관계이다. 술은 식탁에 모인 사람들 사이를 돈독하게 하고 분위기를 부드럽게 한다. 우리 조상들은 식사 때마다 집에서 빚은 술을 곁들였고, 관혼상제의 상차림이나 절기 음식에도 그에 걸맞은 술이 필수품으로 따라붙었다.

외국도 마찬가지이다. 각 민족은 그들 고유의 술을 창조해 식생활의 필수품으로 정착시켰다. 프랑스인과 이탈리아인은 와인과 코냑을 즐기고, 중국인은 우리의 증류식 소주와 비슷한 고량주를 마신다. 일본인은 사케와 쇼추를, 독일인은 맥주와 슈납스Schnaps를, 영국인은 맥주와 스카치위스키를, 러시아인은 보드카를, 그리스인은 우조Ouzo를 즐긴다.

민족 고유의 술은 음식이 세계화되면서 함께 세계로 뻗어나간다. 중국 요리가 유명해지면서 마오타이와 고량주가 덩달아 유명해졌다.

스시와 사시미가 세계로 뻗어나가면서 사케와 쇼추가 알려졌다. 와인은 말할 것도 없다. 그런데 아주 중요한 한 가지 사실은 술의 고급화가 음식의 고급화는 물론 식당의 고급화를 이끌어가는 동력의 핵심이라는 점이다. 문화 선진국은 술과 음식과 도자기가 이미 세계적인 명품으로 대접받는 나라들이다.

나는 시간이 갈수록 음식과 그릇, 술, 이 세 가지가 한 조를 이루어 팀플레이를 펼쳐야 하는 하나의 문화 단위라는 사실을 깨달았다. 중요한 것은 어떻게 술의 가치를 창조해 음식과 궁합을 맞추고 조화를 이루도록 연출하느냐는 것이다. 전 세계 식당을 순례할 때마다 여러 가지 술을 마셔봤지만 내 입과 우리 음식에 완벽하게 어울리는 술은 찾지 못했다. 우리 전통 요리를 먹으면서 양주나 와인, 사케나 쇼추를 마신다는 것이 너무나 부자연스럽고 자존심 상하는 일이었다.

해답은 이미 우리 선조가 갖고 있었다. 우리 음식에 가장 잘 어울리는 술로 청주와 소주가 있었다. 우리의 다양한 전통주 중에 으뜸으로 꼽는 것이 바로 증류식 소주이다. 조선의 사대부 집안에서는 청주와 소주를 빚어 마셨다. 누룩의 재료만 다를 뿐 만드는 방법에 따라 달라지는 다양한 술의 종류는 중국에 못지않았다.

나는 증류식 소주를 새롭게 만들어야겠다고 결심했다. 그릇장이가 또 술을 만들겠다고 나서니 사람들은 이 또한 무모하다고 손가락질을 했다. 소주를 만들기 위해 2, 3년을 수소문하다가 진로에서 대표이사를 지낸 문상목 사장을 통해 당시 진로소주 고문으로 계시던 김호영 선생과 보배소주의 고문으로 계시던 박찬영 선생을 만날 수 있었다.

두 분의 도움으로 2004년 초 (주)화륜주가를 설립하고 전통 소주 재현에 나섰다. 흡사 선친이 흩어진 도공들을 찾아내어 광주요를 설립해 사라지는 도자기 기술을 끌어모았듯 나는 술 전문가를 찾아내어 경기도 여주에 공장을 지었다. 여주는 예로부터 쌀이 좋고 수질이 좋기로 소문난 땅이다. 땅속 깊이 흐르는 지하 암반수와 왕실에 진상하던 여주 쌀과 이천 쌀로 나는 새로운 술을 빚기 시작했다.

증류식 소주에는 흔히 쌀 찌꺼기가 솥에 눌어붙어서 나는 탄 맛이 남는다. 그 화독내를 증류식 소주의 맛이라고 착각하기도 하지만 세계적 명품을 지향하는 상품에서 탄 맛이 나서는 안 될 일이었다. 그 탄 맛을 없애기 위해 감압 단식 증류를 하는 새로운 설비를 도입해야 했다. 감압 단식 증류란 대기압의 10분의 1 정도로 기압을 떨어뜨리면 끓는점이 내려가 낮은 온도인 약 40℃에서 증류를 시작하는 방식이다. 이렇게 되면 한 번의 증류로 탄 맛이나 잡맛이 없는 부드럽고 투명한 술을 얻을 수 있다. 이를 다시 살아 숨 쉬는 옹기에 담아 장기간 지하에서 숙성시켜 마침내 '화요'가 탄생했다.

예전부터 우리는 증류한 술을 소주라고 불렀다. 세계적 명품 술들은 대부분 단식 증류한 소주燒酎를 바탕으로 한다. 즉 불로 한 번에 증류한 진한 술이란 말이다. 그런데 지금 우리가 마시는 소주는 값싼 수입산 타피오카를 주원료로 연속 증류하여 얻은 95도 알코올을 물로 희석해서 첨가물로 맛을 낸 저급한 술이다. 그래서 본래 공들인 술인 소주가 이제 값싼 술의 대명사처럼 되어버렸다. 우리의 술 문화를 차용해간 일본의 '쇼추'는 세계 명품 증류주로 대접받고, 정작 우리 술은 쇼추의 싸구려 아류로 낙인찍힐 일이 뻔히 보였다. 그것을 앉아서 바라보고만 있을 수가 없었다.

스카치위스키는 보리를 발효시킨 것을 증류해서 얻은 백색의 투명한 술을 오크통에 넣어 숙성한 것이다. 한 가지 원료인 보리만 사용한 것을 싱글몰트라고 부르고, 싱글몰트에 다른 원료의 술들을 섞어 맛을 만든 술을 블렌디 위스키라고 부른다. 코냑도 포도를 발효시켜 증류한 술을 오크통에 넣어 숙성시킨 것이다. 원래 백색으로 투명했던 술이 오크통에서 숙성되면서 황금빛을 얻은 것이다. 나는 화요도 오크통에 넣어 숙성시켜보자는 아이디어를 냈다. 오크통에 숙성하면 황금빛의 아름다운 색을 얻을 수 있다. 그러면 새로운 쌀 위스키로서 얼마든지 세계 명품과 어깨를 겨룰 수 있다. 역사상 100% 쌀 위스키의 판매를 시도한 것은 처음이기도 하다. 쌀 위스키는 2012년 3월에 세상에 탄생한다.

2004년 9월 30일 나는 마침내 25도짜리 청주와 41도짜리 증류식 소주를 만들어냈다. 이름은 '화요'라고 붙였다. '화요'는 소주燒酎의 소燒를 화火와 요堯로 분리하여 붙인 이름이다. 불로 다스린 귀한 술이란 뜻이다. 처음 화요라는 이름을 듣자마자 너무 마음에 들어 결정해버렸다. 도자기와 음식도 불로 다스려지는 것이니 하나의 문화 세트로서 잘 어울리는 이름이 아닌가? 그리고 특히 어머님이 "너는 너무 다혈질이니 항상 뒤를 돌아보고 차분히 반성하면서 미래를 다져나가라"라며 지어주신 성요省堯라는 나의 호號와 겹치는 이 이름이 왠지 나

새로운 한국산 명품이 될 쌀 위스키

와 인연이 있는 듯 느껴지기도 했다.

'화요'를 마셔본 사람들은 부드럽고 고급스럽다고 극찬했다. 특히 희석식 소주는 입에도 못 댄다던 사람들이 화요의 애호가가 되었다. 칭찬은 입에서 입으로 번져가며 한식과 어울리는 술을 만들고 싶던 내 바람이 드디어 실현되었다. 현재 몇몇 5성급 호텔에서는 화요로 만든 칵테일을 인기리에 판매하고 있다.

화요는 2005년 1월부터 본격적으로 출시되기 시작했다. 출시와 함께 세계적인 명품 술을 지향하는 '화요'를 즐기는 법에 대해서도 홍보했다. 41도 화요를 그냥 스트레이트로 즐길 수도 있지만, 위스키처럼 얼음을 넣어 차게 마시면 그 맛이 더욱 부드러워지면서 쌀의 은은한 향기가 배어난다. 그리고 보드카로 만드는 모든 칵테일에 보드카 대신 화요를 넣으면 그 맛과 향이 더욱 빼어나다.

화요 25도는 스트레이트로 마셔도 부드럽지만 겨울에는 따뜻하게 데워 마실 수 있다. 사람들이 겨울에 많이 마시는 히레자케ひれざけ에 일본 사케 대신 화요 25도를 넣는 것도 따뜻하게 데운 청주의 멋과 풍미를 돋운다. 그런 다양한 화요의 변주와 칵테일을 즐기는 이들이 날이 갈수록 늘어나 나의 한식 세계화 사업에 서광이 비치고 있다.

회사명도 '(주)화류주가'에서 '주식회사 화요'로 변경했다. 그리고 술병도 국보 제113호인 고려시대 12세기 화청자철화 양류문 통형병을 본뜨되, 현대적 감각을 살려 손으로 빚은 느낌이 나도록 자연스러운 굴곡을 연출했다. 병 윗부분에는 세계로 뻗어나가겠다는 의지를 담아 운학문雲鶴紋을 양각해 넣었다. 특히 도수가 높은 41도 술을 위해 나는 국보 제92호인 고려시대 12세기 청동으로 만들어진 물가 풍경 버드나무 무늬 정병을 본뜬 새로운 술병을 만들었다. 분청도기에 귀얄 기법으로 백토를 입힌 고급 도자기였다.

술잔 또한 가야시대의 토기를 본떠 아주 적은 양을 담을 수 있게 방울잔을 만들었다. 우리 선조들이 했던 것처럼 굽 안에 구슬을 넣어 한 잔 비우고 흔들어 흥취를 돋우고 풍류를 즐기도록 했다. 오랜 시간 마음의 정성을 다해 빚은 술과 거기에 풍미를 더해 차려낸 사람에게 감사하는 마음으로 즐기라는 뜻이 들어 있다.

애석한 일은 김호영 선생과 박찬영 선생께서 화요를 만드신 지 1년 반이 채 되기도 전에 유명을 달리하고 말았다. 화요 41도, 25도가 그

분들의 유작이 된 것이다. 그러나 다행히 2010년 초 그들의 수제자인 생산 책임 문세희 부사장이 도수가 낮은 17도짜리 술을 만들면서 그분들의 뜻을 이어가고 있다. 그 외에도 다양한 애주가들의 취향을 고려해 53도의 화요 쌀 소주도 개발하고 있다. 그리고 중국인들이 즐길 수 있는 고도주인 53도 쌀 소주도 곧 출시할 예정이다.

화요는 그 탄생부터 '한식 세계화'에 근본을 둔 술이다. 한국 식문화를 세계화하는 데는 비단 음식과 그릇뿐만 아니라 음식에 곁들일 한국 고유의 술, 한국적인 분위기를 연출할 실내장식, 한국의 음악 등 한국의 문화를 총체적으로 체험할 수 있도록 하는 것이 중요하다. 이같은 전제하에 가장 한국적인 술을 세계인 누구나 즐기고 감탄할 수 있도록 만든 고급 증류식 쌀 소주, 화요. 그런데 안타깝게도 우리나라 사람들은 일본 도자기나 사케의 원조가 우리나라라고 주장할 때는 자존심이며 애국심이 하늘을 찌르다가도 막상 실생활에서는 남의 도자기와 술을 선호한다.

물론 아직 화요의 인지도가 낮아서 그럴 수도 있다. 그러나 더욱 가슴 아픈 일은 "맛은 좋은데 소비자가 모르니까 소주 가격이 왜 이리 비싸냐며 항의한다." "양주나 사케에 비해 마진을 많이 붙일 수가 없다"는 이유로 문전박대를 당하는 경우이다.

내가 처음 화요를 출시했을 때의 반응은 정말 가지각색이었다. 일본 수입 쇼추보다 분명 저렴한데도 '가격이 터무니없이 비싸다', '병의 디자인이 틀렸다', '희석식 술 맛이 훨씬 좋다'는 등 온갖 불만이

쌀로 만든 명품 소주 '화요'

터져 나왔다. 심지어 화요의 앞날을 걱정한다는 말까지 들었다. 이렇게 말하는 사람들의 비판에 귀를 기울이면서도 나는 한편 그들을 새로운 혁신과 변화를 쉽게 받아들이지 못하는 사람들이라고 여기며 묵묵히 내가 가야 할 길을 갔다.

전통주에 남아 있는 사대주의의 굴레

|

우리 문화는 서민적인 문화라고 말하는 사람들이 의외로 많다. 그렇다면 우리 문화는 대중이 누리고 서양 문화는 귀족이 누려야 한다는 말인가. 우리 문화를 즐기면 서민이고 서양 문화를 즐기면 귀족이

라도 된다는 말인가. 그래서일까? 국가적 행사나 국가 복지 시설, 외교 시설, 정부 관사, 기내 그리고 일류 호텔에서조차 우리의 상징적 술이 준비되어 있지 않은 경우가 있다. 우리에게도 대중문화가 있고 고급문화가 있다.

많은 사람들이 경쟁하듯 타국에서 흘러든 강한 문화로 사치를 한다. 그러면서 우리 문화 이야기만 나오면 서민적 아름다움이 미덕이라고 강조한다. 양식당에 가서는 수십만 원짜리 와인을 따고, 이자카야에 가서는 몇십만 원짜리 일본 사케나 쇼추를 마셨다고 자랑하고, 중국집에서는 수십만 원짜리 우량예를 마시고 탄성을 지르는 사람들이 그 술과 비교해도 전혀 손색이 없는 우리 술에는 500ml 한 병에 5만 원, 6만 원만 해도 비싸다고 한다. "대중이 다가가기 힘든 술이군요" 하면서 걱정까지 해준다. 그러면서 아무렇지 않게 "역시 우리 입맛에는 3,000원짜리 소주가 최고야"라고 말한다. 참으로 답답하고 어이없다. 많은 사람들이 이미 전 세계의 상류층이 인정하는 다른 나라의 상품을 애용하며 스스로 상류층인 듯 신분 상승의 대리만족을 느낀다. 왜 우리 음식과 우리 술만 소탈해야 한다는 것인가. 이것이야말로 참으로 웃기는 일이 아닌가.

우리 음식 문화가 강한 문화가 되기 위해서는 수입 문화에 젖어 있는 사람들이 먼저 변해야 한다. 물론 지금까지는 우리 모두 전통문화의 고급화에 무관심하여 그런 상품의 탄생 자체가 어려웠다고 본다. 사실 얼마 전 까지만 해도 나도 그런 사람들 중의 하나였기에 입이 열 개라도 할 말은 없다. 이제야 우리 것이 얼마나 소중한 것인지, 우리 전통 안에 얼마나 많은 보물이 숨어 있는지 비로소 눈뜨기 시작하고 이렇게 역설하게 된 것이다.

현재 수출입 통계를 보면 우리나라는 1위인 미국에 이어 2위를 차지하며(2010년 3월 기준) 일본의 전 세계 사케 수출량의 16%를 마시고 있다. 완전히 '일식과 사케와 쇼추'에 빠져 있다고 할 만하다. 우리 문화를 스스로 경시하게 만든 일제 문화 말살 정책의 잔재가 아직 있는 것일까.

영국의 역사인류학자인 잭 구디Jack Goody의 말을 빌리면 역사적으로 지배와 피지배의 관계에 있었던 나라들은 모두 '식민 지배 국가의 문화와 정책에 따라 피지배 국가의 문화적 성향이 변화했다'는 공통점이 있다고 한다. 다시 말해 식민 지배자의 기호를 따른 습관이 후손에게까지 전해진다는 말이다.

18세기 이후 세계적 식민 지배 국가였던 영국과 프랑스는 2009년 기준으로 영국의 스카치위스키를 자국 생산량 가운데 57.7%를, 프랑스 와인의 34.0%를 해외로 수출하고 있다고 한다. 정작 그들 나라에서는 병당 35달러 미만의 스카치위스키와 20달러 정도의 와인이 대중적으로 보편화되어 있다. 그 이상의 가치를 가진 고급 위스키와 와인은 다른 나라의 상류층을 대상으로 수출한다. 그를 모방한 대중적인 상품 또한 뒤따라 대량 수출되고 있다.

상징적인 고급문화의 필요성은 세계적으로 그 상품의 가치를 먼저 인정받아야만 그와 관련된 대중문화의 상품도 보편화될 수 있다는 논리가 여러 실례에서 증명되고 있다. 그렇기에 한국 국내의 주류 산업도 특화되고 고급화된 상징적인 제품으로 가치를 전도시켜야 한다.

식민 지배 당시 일본은 우리 전통주 제조를 금지하여 우리 민족의 문화와 자긍심을 말살시키려 했다. 그런데 해방이 된 뒤에도 정부는 도리어 1965년 발표한 양곡 정책에 따라 전통주 제조를 국가가 나서 금지했다. 도저히 이해가 가지 않는 일이었다. 스스로 우리의 전통문화를 단절해버린 것이 아닌가.

이로써 식민 지배 당시에도 힘겹게 명맥을 이어오던 전통주가 거의 성장을 멈추게 된다. 피해의식과 사대주의를 극복하지 못하고, 우리 고유의 소중한 문화유산을 외면한 것이다.

세계의 술들은 그 나라 음식의 가치를 배가시키는 기능을 한다.

극단적인 예를 들어보자. 중요한 해외 인사를 접대한다고 생각해보자. 1,000달러짜리 와인을 마시는데 1인당 50달러 하는 음식을 시키지는 않는다. 적어도 200달러 정도 하는 음식과 함께 와인을 즐기게 된다. 3,000원짜리 술을 마시면서 1만 원이 넘는 음식을 먹을 수는 없다. 술이 좋아야 거기 걸맞은 음식이 따라온다. 1만 원 이하의 음식을 차려 내는 밥상에서 1,000원이 넘는 도자기를 식기로 쓸 수 없는 것과 같은 이치이다. 다시 강조하건대 이렇게 왜소하고 단편적인 시장 규모에서는 그릇이고, 음식이고, 술이고, 나아가 다른 어떤 상품이고 내수 경제가 살아날 수 없다.

그런데 문제는 이것만이 아니다. 우리의 주세법에도 심각한 문제가 있다. 이 문제는 너무나 중요하다.

우선 전통이란 개념에 문제가 있다. 우리 술 화요는 분명히 전통주로 분류되어야 하는데 말만 전통이라고 했지 실제로 전통의 특혜를 하나도 받지 못한다. 사라져가는 전통주에 지금 필요한 것은 첫째도, 둘째도 경쟁력이다. 그런데 우리의 주세酒稅 시스템이 전통주의 경쟁력에 무거운 족쇄를 채워놓고 있다. 그 족쇄를 풀기 위한 방안을 나름대로 제안해본다.

첫째, 전통주 가격 상승과 경쟁력 상실의 원인이 되는 종가세를 폐지하고 종량세를 실시해야 한다.

종가세란 주류를 제조하는 데 주류를 담는 용기, 상표, 포장 등에 소요되는 비용을 모두 주세에 부과하는 조세 방식을 말하며, 종량세란 '알코올' 자체에만 주세를 부과하는 조세 방식을 가리킨다.

이런 주세법이 존재하는 한 세계시장은 물론 국내에서조차 가격과 디자인 면에서 세계적인 명품 술들을 이길 방법이 없다. 일본이 우리를 착취하기 위해 만든 주세법을 대한민국 정부에서 폐지하기는커녕 금과옥조인 양 끌어안고 있으니 기가 막힐 노릇이다. 정부에서는 아마도 세금의 규모가 미미하다 보니 이 법을 내버려둔 모양인데 이래서는 절대로 전통주가 발전할 수 없다. 한마디로 지금의 주세법에 따르자며 5,000원 가치의 전통 증류주를 1만 원을 지불하고 마셔야 하는 꼴이다.

이제라도 전통 주류에 한해서만큼은 술 '알코올' 자체에만 주세를

'화요' 술병의 모티브가 된 물가 풍경 무늬 정병과 가야시대의 토기

부과하는 종량세 방법으로 전환해야 한다. 2008년 기준으로 주세는 우리나라 전체 조세의 1.7%에 지나지 않고, 특히 화요와 같은 전통 증류주에 담당하는 부분은 전체 조세의 0.05% 미만에 불과하다.

둘째, 전통주의 범위를 확대해야 한다. 우리 농산물을 사용해 창조적인 방법으로 개발하고 현대화한 술까지 전통주에 포함시켜야 한다. 세계와의 문화 전쟁 운운하면서 진화가 중단된 낡은 전통만을 고집하는 것은 모순이다.

전통이란 부단히 진화되어온 현재의 모습과 연결될 때 생명력이 있다. 과거 어느 시대에 머물러 있는 것이 아니다. 손에서 손으로 그 제조 기술을 이어온 전통주는 물론 세계 수준의 제조 기술을 확립하고 있는 시스템화하고 있는 건실한 업체들을 통해 전통주 세계화를 적극 추진해야 한다.

'화요 41도'를 위해 제작한 술병과 술잔

셋째, 소규모인 전통 주류 제조업체의 수수료 부담을 낮춰야 한다. 또한 시장 진입을 수월하게 하기 위해 주류 도매 업소를 통한 전통 주류 판매 제도를 폐지해야 한다.

넷째, 주세법에 따라 생산된 술은 출고와 동시에 납세 병마개와 납세 증지로 세금을 선지급하도록 정하는 방식을 폐지해야 한다. 신규 전통 주류 업체에게 100% 세금 선지급이라는 제도는 엄청난 자금 압박을 초래한다. 적어도 신규 전통 주류 업체에 한해서는 최소 10년까지는 판매 후 세금 납부를 허용하는 제도가 바람직하다.

이 네 가지 조항은 우리 식생활 문화의 세계화를 완성하기 위해서 반드시 필요하다. 그래야 우리 전통주의 고급화로 우선 국내에서 시장경쟁력을 갖출 수 있고 나아가 수출로 이어질 수 있다.

1965년 곡물 파동 이후 전통주가 사라진 자리를 메운 것이 바로 일본에서 들여온 희석식 소주다. 원료도, 제조 방식도, 맛도, 효능도 전통주와 비교할 수 없을 만큼 저급한 것이었다. 그런데 일본이 2차 세계대전 당시 아시아 전체를 정복하기 위해 군수용으로 대량생산한 술이 우리 민족의 문화와 정신을 담은 술의 자리를 대신 차지하고 있다. 그 자체가 용납할 수 없는 일이다. 이뿐이 아니다. 마트에서 360ml 병당 1,000원에 팔릴 정도로 가격이 저렴하다 보니 취하도록 마신다 해도 별 경제적 부담이 되지 않는다. 그러니 젊은이도 어른들도 누가 센지 경쟁적으로 술을 마시기 바쁘다. 영웅이라도 된 듯 상대를 뻗게 만든 사실을 의기양양해서 떠벌린다. 알코올 중독자가 되어가는 줄도 모르고……. 알코올 중독으로 인한 사회간접비용의 증가는 심각하다. 담배처럼 희석식 소주에 한해서는 세금을 올려야 한다. 그래야 담배 중독자들이 줄어든 것처럼 알코올 중독자들이 줄어들 수 있다.

지금의 증류식 소주 출고량은 희석식 소주 출고량의 0.1%에도 못 미치는 0.035% 정도밖에 되지 않는다는 사실이 씁쓸하기만 하다.

2010년 한국주류산업협회의 조사 결과에 따르면 소주를 마시는 주요 이유로는 고민 상담이 47.2%이고, 맥주는 피로와 스트레스 해소용으로 37%, 스포츠 관람 시 28%, 적적함을 달래기 위해 27.1% 등 폭넓은 이유로 마시고 있다고 한다. 위스키는 '접대를 위해' 마신다는 비율이 42.6%이고, 와인은 60.5%가 '분위기 조성'을 위해 마신다고 했다.

국민들이 술에 대해 이런 이미지를 갖는 것은 TV에서 방영되는 드라마와도 무관하지 않다. 우리 드라마에서 부유한 집안 사람들은 평상시에도 와인과 위스키를 마신다. 그런데 주인공들이 괴로울 때는 예외 없이 포장마차에 가서 소주를 들이켠다. 이렇게 드라마마저 수입한 술을 우월하게 그리고, 우리의 술은 세련미라곤 없는 서민적인 것으로만 보여준다. 2010년 한국주류산업협회의 통계와 여론조사의 결과가 드라마 장면들과 놀랄 만큼 일치한다. 우리의 문화를 이렇게 저급하게 연출한 드라마의 장면들이 우리의 내수 경제에도 영향을 미친다는 사실을 방송 관계자들은 알고나 있는지 궁금하다.

한식 세계화는 계속 진행 중이다

2007년 말경이었다. 나파 밸리 만찬이 세간의 화제가 되면서 가온의 매출은 급신장하기 시작했다. 그런데 12월 어느 날 느닷없이 가온이 들어서 있던 땅이 부동산 문제에 휘말리고 말았다. 당시 가온의 성장세로 보아서 2년 정도만 시간을 더 투자한다면 가온은 분명히 성공할 수 있었다. 고급 한식 문화가 자리매김되고 있다는 생각에 설레는 하루하루를 보내던 때였다. 그러나 어쩔 수 없는 이유로 어이없게 가온의 문을 닫게 되었다.

그 순간 난 갑자기 멍청해졌다. 망망대해에서 방향을 잃은 기분이었다. 성공의 문 앞에서 미련을 접어야 했기에 너무나 많은 아쉬움이 남는다.

문제는 전부 내게 있었다. 첫째, 식당업에 문외한인 내가 너무 쉽게 생각하고 덤볐다. 둘째, 한꺼번에 너무 많은 사업을 벌였다. 한식당 가온을 작은 규모의 파일럿플랜트pilot plant 개념의 식당으로 운영한 뒤 철저한 계획을 세워 '낙낙'도 '녹녹'도 열고(한식당의 수직적 다양성을 추구하며 가온 이후 캐주얼 식당 낙낙, 체인형 식당 녹녹을 운영했다) 중국에도 진출했어야 했다. 셋째, 우리 제품을 기본적으로 자체 소비할 수 있는 충성도 높은 고객이 없는데도 화요만을 판매하려 한 내 고집에 문제가 있었다. 넷째, 투자 자금 전액을 개인 자금으로 충당했다. 다섯째, 전부 선례가 없는 도자기, 식당, 술, 벽지 사업을 한꺼번에 시작하다 보니 시장의 저항이 거셌다. 여섯째, 한식은 싸고, 푸짐하고, 맛있어야 한다는 고정관념을 깨고 사람들을 고급 한식으로 끌어들이기에는 내 역량이 부족했고, 자체 소비로 뒷받침하며 나를 지지해줄 수 있는 내부 고객이 너무나도 부족했다.

결국 나의 오만과 만용이 오늘의 어려움을 불러왔다는 결론에 이르렀다. 그러나 지나간 시행착오를 후회할 생각은 없다. 모든 것을 겸허히 받아들이기로 했다. '가온'을 앞세워 한식 세계화를 부르짖어왔는데, '가온'이 문을 닫으면 그것을 체험할 장소가 사라지게 되는 것이 가장 마음 아팠다. 가온이 없는 한 내게는 더 이상 '낙낙'과 '녹녹'도 존재할 이유가 없었다. 주위에서 아쉬워하는 소리가 없지 않았지만 패스트푸드의 프랜차이즈 사업을 해보겠다는 셰프들을 위해 갤러리아백화점 푸드 코트의 '녹녹'만 남기고 나머지는 모두 문을 닫아버렸다.

이미 말했듯이 2010년 2월 중국 가온까지 문을 닫으면서 그동안 펼쳐왔던 '한식 세계화'의 계획은 전면 수정이 불가피하게 되었다. 중국은 그동안 축적한 경험을 바탕으로 이태현 주방장이 전문 음식점으로 재도전하고, 국내는 장정윤 주방장이 백화점 내에 있는 패스트푸드점 '녹녹'을 프랜차이즈 사업으로서의 가능성을 보며 계속 유지해나가고 있다. 그리고 포항에서 '낙낙'을 해보겠다는 후배가 있어 그동안의 노하우를 전부 전해주었고, 지금 포항 낙낙은 명소가 되어 잘 운영되고 있다.

아직도 많은 사람들이 말한다. '외국인을 접대할 공간으로는 가온이 최고였다', '그립다', '아름다웠다', '한국인이라는 것이 뿌듯했다' 하며 아쉬움을 전하는 고객을 만나면 나 역시 아쉽다. 그러나 언젠가 다시 도전하겠다는 마음으로 차근차근 준비 중이다.

2010년 5월부터 나는 김병진 조리장과 함께 다시 '화요 만찬'을 차려 내고 있다. 과거의 '성북동 만찬'처럼 한 달에 한두 번 제철 재료로 새롭게 개발한 한식을 만들어 손님들을 초대한다. 그 음식으로 한식 세계화에 관심을 가진 분들이나, 이와 관련해 초청되는 세계 유명 요리인들, 석학들을 모신 한식 체험의 장을 성북동 집에서 다시 시작한 것이다.

화요 만찬에 선보인 음식들은 모두 광주요 홈페이지와 신문 등 매체를 통해 조리법을 공개한다. 사진을 함께 올려 요리에 관심 있는 많은 사람들이 공유할 수 있도록 하고 있다.

지금도 국내에서는 김병진 조리장이 메뉴 개발을 위한 요리연구가로서 애쓰고 있고, 장정윤 과장은 갤러리아 푸드 코트의 녹녹을 운영하며 한식 세계화 실험을 이어가며, 중국에서는 이태현 총경리가 홍계탕 전문 식당에 몰두하며 한식 세계화의 전초기지가 되겠다는 의지를 불태우고 있다.

음식과 어울리는 도자기와 술맛의 개발 역시 계속되고 있다. 언젠가는 다시 가온의 꿈을 실현하겠다는 열정은 결코 식지 않았다.

우리의 명품을 넘어 세계의 명품으로

ㅣ

전통은 순간순간 만들어져 축적되는 것이다. 한식에 대한 선입견을 깨고 새롭게 한식의 가치를 만들어가는 창조적인 분들을 우리 모두 진심으로 격려해야 한다. 일본의 스시처럼 세계화란 바로 이 땅에서 시작하여 국내시장에서 먼저 검증을 받은 후 세계로 뻗어나가야 할 것이다. 국내에서도 제대로 검증받지 못한 채 세계 무대에서 먼저 검증받는 것은 불가능하다. 음식은 우리만의 차별화된 문화이지 그들의 문화가 아니기 때문이다.

한식 세계화의 열매를 우리와 우리 후손들이 함께 따먹을 수 있도록 지금 유실수를 심어두지 않으면 안 된다. 다른 나라는 그들 고유의 과일을 기르기 위해 온 힘을 모으는데 우리는 강 건너 불구경만 하다가 남의 집 과일나무나 쳐다보고 있을 것인가.

앞에서도 말했듯이 한식의 문제는 우리의 근본적인 사고방식의 문제이다. 한식에 대한 고정관념이 바뀌지 않는 한 개인이 한국 식문화를 세계적 수준으로 끌어올리는 데에는 한계가 있다. 우리 모두 고급스러운 한식을 새롭게 차별화된 식문화로 인정해야 한다. 세계 속의 표준 식문화의 하나로 만들겠다는 목표를 공감하고 존중해야 한다. 이렇게 우리 모두 2002년 월드컵 때처럼 우리 문화의 미래지향적인 진화를 위해 하나로 뭉친다면 가온보다 훨씬 훌륭한 식당들이 수없이 생겨날 수 있을 것이다.

가온은 한국 식문화에 놀라운 파문을 던졌다. 가온을 표방한 음식점이 전국에 속속 생겨나고 있다. 가온은 식문화가 단순한 음식만이 아닌 건물, 그릇, 실내장식, 서비스, 소품, 청결, 위생 등의 총체적인 조화로움으로 이루어진다는 것을 보여주었다고 확신한다. 다행히 많은 분들이 한식의 진화를 고심하기 시작했고, 품위 있는 한식당에 투자하는 용기 있는 분들 또한 많아졌다.

자신이 속한 문화를 이해하고 사랑하는 마음이 없이는 자존심도 정체성도 잃고 만다. 자기 문화의 정체성은 의식주이다. 그중에서도 음식이 핵심이다. 우리 시대 지성인이라면 다 함께 그 점을 각성해야 한다. 우리 문화, 음식과 술과 집과 옷과 공예의 가치를 세계에 자랑할 수 있어야 미래 선진국이 될 수 있다. 이것이 여러 번 실패하면서 얻게 된 나의 피 끓는 통찰이자 외침이다.

우리 문화를 세계에 자랑하려면 먼저 우리가 가치를 깨달아야 한다. 우리가 감동하고 사랑하지 않는데 남들이 알아주기를 기대할 수는 없다. 우리나라는 수출 의존도가 80%가 넘는 무역구조를 가진 나라이다. 수출로 돈을 벌어들여야 하는 작은 나라. 그런데 힘겹게 번 돈을 와인과 위스키와 커피와 스파게티를 사들이는 데 소비하고 있다. 음식이란 겉으로는 물질이지만 그 안에는 정신이 녹아 있다. 남의 음식을 아무 생각 없이 수입해 먹는 동안 우리 정신까지 그들에게 물들어간다. 물론 수입도 필요하지만 우리 것도 그만큼 팔아서 균형을 찾아야 한다. 아니, 우리 음식으로 세계를 공략해야 한다. 한식은 충분히 그럴 가치를 지니고 있다.

한미 FTA로 농업이 위기에 처했다고 한다. 농업과 식품 관련 산업을 관광 산업과 연계하여 고부가가치 산업으로 육성하는 것이 절실히 필요하다. 특히 잘못된 음식 섭취로 성인병이 증가하고, 다이어트가 문명국의 큰 관심사가 된 현대에는 친환경으로 재배된 채소와 열량을 조절한 음식이 미래 성장 산업이 될 가능성이 크다.

"가장 민족적인 것이 가장 세계적이다"라는 괴테의 말은 이제 진부하게 느껴지지만 거기 담긴 의미는 시간이 흐를수록 더욱 다양한 의미로 변용될 수 있다.

가장 민족적이라는 것은 다른 민족과 차별되는 고유의 문화를 가리킨다. 그리고 가장 세계적이라는 것은 지구촌 어디에서든 보편적 문화로 인정받을 수 있다는 의미이다. 그것은 상품 시장에도 그대로 적용된다. 민족문화의 특성을 철저히 반영한 것이야말로 세계적으로 인정받고 선진 제국과 어깨를 나란히 하는 상품이 된다.

지금은 우리 민족문화의 분야별로 대표적 '상징'을 어떻게 만들어낼지 고민해야 할 때이다. 그 대표 상징을 기준으로 수직적 다양성이 형성되면 고급문화는 대중문화를 견인하고 대중문화는 다시 고급문화를 추동하는 순환적 발전이 가능하다. 그런 과정을 통해 의식주 문화의 등급이 다양해져야 한다.

지금과 같이 고급 수요는 서양문화를 차용해 소비하고, 대중 수요만 우리 문화로 채우게 된다면 우리 민족의 미래는 없다. 우리 문화의 수직적 다양성을 확보하려는 노력은 일자리를 만들어내고 국가의 기반이 되는 내수 경제를 살찌우게 된다. 또 이것이 수출로 이어져 국부와 국가 브랜드 파워를 동시에 창출할 수 있게 된다는 것이 나의 일관된 논리이다.

사회적 리더들에게 요구되는 노블레스 오블리주Noblesse oblige라는 말은 "귀족적 지위는 의무를 갖는다"라는 의미이다. 부와 권력, 명성은 사회에 대한 책임과 함께해야 한다는 뜻으로 사용한다. 부와 권력과 명성을 가진 자들이 노블레스 오블리주를 실천하는 첩경은 바로 민족문화 산업에 투자하는 것이다. 그들은 이미 세계적인 명품과 고급 문화를 충분히 경험했기 때문에 더욱 높은 차원의 문화를 견인할 수 있는 안목과 능력을 가지고 있다.

우리보다 앞선 문명을 누리는 다른 나라들의 역사를 보면 부를 축재한 개인이나 기업이 문화적 가치에 눈을 뜨고 문화 산업에 투자를

했기에 현재의 위치에 이를 수 있었다. 우리도 사회 지도층과 부유층이 앞장서서 우리 문화를 명품화하기 위해 그들의 문화력, 경제력, 조직력 등 축적된 힘을 기울여야 한다.

나는 이것이 우리 사회의 빈부, 이념, 계층 간의 갈등을 해소하는 지름길이라고 믿는다. 아울러 대기업과 중소기업 그리고 개인 사업자 간의 갈등을 해소하는 길이기도 하다. 그런 책임을 실천한 뒤에야 상류층이 누리는 부富가 비로소 정당성을 얻게 될 것이다.

나는 그동안 선친의 가업을 이어받아 우리 도자기를 빚고 도자기에 담을 우리 음식을 만들고 음식에 어울릴 전통주를 탄생시켰다. 음식과 술과 도자기에 어울리는 공간을 고민하다 민화를 이용한 벽지까지 만들기도 했다. 그러나 고급스럽고 상징적인 상품을 만든다 해도 소비해주는 이들이 없으면 어쩔 수가 없다. 상류층이 외면하면 고급문화는 만들어질 수도 없고, 살아남을 수도 없다는 것을 나는 절실히 깨달았다. 우리 스스로가 제대로 된 값을 치르고 고급문화를 소비해야 가치가 창조되고 시장이 형성된다. 우리가 외면하는 문화를 남들이 알아주기를 기대할 수는 없다.

상류층이 문화 발전의 견인차가 된다면 우리 문화는 단시일 안에 압축 성장을 할 수 있다. 문화적으로 우리는 그만한 잠재력을 가지고 있으며 이제 준비도 충분히 되었다. 그러기 위해서는 국가가 나서서 민족문화의 중요성을 홍보하고 범국가적 사업으로 적어도 20년 이상의 장기적 문화 개발 계획을 수립해야 한다.

기업의 사회환원이란 주식 지분이나 현금을 내놓는 것만이 아니다. 나는 생산적인 민족문화 발전에 투자하는 것이야말로 사회환원 중에서도 으뜸이라고 생각한다. 우리는 누구나 사회에 빚을 지고 있다. 나 또한 우리 사회로부터 많은 혜택을 받아왔다. 그래서 우리 문화에 대한 애증愛憎을 통해 깨우친 자각들을 동시대인들과 공유할 수 있는 행운에 감사한다.

상당한 금전과 시간과 열정을 거기 쏟아부었고 시행착오도 없지 않았지만 내가 거쳐온 선례가 우리 사회에 자그만 불씨가 되어 번져나가기를 바라는 마음 간절하다. 그리고 나는 믿는다. 머지않아 우리나라에도 새로운 문명의 바람이 불어 온 세계에 문화 민족의 진면목을 보여주게 될 날이 올 것을. 그것이 내가 꾸는 꿈의 시작이자 끝이다.

한국 음식을 세계화하는 것은 우리 모두 공감대를 갖고 반드시 성취해야 할 과업이다. 이것은 어쩌면 나라를 다시 세우는 것만큼 벅차고 원대한 일일지도 모른다. 우리는 5000년 역사 동안 숱한 고난을 극복해왔지만 침략에 맞서 싸우는 것이었지 우리가 먼저 남을 공략한 적이 없다.

지금부터 시작될 전쟁 역시 마찬가지이다. 우리는 더 이상 외래 문물에 이 땅이 유린당하기 전에 전열을 가다듬고 응전해야 한다. 이 전쟁의 무기는 총칼이 아닌 문화이며, 그중에서도 음식 문화이다. 음식에는 민족의 문화 전체가 고스란히 녹아 있다. 이 문화적 정체성이 사라지면 민족의 동질성이 와해된다. 그것은 국가의 존망이 걸린 일이다. 문화 전쟁은 목숨보다 소중한 정신을 지키는 전쟁이다. 이 전쟁에서 이기는 것이 이 시대를 사는 우리 모두의 소명이다.

한 식 의
세 계 화　전 략

5,000조 원의 시장을 잡아라

|

오랜 시간 한식의 세계화만을 생각하며 살아오다 보니 나 혼자의 힘으로는 할 수 없는 것이 무엇인지도 깨닫게 되었다. 한식이 나아가야 할 길도 절로 보였다. 20년간의 경험과 정부와 민간에서 진행해온 한식 세계화 정책을 보며 가장 가능성 있고 구체적인 세계화 전략을 세워보았다. 혼신을 다해 여러 해 동안 고민하고, 공부하고, 많은 전문가들과 함께 연구하며 만들어 온 한식 세계화의 길을 많은 사람들이 공감하고 함께해 나가기를 바라는 마음이다.

세계 외식업 총시장 규모 5,000조 원. 이 거대한 시장에서 반드시 한식의 자리를 확보해야 한다. 그동안의 경험을 근거로 세계 외식 시장을 공략할 수 있는 나의 계획을 제시한다. 많은 분들의 비판과 의견과 논쟁, 그리고 대안을 기대하며 제시하는 계획은 다음과 같다.

세계 중산층 인구의 반인 10억 명을 한식 인구로 잡고 그들이 한 달에 한 끼만 한식을 먹는다고 가정해보자.

1년이면 12×10, 120억 인분의 한국 음식이 팔린다고 추정하고 그때의 한 끼 객 단가를 평균 20달러로 잡으면 총시장 규모는 매년 2,400억 달러로 추산된다. 한식 세계화가 성공하게 되면 2030년 이후 세계 외식 시장에서 한식 매출액은 매년 260조 원을 기대할 수 있다는 결론이다. 이것은 우리나라의 2008년 총지출 예산과 맞먹는 어마어마한 액수이다. 두 끼면 배가 되고, 일주일에 한 끼라면 당연히 그

액수는 네 배가 된다.

이렇게 규모만으로 봐도 한식 세계화는 올림픽이나 월드컵 유치보다 중요한 범국가적 장기 계획이 필요한 사업이다. 시장 자체만 큰 것이 아니라 거기에 따라오는 부수 효과가 사회 전반에 걸쳐 있고, 특히 정신적 자부심, 문화적 자긍심은 후손 대대로 이어지며 가장 위대한 자산이 될 것이다.

이런 거대한 계획은 치밀한 마스터플랜을 바탕으로 단계적으로 주도면밀하게 추진해야 한다. 또 국민 모두 참여할 수 있어야 효과도, 진행 속도도 극대화된다.

가장 바람직한 모델은 정부, 대기업, 미디어, 국민과 오피니언 리더 등이 유기적 협조 체제를 구축하는 것이다.

세계적인 경영학자 에드워드 프리먼Edward Freeman이 제기한 '이해관계자 이론(모든 사업 주체는 주변에 다양한 이해관계자들이 있으며, 모든 이해관계자를 만족시키기 위해 노력하는 조직이 특정 집단에만 혜택을 베푸는 조직보다 많은 성과를 얻는다는 이론)'을 한식 세계화 사업에 적용하면 정부를 위시한 각 집단은 누가 주체가 되든 모두 한식 세계화의 이해관계자가 된다. 이들 각 집단의 구체적 역할과 실행 전략을 제시한다.

그동안의 경험을 바탕으로 정부와 기업과 매스미디어, 학계와 민간의 실행 전략의 큰 틀을 나름대로 정리했다. 많은 기업, 그리고 관련 종사자들이 공감하고 뜻을 함께해주기를 바라는 마음이다.

정부 : 정책 일원화와 전략

|

1. 현행 관련 법령은 부처별로 혼재되어 있다. 종합 지원 대책을 시행하기 위한 법률 정비와 별도 입법을 통해 한식 세계화를 담당하는 기구를 대통령 산하 직속 기구로 조직, 운영해야 한다.

2. 2012년부터 2015년까지 4년간은 2016년부터 시작되는 제1차 5개년 계획 마스터플랜을 작성한다. 용역 계약은 물론 개발 계획의 타당성 검토, 공모전을 통해 대상, 금상, 은상, 동상, 장려상을 책정하여 한식당의 모델을 만들어야 한다.

   - 공모전은 식당 건축물과 내부 시설, 유니폼, 내부 공예품, 음식의 4개 부문을 평가하여 종합적으로 수상한다. 분야별 상금은 검토하여 차별화한다.
   - 마스터플랜에는 관련 법률과 제도 정비, 인재 양성 시스템 구축, 메뉴 이름 통일, 한식당 해외 진출 지원 및 인증 제도 도입, 홍보 계획, 농업과 외식업 연계 구축 및 유통 등이 포함되어야 한다.
   - 위에 언급한 4개 분야를 각 4성급 식당, 대중식당, 패스트푸드 식당, 길거리 단품 음식으로 나누어 선발한다.
   - 강북과 강남 두 곳에 각 1만 평 정도의 국유지나 시유지를 확보하여 공모전을 통해 선정된 4개 분야에서 수상한 4개 등급의 모델 식당들을 가건물로 세우고, 적어도 3년간 운영해 국내외 소비

자의 검증을 받는다. 이는 업계의 벤치마킹 대상이 될 것이다.

- 모델 식당 조성과 동시에 정부는 특별시, 특별시의 각 구, 시, 군별로 개발 가능한 공원이나 강변을 중심으로 3,000평 정도의 부지를 조성, 길거리 포장마차를 한군데로 모아 단품 푸드 코트를 운영할 준비를 시작한다.

- 2016년부터 시작되는 제1차 5개년 계획에서는 특히 중소기업의 한국 음식 문화의 소비 생활을 위한 세제 지원과 한식당 신규 개업 및 시설 현대화에 대한 금융 지원 제도가 보완되어야 한다.

  구체적으로 이야기하자면 다음과 같다.

  첫째, 창업 투자가 활성화될 수 있도록 절차를 단순화해야 한다. 현재 우리나라에서 창업에 걸리는 시일은 영미권 국가에 비해 배에 이른다.

  둘째, 창업 관련 법률 규제의 일원화와 단순화가 시급하다.

  셋째, 국가 차원의 금융과 정책 자금 지원이 있어야 한다. 이렇게 해서 2018년부터는 해외 진출이 시작되어야 한다.

  - 2021년에서 2024년까지 제2차 5개년 계획, 한식 인구 5억 명을 목표로 세계 주요 도시로 확대

  - 2025년에서 2029년까지 제3차 5개년 계획, 한식 인구 10억 명 달성

  - 2030년에는 제4차, 제5차 5개년 계획을 수립하여 2039년에 한식 인구 20억 명 달성

3. 중앙정부와 지방자치체가 관광공사 등 유관 기구와 협조하여 관광, 숙박 시설 확충 계획을 한식 세계화의 마스터플랜을 중심으로 체계적이고 종합적으로 수립해야 한다.

4. 다양한 정부 차원의 홍보 활동과 마케팅 활동이 이루어져야 한다.
   - 국내에서는 청와대, 국무총리 관저와 각 주요 관저, 특히 해외 주둔 대사 관저에 한식 조리사들을 고용하고, 마스터플랜을 토대로 세계 수준급의 식당 모델을 조성하여 우리 의식주 관련 문화의 우수성을 체험하는 장소로 적극 활용하는 것이 효과적이다.
   - 관저의 만찬 행사에서는 마스트플랜에서 개발한 다양한 롤모델의 코스 음식을 선정하여 세계 각국의 귀빈들이 우리 식문화의 고유성과 우월성을 체험하게 하는 전략적 접근이 필요하다.
   - 공모에서 선정된 다양한 모델을 TV 드라마, 영화 장면에 적극 활용하여 우리 시청자들이 익숙해지도록 한다.
   - 전국경제인연합회, 중소기업중앙회, 국영기업체, 금융 단체, 언론 단체 회원들이 문화보국文化輔國과 한식 세계화에 협조하는 차원에서 선정된 한식당을 접대와 직원들의 문화 교육 장소로 적극 활용한다.

5. 기업 · 정부 · 학계의 공동 한식 세계화 연구센터를 설립한다.
   - 음식 문화 관련 법규에 대한 지속적인 법적 환경 완비
   - 국내외 한식의 실태 파악과 동향 분석

- 타 음식 문화의 실태 파악과 동향 분석
- 새롭고 다양한 한식 문화 시도
  - 코스식 한식 상차림
  - 반찬의 요리화
  - 식사 예절의 생활화
  - 음식의 오염에 대한 경계
  - 음식 쓰레기 감소
  - 도자기와 전통 공예품 활용 모델 개발
- 음주 문화의 변화: 술의 중요성을 음식 문화 차원에서 인식
- 위생, 청결, 예약 문화 정착
- 음식 문화의 우월성에 대한 긍지와 세계화 가능성 확신

대기업 : 전략적 사업 참여

실천력에서는 정부보다 대기업이 훨씬 앞선다. 그렇기 때문에 대기업이 한식 세계화 사업을 추진해야 한다는 나의 주장에는 변함이 없다. 왜냐하면 대기업을 이끄는 총수의 절대적 힘과 능력을 활용할 수 있기 때문이다. 대기업의 총수가 한식 세계화의 중요성에 관심을 가지고 마음만 먹는다면 우리나라의 식문화와 국민 전체의 의식 수준까지 전면적으로 개혁할 수 있다.

앞에서 소개한 에드워드 프리먼의 이해관계자 이론을 적용하면 대

기업이야말로 한식 세계화의 중심이 되어 다양한 이해관계자들이 제시하는 아이디어와 문제의식을 통합, 조율하는 조정자 역할을 훌륭하게 수행할 수 있다. 의지만 있다면 의식주 생활의 혁신을 통해 문화변동을 일으키는 데 투자하는 것이 어떤 의미가 있는지 기업 안팎 이해관계자들의 견해를 조사할 수 있고 그만한 가치가 있다.

지난 시대의 기업 정신이 산업보국이었다면, 민족의 정체성이 위협받고 있는 이 시대의 화두는 문화입국이요, 문화보국이다. 문화적 정체성의 확인과 확립에 기여하는 것이 기업의 사회적 책무를 다하는 길이기도 하다. 한국 문화의 정체성 확립이 기업에게 시급한 문제가 아니라고 생각할지 모르지만, 거대 기업이 임직원들을 구심점으로 국가적 관심사에 대응한다면 심대한 파급효과를 일으킬 수 있다. 이 길이야말로 기업이 문화보국을 선도하면서 국가 브랜드 파워 상승에 이바지하고 글로벌 기업으로서의 이미지를 얻는 길이기도 하다.

대기업에는 총수에게 헌신하는 진정성을 가진 뛰어난 전문 경영인이 있기 마련이다. 그들은 총수의 의지와 지시만 있다면 회사의 이익과 한국 식문화의 혁신을 위해 모험 정신을 발휘할 역량이 충분하다. 투자에 대한 위험부담 역시 기업이 진다는 것을 알기에 부담감을 갖지 않아도 된다. 이 일은 기업이 진정한 노블레스 오블리주를 실천하는 길이기도 하다. 지금까지 대기업으로 성장하게 해준 국가와 사회에 이 정도 보답은 마땅히 해야 할 책무가 기업에게 있다고 믿는다.

이미 지적했다시피 음식을 먹는 행위는 오감이 교감하는 문화 행위이다. 음식을 먹는 행위가 곧 문화이며 인간이 올바른 삶을 살아갈 수 있는 근본이라는 것을 교육과 체험으로 깨닫게 해야 한다. 간단한 식사 예법과 마음가짐을 습관화하는 것은 다른 어떤 교육보다 중요하다. 예술로 승화시킨 한국 음식의 가치와 아름다움에 익숙한 어린이들은 성장하면서 한국인으로서 정체성과 아름다움을 보는 감수성을 키우게 된다.

대기업에 근무하는 수만 명이 넘는 임직원들이 바로 내부 고객이다. 수만 명이 드나드는 식당이라면 성공할 수밖에 없다. 기업 총수는 그들을 한국 문화의 첨병으로 키울 수가 있다. 그리고 그 일을 맡을 적임자는 기업 총수뿐이다. 교육 프로그램 안에 음식에 관한 교육과 체험을 추가해 한식 문화를 터득할 수 있도록 하면 될 일이다.

이러한 과정은 기업에도 충분히 유익한 일이 될 것이다.

첫째, 한국 문화에 대한 자사 사원의 의식 수준을 향상시키고 타사와 차별되는 경쟁력을 확보하게 될 것이다. 그들은 한국 음식 문화에 관한 한 전문적인 지식을 갖추게 됨은 물론이요, 미시 경제의 주요 원리에 눈뜨게 될 것이다.

둘째, 이는 한국 음식의 창조로 이어질 것이다. 새로운 한식이 속속 등장할 바탕이 마련된다.

셋째, 기업 식당이 소문이 나면 일반인이 찾아오게 된다. 국민 전체를 고객으로 확보할 수 있는 기회인 동시에 식당의 고객을 기업의 고객으로 만들 수도 있다.

넷째, 그들의 실천력이 한국 음식 문화를 국가 경제의 기반이 되는 내수 경제의 핵심 동력으로 만들 것이다. 이 동력은 결국 한국이란 국가 이미지가 되어 국가 브랜드 파워가 될 것이다. 이 식당에서 즐길 수 있는 최고급 한식이 세계의 고객에게 퍼져나가는 것은 시간문제이다.

마지막으로, 우리의 후손이 우리 문화에 커다란 자부심을 느끼게 될 것이다. 세계 어디에 내놓아도 손색없는 우리 문화를 총체적으로 물려받게 될 것이다.

이것이야말로 국가를 위한 일인 동시에 세계 속의 문화 전쟁에서 승리하기 위한 전략이다. 미래에 한국이 발전할 수 있는 동력이고 문화보국의 핵심이다. 이 일을 처음 시작하는 기업은 그 공로가 역사에 길이 아로새겨질 것이다.

- 한식 세계화 사업을 국가적 문화 산업으로 인식하고 기업이 노블레스 오블리주를 실천하는 선도적 역할을 한다.
- 문화보국의 차원과 교육적 면에서 그룹의 접대와 회식 수요의 30% 이상을 한식으로 선택할 것을 의무화한다.
- 이윤 추구가 아닌 사회 공헌 면에서 70석 규모의 한식당을 그룹마다 국내 하나, 해외 하나씩 설치한다. 식당의 롤모델로 만들어 〈미슐랭 가이드〉 별 세 개 등급은 받을 수 있는 수준이어야 한다. 해외 업소는 각 그룹이 중복되지 않게 주요 도시 20군데 정도에 고루 모델 식당 하나씩을 만든다.

- 식당의 모든 시스템과 메뉴, 식자재 구입, 조리법, 서비스 방법 등을 일반에게 공개하고 공유한다.

관련 종사자 : 한식에 대한 개념 혁신

한식 연구가들은 새로운 스타일의 한식이나 새로운 재료로 만든 한식은 한식이 아니라고 배척하거나 일본에서 유래한 퓨전 음식이라고 매도하는 경향이 있다. 이런 편견이 있는 한 새로운 한식의 탄생은 어렵다. 한식의 창의적인 개발을 격려하는 분위기가 만들어져야 한식의 진화가 촉진된다. 따라서 우리의 음식 문화에 대한 관심과 애정 그리고 연구와 교육이 절실히 필요하다.

우리나라에는 한식을 끼니를 때우거나 술 마시기 전에 가볍게 배를 채우는 음식으로 경시하는 풍조가 만연하다. 이제는 우리 음식 문화의 가치를 제대로 인식할 수 있는 체험과 교육이 절대적으로 필요하다. 또한 한식당은 사업에 실패했을 때나 퇴직했을 때 마지막으로 할 수 있는 생계형 장사라는 인식을 바꿔야 한다. 외식으로서의 한식은 끼니가 아니라 '요리'이며, 전문적인 조리 기술과 훈련이 필요한 전문 업종이라는 사실을 공감해야 한다.

특별한 날의 외식으로 한식보다 일식이나 중식, 양식을 선호하는 분위기를 바꿔야 한다. 이는 음식의 질이나 분위기, 서비스 등 디자인 면에서 한식당이 뒤지기 때문이다. 모든 조건이 같다면 굳이 한식당을 기피할 이유가 없다. 한식당을 이용하는 것이 세련되고 근사한 것이라는 공감대를 형성해야 한다.

한식은 싸고 푸짐해야 한다는 고정관념을 깨야 한다. 이것은 오랫동안 굳어진 인식으로 한식의 가치 창출을 어렵게 하는 요인이다. 고급 한식이 생겨나고 한국인 누구나 그것을 자랑스러워하는 문화 운동이 필요하다.

요리사를 최고의 예술가로 우대하는 선진국과 달리 한식 요리사를 비전문가로 생각하는 분위기 역시 바꿔야 한다. 한식에 대한 인식이 달라지고 시장이 활성화되면 저절로 변화될 것이다. 한식의 가치를 공감하고 창조할 수 있는 분위기를 조성해야 한다.

한식당 : 서비스 개혁

|

종가에서 대대로 전수되어온 전통 비법을 외부에 공개하지 않으려는 폐쇄성, 이것은 우리나라 문화 전반에 만연한 병폐이다. 당연히 문화 발전을 저해하는 요인이다. 위에서 아래나 옆으로 흐르지 않는 문화는 고인 물과 같다. 고여서 썩고 만다. 공유하고 소통함으로써 더 폭이 넓어지고 힘이 세지고 정화되고 진화할 수 있다.

도제와 비슷한 형태로 수동적이고 폐쇄적으로 이어온 한식 종사자들은 상대방의 가치를 외면하는 배타적인 풍토에 젖어 있는 경우가 많다. 진정으로 자신감을 가진 사람이라면 열린 마음으로 상대를 인정해야 한다. 문화는 선의의 경쟁을 통해 성장한다. 소통과 상호작용이 서로에게 이득이 되고 시너지 효과를 일으킨다는 것을 자각해야 한다.

　한 개인의 주관적 체험에 따른 메뉴 구성과 서비스 등 낯선 시스템에 지나치게 비판적인 태도 역시 바뀌어야 한다. '모르는 것'과 '잘못된 것'은 다르다. 낯선 것은 일단 부정하고 보는 풍토에서는 새로운 시도를 통한 창조력이 발휘되기 어렵기 때문이다.

　식자재와 서비스의 질을 저하시키는 지나친 가격 경쟁을 피해야 한다. 가격 경쟁을 해서라도 살아남아야 하는 현재의 구도에서는 어떤 업주도 이 딜레마를 벗어나기 어려울 것이다. 자본이 부족하고 안정성이 떨어지다 보니 서비스의 질이 낮을 수밖에 없다.
　이 문제는 한식 세계화 운동을 통해 사회 전체의 인식이 바뀌어야 해결될 수 있다. 현대인은 음식이 아닌 이미지를 먹는다고 한다. 음식에 영양학적, 발생학적 정보나 인물이나 사건과 관련된 스토리를 입히고 적극적으로 홍보할 필요가 있다.

　마지막으로 식당에서 김치와 반찬을 돈을 받고 팔 수 있어야 한다. 그래야 더 좋은 김치, 더 좋은 반찬을 만들려는 가치 경쟁이 일어난다.

김치가 세계 5대 건강식품의 하나라지만, 시중에 유통되거나 식당에 내놓는 김치는 대부분 위생 상태조차 신뢰하기 어렵다. 이 문제에 관해 식당 전체의 공감대가 형성되어 실천에 옮길 필요가 절실하다.

미디어 : 한식 존중

모든 미디어가 동시에 적극적으로 위에 열거한 각 전략을 추인하고 후원해야 한다. 기사, 다큐멘터리, 드라마, 연예 오락 프로그램 등 모든 채널을 동원해 한식의 우수성과 가능성과 정신적인 면을 홍보해서 전 국민이 한식에 긍지와 자부심을 느낄 수 있도록 전략적이고 주도면밀한 기획을 해야 한다.

부 록

15년 전 '성북동 만찬'으로 시작하여 지금도
계속되고 있는 '화요 만찬'.
여기에 그 내용의 일부를 소개한다. 아무쪼록
'한식 세계화'라는 화두가 끊임없이 회자되
고, 나와 뜻을 같이하는 사람들이 많아지기를
간절히 바란다.

화
요

만
찬

·

3월의 메뉴

·

3월 화요 만찬의 주제는 '봄나물'이다.
봄나물의 상큼한 맛과 풋풋한 향이 살아 있는
메뉴로 한식 코스 요리가 차려졌다.

참나물 킹크랩 냉채
씀바귀밥
노루궁뎅이버섯과 전복구이
봄나물 비빔밥
쑥된장국

노루궁뎅이버섯과 전복구이

봄나물 비빔밥

|

"저랑 밥 한 그릇 하시죠…… 한식으로"

'화요 만찬'이라 불리는 특별한 만찬이 있다. 광주요 조태권 회장이 서울 성북동 자신의 집에 사회 각계각층의 인사를 초청해 식사를 대접하는 자리이다. 마음 통하는 사람 불러 밥 한 끼 대접하는 게 뭐 그리 특별하겠느냐 할 수도 있지만, 내력을 알고 보면 화요 만찬은 정말 특별한 자리이다. '한식 세계화' 전도사를 자청하는 조 회장이 15년 전부터 소위 사회 저명인사를 불러 모아 자신이 개발한 한식 메뉴를 베푸는 만찬이기 때문이다. 모이는 사람도, 나오는 음식도, 자리를 마련한 주인의 뜻도 하나같이 특별하다.

〈food&〉이 오늘부터 한 달에 한 번씩 이 특별한 만찬에 참석한다. 만찬장에 가서 어떤 사람이 모이고 어떤 음식이 나오는지, 그리고 그 음식에 어떤 철학과 의미가 담겨 있는지 알아본다. 이유는 하나이다. 화요 만찬이 한식 세계화를 위한 실마리를 제공하고 있다고 판단했기 때문이다. 화요 만찬을 주최하는 조 회장은 스스로 "한식 세계화를 위해 500억 원 가까이 쏟아부었다"고 털어놓는, 그러니까 '한식 세계화에 미친 사람'이다.

화요 만찬에 초대받는 것은 한식 세계화를 위한 걸음을 함께 떼는 것을 의미한다. 술은 화요에 유자를 넣은 칵테일. 달콤하면서 쌉싸래한 맛이 일품이다.

화요 만찬 기획 연재의 첫 회 주인공은 당연히 조태권 회장이어야 했다. 누구를 초청하느냐도 중요하고 어떤 메뉴가 나오느냐도 궁금하지만, 화요 만찬이 무엇이고 왜 화요 만찬을 열고 있는지 주인에게 직접 듣는 게 바른 순서이기 때문이다. 3월 만찬 준비가 한창인 서울 성북동 조 회장 집을 찾아갔다.

Q 3월 만찬에는 누가 초청되나요. 음식은 어떤 걸 준비하셨습니까?

A 우리 회사에서 개발한 전통 증류 소주 '화요'가 지난달부터 군에 납품되고 있습니다. 그래서 이번엔 군대 간부들을 초청했습니다. 3월 메뉴는 '봄'이 주제입니다. 봄 채소를 곁들인 백골뱅이무침과 봄나물 비빔밥, 두릅산적 등 여덟 가지 코스 요리를 준비했습니다. 모두 우리가 개발한 메뉴이지요.

Q 만찬 내력이 궁금합니다.

A 맨 처음 시작한 건 1997년입니다. 선친께 이어받은 도자기 사업을 음식 쪽으로 영역을 넓혀가던 때였습니다. 한 달에 한두 번씩 꾸준히 열었고 2003년 한정식 레스토랑 '가온'을 열면서 중단했습니다. 2008년 가온이 문을 닫고서 작년에 다시 만찬을 시작했습니다.

Q 화요 만찬 참석자가 하나같이 대단하다고 들었습니다.

A 우리나라 정계 · 관계 · 재계 · 문화계 인사를 망라했다고 생각하시면 될 겁니다. 외국인도 많았지요. 한 번에 10명이 정원이니까,

지금까지 300명 정도 오신 것 같습니다.

Q 초청자 명단을 구체적으로 알 수 있을까요.

A 작년에 새로 시작한 뒤로 참석한 분들의 명단을 드리지요.

조 회장에게 건네받은 만찬 참석자 명단에는 다음과 같은 이름이 빼곡히 적혀 있었다. 콘스탄틴 브누코프 주한 러시아 대사, 김한중 연세대 총장, 이춘호 EBS 이사장, 이인실 통계청장, 정운찬 전 국무총리, 강금실 전 법무부 장관, 박영선 민주당 의원, 김희정 청와대 대변인, 정희선 국립과학수사연구소 소장, 정운천 한식재단 이사장, 김낙회 제일기획 대표, 김태영 전 국방부 장관, 이참 한국관광공사 사장, 스칸드 란잔 타얄 주한 인도대사…….

Q 왜 이런 만찬을 여십니까.

A 음식은 한 나라를 대표하는 문화입니다. 먼저 음식이 있어야 하고, 술이 따라와야 하고, 음식을 담는 그릇이 필요하고, 음식을 먹는 식당이 필요합니다. 음식 하나를 두고 정말 많은 부문의 문화가 결합합니다. 음식을 함께 먹으며 이 주제를 공유하는 자리를 만드는 것입니다.

Q 한식 세계화 사업을 만찬이라는 방식으로 실천하고 있다는 말씀이군요.

A 10여 년 전부터 아무도 관심 두지 않았던 한식 세계화 사업을 혼자

묵묵히 해왔습니다. 독불장군이라고 욕도 얻어먹었고, 돈도 수백억 원이 들어갔습니다. 그러나 저는 이 일을 제 운명이라고 생각하고 계속 할 겁니다.

Q 중앙일보도 2년 전부터 한식 세계화 사업을 진행하고 있습니다.

A 그래서 지금은 많이 좋아졌습니다. 시내 식당에서 쉽게 확인할 수 있습니다. 메뉴가 달라졌고, 인테리어나 청결 상태도 훨씬 좋아졌습니다.

Q 지금 단계에서 한식 세계화를 위해 무엇이 필요할까요.

A 아직은 전체적인 조화가 부족합니다. 음식 문화 전반이 부흥되어야 합니다. 지금은 각자 자기 입장에 맞는 한식 세계화만 주장하고 있습니다.

Q 만찬에는 저명인사만 참석할 수 있나요.

A 한식 세계화 사업에 동참할 수 있는 분을 초청합니다. 모든 문화는 상류에서 하류로 전파된다는 개인적인 믿음도 작용했습니다. 그러나 꼭 저명인사만 참석하는 건 아닙니다. 경남 김해에 있는 김밥집 사장도 온 적이 있습니다. 요즘의 젊은 셰프들도 한번 부를 생각입니다.

4월의 메뉴

·

4월 화요 만찬의 주제는
'한식 세계화의 새로운 제안'이다.
불고기나 갈비찜이 아닌
참신한 메뉴로 코스를 준비했다.

김치수프
청포묵말이 냉채
부추장떡
실치두릅튀김
삼겹살찜과 고등어구이
주꾸미초회
오미자화채와 쑥설기

김치수프

청포묵말이 냉채

2011. 4. 26.

ǀ

한식이 참신하려면 외국인 입장에서 생각해야죠

4월 만찬엔 평소 화요 만찬의 단골손님이 모였다. 한식 세계화를 위한 각계각층의 의견을 듣기 위해서이다. 만찬장의 분위기와 함께 한식 세계화에 대한 그들의 의견을 중계한다.

지난 4월 오후 7시가 되자 서울 성북동 조태권 회장의 집에 속속 손님이 도착했다. 김해에서 김밥집을 운영하는 구윤희 대표는 아침 일찍 KTX를 타고 서울로 올라왔고, KTB자산운용 장인환 대표는 "특별한 날을 맞아 빨간 넥타이로 포인트를 줬다"며 웃으면서 들어섰다.

"오늘 만찬의 주제는 '한식 세계화의 새로운 제안'입니다. 불고기, 갈비, 비빔밥에서 벗어나 참신한 메뉴로 세계로 나가자는 뜻에서 준비했습니다."

조 회장의 설명이 끝나자, 화요에 유자를 넣은 칵테일을 식전주로 즐기는 참석자들 앞에 첫 번째 메뉴인 김치수프가 놓였다. 이날 만찬엔 모두 여덟 가지 한식 코스 요리가 선보였다. 김치수프에 이어 청포묵말이 냉채, 부추장떡, 실치두릅튀김, 주꾸미초회가 차례로 나왔다. 메인 요리를 맛보기 전에 입맛을 돋우는 전채요리였다.

"묵 냉채에 참기름이 안 들어갔네요?"

장인환 대표가 묻자 광주요 조희경 이사가 "재료 고유의 맛을 살리기 위해 일부러 참기름을 넣지 않았다"고 설명했다. 조 이사의 설명에 고개를 끄덕이던 대신증권 이어룡 회장은 "한식재단에서 식당을 평가하는 일에 참여하고 있는데 앞으로 '조미료 범벅 음식'에 대해 날 선 비판을 해야겠다"고 덧붙였다.

메인 요리는 아주 특별했다. 궁중 요리인 삼겹살찜과 대표적인 반찬인 고등어구이가 서양식 사이드 메뉴인 으깬 감자와 함께 나왔다. 마영범 디자이너가 "바삭하게 구운 삼겹살과는 또 다른 맛"이라며 "으깬 감자에 마늘이 들어가 한국적인 맛이 느껴지는 것도 좋다"고 감탄했다. 만찬은 오미자화채와 쑥설기로 마무리됐다. 참석자들은 "한식의 코스로 나눈 게 새로웠다"는 공통된 평을 내놓았다. 국립현대미술관 배순훈 관장은 "화요 만찬의 코스 요리에서 템포를 느꼈다"며 "결국 슬로 템포가 문화를 만드는 바탕"이라고 평가했다.

조 회장은 "한식의 맛을 오감으로 즐길 수 있도록 재료, 조리법, 식기, 담음새를 다양화해 리듬을 타듯이 코스 메뉴를 준비한다"고 설명했다. 이어 그는 "전통적인 한 상 차림은 가짓수가 많아 연간 13조 원에 이르는 음식 쓰레기 배출의 원인이 되고 있다"며 "오늘 나온 만찬은 1인분에 10만 원 정도 가격으로 만들 수 있다"고 덧붙였다.

"이 술잔은 참 독특하네요." 효성그룹 조현상 전무가 술잔을 들어 보이며 말했다.

"계영배戒盈杯, 즉 과욕을 경계하는 잔입니다. 술잔의 7할 이상을 채우면 구멍으로 술이 새어나가게 되어 있죠. 지혜와 절제의 미덕을 담은 도자기입니다." 조 회장은 설명을 마치고 건배를 제안했다.

•

9월의 메뉴

•

2011 문화소통포럼(CCF)에 참석한
주요 인사들이 화요 만찬에 참석했다.
우리 문화의 정수인 한식을 소개한다.

콩국을 곁들인 호박국수
오징어순대
장어구이와 우엉잡채
도토리묵전
새우젓 양념의 바닷가재

콩국을 곁들인 호박국수

장어구이와 우엉잡채

2011. 9. 27.

|

세계 문화 인사들 원더풀! 뷰티풀!

"Beautiful!" "Delicious!"

만찬 내내 한식에 대한 감탄이 끊이지 않았다.

지난 4일부터 6일까지 서울 소공동 웨스틴조선호텔에서 한국이미지커뮤니케이션연구원CICI 주최로 '2011 문화소통포럼CCF'이 열렸다. 2011 문화소통포럼은 지난해 주요 20개국G20 정상회의에 앞서 세계 문화계 인사들을 초청해 열었던 C20을 확대한 문화 행사이다.

화요 만찬이 2011 문화소통포럼에 참석한 주요 인사를 초대했다. 화요 만찬을 주최한 광주요그룹 조태권 회장은 "한식이야말로 우리 문화가 가장 잘 드러나는 장르라는 생각에 세계 문화계 인사를 초청했다"고 말했다. 만찬에 초대된 인사들도 조 회장의 뜻에 기꺼이 동의했다.

"Please enjoy dinner."

조태권 회장의 경쾌한 인사말과 함께 만찬이 시작됐다. 맨 처음 나온 요리는 콩국을 곁들인 호박국수. 참석자들은 능숙한 젓가락질로 이 애피타이저를 맛봤다.

"겉보기엔 파스타 같은데 전혀 새로운 맛이네요." 아메데오 스키아

왼쪽부터 도미니크 볼통, 레슬리 코치, 빌리 보그너, 조태권 회장, 아메데오 스키아타렐라, 폴 그래바치. ⓒ 중앙일보

타렐라(이탈리아·로마건축가협회장)는 호박국수의 맛을 음미하듯이 천천히 씹어 먹었다. 폴 그래바치(영국·문화투자 전문가)는 "소스의 달콤한 맛에 반했다"며 그릇째 들고 콩국을 남김없이 마시기도 했다. 뒤이어 오징어순대, 장어구이와 우엉잡채, 도토리묵전이 잇따라 나오자 모두 호기심 가득한 눈으로 음식을 바라봤다.

레슬리 코치(미국·뉴욕 거버너스아일랜드재단 이사장)는 도토리묵전을 먹고서 "이런 식감은 처음"이라며 신기해했고, 백김치 맛에 반한 도미니크 볼통(프랑스·프랑스국립과학연구센터 산하 소통과학연구소장)은 백김치를 몇 번 더 달라고 했다.

반면 오징어순대에 곁들여진 초고추장은 매웠는지 참석자 대부분이 초고추장을 덜어냈다. 소통학 창시자 도미니크 볼통은 "음식과 음악은 가장 좋은 소통 수단"이라며 "이렇게 훌륭한 음식을 같이 즐기니 모두가 금세 친해진 듯하다"고 말한 뒤 건배를 제안했다.

한국에 관한 다큐멘터리를 기획 중이라는 패트릭 콘던(호주·TV 프로듀서)은 한식 세계화의 아쉬움을 지적했다. "호주만 하더라도 곳곳에 중국·일본·태국 음식점은 많은데 한국 음식점은 찾기조차 어렵다"는 것이다.

레슬리 코치도 "뉴욕에서도 코리아타운에 가야만 한식을 먹을 수 있어 접근성이 떨어진다"고 말했다. 이어 그녀는 "LA에서 먹은 '코리안 타코(멕시코 요리 타코에 불고기를 넣은 요리)'가 기억에 남는다. 맛도 있고 아이디어도 좋아서 세계 어디를 가도 인기가 있을 것 같다"고 덧붙였다.

2시간 30분에 걸친 만찬이 끝나자 모두 아쉬움과 감동의 표정으로 소감을 전했다. 레슬리 코치가 "한식의 감미로운 맛과 세련된 멋을 느낄 수 있었다"고 운을 떼자 빌리 보그너(독일·보그너 그룹 회장)는 "식기와 음식 담음새의 조화가 아주 멋졌다"며 엄지손가락 두 개를 추켜세웠다. 아메데오 스키아타렐라도 "한국의 전통과 현대가 어우러진 멋진 만찬이었다. 고급 식자재와 정성이 가득한 조리법 모두 훌륭했다"고 극찬했다.

러시아에서 작가로 활동하고 있는 고려인 3세 아나톨리 김은 "식사 대접을 받고 감동받은 것은 이번이 처음이다. 한식이 이렇게 발전했

구나 싶으면서 한국인으로서 긍지도 느꼈다"며 한참 동안 조 회장의
손을 잡은 채 놓지 못했다.

12월의 메뉴

·

화요 만찬의 연재 마지막 회.
조태권 회장과 한국관광공사 이참 사장의 대담이 마련되었다.
세 번째 초청이지만 한 번도 같은 요리를 먹은 적이 없다는
이참 사장을 위한 새로운 요리들이 준비되었다.

광어살 어선
모둠전
굴보쌈
달래무침을 곁들인 차돌박이구이
닭강정
굴무밥과 맑은 대구탕
단팥죽

광어살 어선

닭강정

|

외국인 관광객 1,000만 시대 한식 제값 치르고 먹게 하자

화요 만찬 마지막 회를 위해 마주 앉은 광주요 조태권 회장과 한국 관광공사 이참 사장. 외국인 관광객 900만 명 돌파를 자축한 조 회장과 이참 사장은 한식 세계화에 대해 풍부하고 깊은 이야기를 나눴다.

올해 3월부터 시작한 연중 기획 '화요 만찬'이 마지막 회를 맞이했다. 마지막 만찬에는 두 사람이 마주 앉았다. 광주요 조태권 회장과 한국관광공사 이참 사장. 한식 세계화에 관해 누구보다 할 말이 많은 두 사람이다. 화요 만찬이 한식 세계화를 위해 마련한 특별한 자리인 만큼, 이날 만찬은 풍성한 화제와 깊이 있는 토론으로 두 시간 내내 화기애애했다.

오후 7시 서울 성북동 조태권 회장 집에 이참 사장이 도착했다. 이참 사장은 "오늘로 세 번째 만찬 초청"이라고 자랑하며 자리에 앉았다. 여태 한 번도 똑같은 메뉴를 선보인 적 없는 화요 만찬이 오늘은 어떤 음식을 준비했을지 벌써 기대하는 눈치였다.

만찬장 식탁은 우리네 전통 밥상인 각상을 테마로 꾸며졌다. 조 회장이 "큰 테이블은 서양 문화지만 도자기로 만든 개인 매트를 올려 각상을 받았던 전통을 재현했다"고 소개했다.

이날 만찬은 서양 코스 요리처럼 여덟 가지 음식이 순서대로 제공됐다. 저민 광어살을 말아서 쪄낸 어선과 모둠전, 굴보쌈, 달래무침을 곁들인 차돌박이구이, 굴무밥과 맑은 대구탕 등이 차례로 나왔다. 디저트는 단팥죽이었다.

개인 매트 앞에는 각기 다른 종류와 크기의 술잔 네 개가 나란히 놓여 있었다. 술의 종류와 도수에 따라 잔을 달리한 배치였다. 이를테면 어선을 먹을 때는 '화요 17도'를 마시고 모둠전을 먹을 때는 모주 한 사발을 들이켜는 식이었다.

이참 사장이 반가운 얼굴로 계영배를 들며 "외국인 손님에게 선물로 주면 정말 좋아한다"고 말했다. 계영배는 술을 70% 이상 채우면 잔 아래에 있는 구멍을 통해 술이 새어 나오게끔 고안한 술잔으로 술 앞에서도 절제를 잃지 않았던 선비 문화를 보여주는 문화유산이다. 만찬은 계영배를 함께 들며 시작됐다.

이참 한국관광공사 사장–조태권 회장 올해 외국인 관광객이 900만 명을 돌파한 것은 정말 기쁜 일이다. 앞으로 1,000만 명, 1,500만 명으로 늘어날 것을 대비해 국가가 나서 준비를 해야 한다.

이참 사장 우리도 이제 외국인 관광객 1,000만 명 시대에 진입했다고 봐도 틀리지 않는다. 여행업계에 따르면 올해 숙소가 모자라 들어오지 못한 외국인이 많게는 70만 명이라고 한다. 지금 950만 명을 돌파했으니까, 그들만 다 받았어도 1,000만 명은 거뜬히 넘길 수 있었다. 관광 인프라 구축이 시급한 상황이다.

조 회장 외국인이 여행사 상품으로 들어오면 대부분 저렴한 식당에서 밥을 먹는다. 한식이 싸구려라는 인식을 우리 스스로 심어주는 것이다. 앞으로 더 다양한 계층의 외국인이 들어올 것이다. 이에 따른 준비가 필요하다.

마침 식탁에 모둠전이 올라왔다. 배추전 사이에 무를 부친 전이 접시에 놓여 있었다. 이참 사장이 처음 보는 무전을 신기한 눈으로 쳐다봤다.

조 회장 전은 우리나라에만 있는 음식이다. 전만 잘 알려도 우리의 음식 문화를 소개할 수 있다. 이 무전은 얇게 썬 무 사이에 대구살과 대구 육수로 빚은 반죽을 넣고 부친 것이다. 부드러운 생선살이 아삭한 식감의 무와 어우러져 담백한 맛을 내도록 했다.

이참 사장 대구 육수가 들어가서 그런지 깔끔하다. 우리 음식의 매력 중 하나가 국물에 있다. 국물이 내는 시원한 맛은 다른 나라에서 맛보기 힘든 것이다.

모둠전에 이어 굴보쌈이 나왔다. 고기 냄새를 잡기 위해 된장과 약재, 새우젓을 넣고 부드럽게 삶은 돼지고기, 태양초 고춧가루와 새우젓으로 양념한 무김치를 곁들인 굴보쌈이 소담하게 담겨 있었다. 이번엔 새우젓이 화제가 됐다.

조 회장 발효의 가치는 이미 세계에서 인정받았다. 그야말로 완전한 건강식품이다. 그러나 우리는 그 가치를 모르고 있다. 오래 묵은 와인을 비싼 돈 주고 마시듯이 새우젓도 제값을 치르고 먹어야 한다. 한식은 서민적이라는 잘못된 인식부터 고쳐야 한다. 고급문화가 없으면 대중문화도 없다. 우리가 한식을 계속 서민 음식으로만 여기면 결국엔 남의 문화가 고급문화의 자리를 비집고 들어올 수밖에 없다.

이참 사장 서민적인 것이 과연 미덕인지 생각해보아야 한다. 일본 라멘은 1만 원 주고 먹으면서 우리 라면은 3,000원밖에 안 되는 현실이 안타깝다.

조 회장 일본의 스시를 보자. 일본이 세계시장에 스시를 선보일 때 그들은 고가 전략을 썼다. 상류층을 위해 한 접시에 50만 원 하는 스시를 내놓자 대중도 관심을 보이기 시작했다. 일본이 다양한 가격의 스시를 내놓은 건 대중의 관심이 어느 정도 올라왔을 때이다. 회전초밥집이 생겼고 대형 마트에 스시 도시락이 출현했다. 스시로 먼저 공략한 다음 돈가스, 라멘, 덮밥 등 다른 음식도 전 세계에 퍼

뜨렸다. 이제는 이 모든 것이 한데 묶여 일식이라는 문화로 자리 잡았다.

이참 사장 문화에 담긴 정신을 제대로 알아야 한식 세계화도 성공할 수 있다. 좋은 예가 있다. 우리 음식 문화 중에 한 상 차림이 있다. 모든 반찬을 넉넉히 차린 푸짐한 밥상이다. 예전에는 양반가에 잔치를 하면 동네 사람이 다 모여 함께 먹었다. 그래서 상다리가 휘도록 상을 차렸다. 남아서 버리는 음식이 없었기 때문이다. 그러나 지금은 이 전통이 잘못 내려와 음식물 쓰레기 문제를 낳고 있다. 우리나라의 한 해 음식물 쓰레기 처리 비용이 13조 원이다. 식당에 가면 음식 귀한 줄 모르고 공짜라는 생각에 반찬을 더 요구한다. 전통에 담긴 정신은 무시하고 겉모양에만 치우치다 보니 일어난 일이다.

조 회장 전통문화는 끊임없이 현재에 맞게 재해석돼야 한다. 문화의 근간이 바로 의식주이다. 이미 일본은 2020년이 되면 일식 인구 20억 명을 확보하겠다는 계획을 발표한 바 있다. 2006년 우리 통계청 자료에 따르면 세계 자동차 시장 규모는 1,320조 원, IT 산업은 2,750조 원인데 식품 산업 총생산은 4,800조 원으로 집계됐다. 이 중에서 절반을 외식 시장이 차지한다. 삼성, 현대와 같은 대기업이 왜 이 중요한 산업을 외면하는지 모르겠다.

이참 사장 한식 세계화는 매우 시급한 사안이다. 외국인 방문객

1,000만 명 시대, 그들을 어디에 재우느냐도 중요하지만 무엇을 먹이느냐도 중요하다.

다이어트 중이라던 이참 사장은 나온 음식을 거의 다 먹었고, 조 회장은 "이참 사장과 뜻이 잘 맞아 오늘 좌담이 매우 만족스러웠다"며 연신 건배를 제안했다. 잔을 받은 이참 사장이 "이참과 조태권이 만나 '참 좋은 만찬'을 했다"고 감사의 뜻을 전하면서 만찬은 끝이 났다.

조 태 권

1948년	부산 출생
1966년	일본 외국인학교
1970~73년	미국 미주리 주립대학 컬럼비아 캠퍼스 공업경영학과 졸업
1973~74년	도쿄 마루이치상사 근무
1974~82년	㈜대우실업 근무
1988년~	㈜광주요 대표이사
2002년~	㈜가온소사이어티 대표이사
2003년~	㈜화요 대표이사
2008년 9월~2009년 9월	'2010-2012 한국 방문의 해' 추진위원회 이사
2009년 3월~2010년 3월	'대통령직속 미래기획위원회' 자문위원
2009년 3월~	성북문화원 원장

• 연구 논문

2007년 4월	〈한국 식문화 세계화 전략 연구서〉
2007년 10월	〈한국 식문화 세계화 어떻게 시작해야 하나?〉

• 주요 방송

2007년 12월	김동건의 〈한국 한국인〉 조태권 편
2008년 1월	KBS1 〈9시 뉴스〉 신년 기획 '한국 명품의 재발견' 한식 편
2008년 6월	〈KBS 스페셜〉 스시, 양꿍 그리고 김치 편
2009년 11월	EBS 〈CEO 특강〉 조태권 대표 편
2010년 1월	YTN 〈한식, 신한류를 꿈꾼다〉
2010년 9월	KBS1 〈일류로 가는 길-한식, 가치 경쟁으로 승부하라〉
2010년 10월	국군방송 〈국군방송이 만난 사람〉 조태권 대표 편
2011년 12월	MBN 〈The CEO 한식에 혼을 쏟다〉 조태권 대표 편
2012년 1월	TV조선 〈시사토크 판〉 조태권 대표 편

• 한식 세계화 관련 주요 행사

2007년 10월	'NAPA DINNER PARTY' 주최(미국 나파 밸리)
2008년 11월	한국교류재단 만찬 주최(브라질 상파울루)
2011년 9월	2011 문화소통포럼 만찬 주최
2012년 2월	'한식 세계화를 위한 만찬' 주최(미국 LA)

참고 문헌

- 《가슴으로 생각하라》 정운찬 서 l 따뜻한손 l 2007년 08월
- 《경제학 콘서트 1》 팀 하포드 저 l 김명철 역 l 웅진지식하우스 l 2006년 02월
- 《경제학 콘서트 2》 팀 하포드 저 l 이진원 역 l 웅진지식하우스 l 2008년 04월
- 《국가의 품격》 후지와라 마사히코 저 l 오상현 역 l 북스타 l 2006년 11월
- 《국부책》 자이위중 저 l 홍순도, 홍광훈 공역 l 더숲 l 2010년 10월
- 《그곳에 가면 누구나 행복해진다》 강미은 저 l 오래 l 2010년 09월
- 《김치견문록》 김만조, 이규태 공저 l 디자인하우스 l 2008년 10월
- 《넛지》 리처드 탈러, 캐스 선스타인 공저 l 안진환 역 l 최정규 해제 l 리더스북 l 2009년 04월
- 《논어와 주판》 시부사와 에이치 저 l 노만수 역 l 페이퍼로드 l 2009년 11월
- 《누들로드》 KBS 누들로드 제작팀 이욱정 저 l 예담 l 2009년 08월
- 《다보스 리포트 힘의 이동》 매일경제 세계지식포럼 사무국 저 l 매일경제신문사 l 2007년 03월
- 《대국굴기》 왕지아펑 저 l 양성희, 김인지 공역 l 공병호 감수, 해제 l 크레듀 l 2007년 08월
- 《대한제국 최후의 숨결》 에밀 부르다레 저 l 정진국 역 l 글항아리 l 2009년 05월
- 《돈가스의 탄생》 오카다 데쓰 저 l 정순분 역 l 뿌리와이파리 l 2006년 06월
- 《디테일의 힘》 왕중추 저 l 허유영 역 l 올림 l 2005년 11월
- 《마케팅 카사노바》 김기완, 차영미 공저 l 다산북스 l 2008년 01월
- 《마켓 3.0》 필립 코틀러 저 l 안진환 역 l 타임비즈 l 2010년 04월
- 《마케팅의 시크릿 코드》 홍성태 저 l 지두리 그림 l 위즈덤하우스 l 2010년 11월
- 《문명화 과정 1》 노베르트 엘리아스 저 l 박미애 역 l 한길사 l 2002년 04월
- 《문명화 과정 2》 노베르트 엘리아스 저 l 박미애 역 l 한길사 l 1999년 04월
- 《문화 전쟁》 윤재근 저 l 둥지 l 1996년 10월
- 《미래 마인드》 하워드 가드너 저 l 김한영 역 l 재인 l 2008년 11월
- 《미래의 물결》 자크 아탈리 저 l 양영란 역 l 위즈덤하우스 l 2007년 04월
- 《미래형 마케팅》 김정구 역 l 세종연구원 l 1999년 12월
- 《밥 따로 물 따로》 이상문 저 l 물병자리 l 2001년 05월
- 《백석의 맛》 소래섭 저 l 프로네시스 l 2009년 12월
- 《병자호란과 동아시아》 한명기 저 l 푸른역사 l 2009년 05월

- 《부의 이동》 그렉 클라이즈데일 저 | 김유신 역 | 21세기북스 | 2008년 11월
- 《블링크》 말콤 글래드웰 저 | 이무열 역 | 황상민 감수 | 공병호 해제 | 21세기북스 | 2005년 11월
- 《빌 게이츠@ 생각의 속도》 빌 게이츠 저 | 안진환 역 | 청림출판 | 1999년 05월
- 《사람은 생각대로 된다》 얼 나이팅게일 저 | 위드하우스 | 2009년 01월
- 《설탕과 권력》 시드니 민츠 저 | 지호 | 1998년 11월
- 《성장 친화형 진보》 진 스펄링 저 | 홍종학 역 | 미들하우스 | 2009년 04월
- 《세계는 평평하다》 토머스 L. 프리드먼 저 | 김상철, 이윤섭, 최정임 공역 | 창해 | 2006년 11월
- 《소비의 사회》 장 보드리야르 저 | 문예출판사 | 1992년 01월
- 《쇼핑의 과학》 파코 언더힐 저 | 신현승 역 | 세종서적 | 2000년 08월
- 《술의 세계》 고정삼 저 | 광일문화사 | 2000년 08월
- 《식객도 놀란 맛의 비밀》 조기형 저 | 지오출판사 | 2008년 10월
- 《아웃라이어》 말콤 글래드웰 저 | 노정태 역 | 최인철 감수 | 김영사 | 2009년 01월
- 《역사에서 리더를 만나다》 유필화 저 | 흐름출판 | 2010년 04월
- 《우리 문화의 수수께끼 1》 주강현 저 | 한겨레신문사 | 2004년 04월
- 《우리 문화의 수수께끼 2》 주강현 저 | 한겨레신문사 | 2004년 04월
- 《우리에겐 위기 극복의 유전자가 있습니다》 배순훈 저 | 여백미디어 | 2008년 12월
- 《워렌 버핏의 두 개의 지갑》 서정명 저 | 무한 | 2009년 08월
- 《유쾌한 경제학》 이성훈 역 | 김영사 | 2000년 03월
- 《의식혁명》 데이비드 호킨스 저 | 백영미 역 | 판미동 | 2011년 09월
- 《이제는 수익경영이다》 로버트 G. 크로스 저 | 윤영미 역 | 세종서적 | 1999년 04월
- 《인생사용 설명서》 김홍신 저 | 해냄 | 2009년 06월
- 《1년만 버텨라》 허병민 저 | 위즈덤하우스 | 2010년 12월
- 《일본 문화의 힘》 윤상인 저 | 동아시아 | 2006년 07월
- 《장계향 깨달은 조선여인》 김서령 | 경상북도 · 경북여성정책개발원 | 2009년 08월
- 《장자1 학의 다리가 길다고 자르지 마라》 윤재근 저 | 나들목 | 2003년 01월
- 《잭 구디의 역사인류학 강의》 잭 구디 저 | 김지혜 역 | 산책자 | 2010년 09월
- 《중국 음식 문화사》 왕런샹 저 | 주영하 역 | 민음사 | 2010년 08월
- 《진짜 세계사, 음식이 만든 역사》 21세기 연구회 저 | 홍성철, 김주영 공역 | 홍성철 감수 | 미디어컴퍼니쿠켄 | 2008년 07월
- 《차폰 잔폰 짬뽕》 주영하 저 | 사계절 | 2009년 10월
- 《천년 한식 견문록》 정혜경 저 | 생각의나무 | 2009년 07월
- 《카르마 경영》 이나모리 가즈오 저 | 김형철 역 | 서돌 | 2005년 09월
- 《컬처 코드》 클로테르 라파이유 저 | 김상철,김정수 공역 | 리더스북 | 2007년 01월
- 《코드그린》 토머스 L. 프리드먼 저 | 이영민,최정임 공역 | 21세기북스 | 2008년 12월

- 《티핑 포인트》 말콤 글래드웰 저 | 임옥희 역 | 21세기북스 | 2004년 09월
- 《평화를 사랑하는 세계인으로》 문선명 저 | 김영사 | 2009년 03월
- 《필립 코틀러의 CSR 마케팅》 낸시 리 저 | 남문희 역 | 리더스북 | 2007년 07월
- 《한국문화의 뿌리를 찾아》 존 카터 고벨 | 학고재 | 1999년 07월
- 《한국음식 오디세이》 정혜경 저 | 생각의나무 | 2007년 12월
- 《한국음식, 그 맛있는 탄생》 김찬별 저 | 로크미디어 | 2008년 06월
- 《한국이 죽어도 일본을 못 따라잡는 18가지 이유》 모모세 다다시 | 사회평론 | 1997년 08월
- 《현장이 답이다》 다카하라 게이지로 저 | 양준호 역 | 서돌 | 2007년 07월
- 《회계 천재가 된 홍대리 1, 2》 손봉석 저 | 다산북스 | 2007년 01월
- 《흐르는 강물처럼》 파울로 코엘료 저 | 박경희 역 | 문학동네 | 2008년 10월
- 《희망의 인문학》 얼 쇼리스 저 | 고병헌, 이병곤, 임정아 공역 | 이매진 | 2006년 11월
- 《EQ 감성지능》 대니얼 골먼 저 | 한창호 역 | 웅진지식하우스 | 2008년 10월